Report on China's Electric Power Development
2018

中国电力发展报告
2018

电力规划设计总院　编著

中国电力出版社
CHINA ELECTRIC POWER PRESS

内 容 提 要

本报告全面分析总结了2018年全国电力发展的基本情况，以第三方的独特视角研判了未来三年的发展趋势，深入剖析了当前行业热点焦点问题，客观中立、观点突出。全书共分十个部分，分别从发展环境、需求分析、电源发展、电网发展、供需形势、电力技术、电力经济、电力改革、政策解读、行业热点等多个方面，以客观准确的统计数字、形象直观的图形图表，简洁凝练的文字叙述，对电力行业发展进行了全面梳理、分析研判及趋势展望。

本报告可供全国能源及电力领域的政府工作人员、产业规划及政策研究人员、企业技术及管理人员阅读参考。

图书在版编目（CIP）数据

中国电力发展报告 . 2018 / 电力规划设计总院编著 . —北京：中国电力出版社，2019.7
ISBN 978-7-5198-3402-9

Ⅰ . ①中… Ⅱ . ①电… Ⅲ . ①电力工业－工业发展－研究报告－中国－2018 Ⅳ . ① F426.61

中国版本图书馆 CIP 数据核字（2019）第 141966 号

出版发行：中国电力出版社
地　　址：北京市东城区北京站西街19号（邮政编码100005）
网　　址：http://www.cepp.sgcc.com.cn
责任编辑：苗唯时　王蔓莉
责任校对：黄　蓓　常燕昆
装帧设计：赵姗姗
责任印制：石　雷

印　　刷：北京盛通印刷股份有限公司
版　　次：2019年8月第一版
印　　次：2019年8月北京第一次印刷
开　　本：889毫米×1194毫米　16开本
印　　张：15
字　　数：325千字
印　　数：0001—2000册
定　　价：168.00元

编委会

序

2018年，是全面贯彻党的十九大精神的开局之年，是改革开放40周年的纪念之年，是决胜全面建成小康社会的关键之年，也是实施“十三五”规划的承上启下之年。在以习近平同志为核心的党中央坚强领导下，我国经济发展稳中有进，社会大局保持稳定，决胜全面建成小康社会取得新的重大进展。电力工业砥砺奋进，攻坚克难，完成“十三五”规划主要中期发展目标，为构建清洁低碳、安全高效的现代能源体系奠定了坚实基础。

《中国电力发展报告2018》是电力规划设计总院组织编写的年度电力发展报告。《报告》总结分析了2018年全国电力行业发展状况，研究了行业发展态势，研判了行业发展趋势，力求系统全面，重点突出，为政府决策、企业和社会发展提供支持与服务。作为我国电力规划设计行业的“国家队”，电规总院技术力量雄厚，拥有资深的行业专业背景，多学科全产业链的综合优势。近年来，在国家发展改革委、国家能源局的领导下，电规总院和有关单位共同完成了全国电力工业发展规划、电力产业政策研究、全国电力市场分析等大量电力发展规划研究工作，为政府决策和企业发展提供了优质服务。

编写中国电力发展报告，是电规总院践行“能源智囊，国家智库”，服务经济社会发展的有益行动。期望电规总院在新时代下进一步发挥自身优势，推出更多更好的新成果，以期打造精品，形成系列，真实记录我国电力工业发展进程，服务政府与企业，与社会各界共享智慧，共赢发展！

中国能源建设集团有限公司董事长、党委书记 汪建平

前　言

电力是关系国计民生的重要基础产业。新中国成立 70 年以来，我国电力工业快速发展，取得了举世瞩目的成就，有力地满足了国民经济发展需要和人民生活水平的提高。

党的十九大报告提出了构建清洁低碳、安全高效的能源体系。电力工业要深入贯彻落实十九大精神，以习近平新时代中国特色社会主义思想为指导，加快推动质量变革、效率变革、动力变革，全力推动电力工业高质量发展。

2011 年 10 月，国家能源局依托电力规划设计总院成立国家电力规划研究中心。电力规划设计总院以建设“能源智囊、国家智库”为发展愿景，竭诚为政府、行业和社会提供科学求实、客观公正的服务。《中国电力发展报告 2018》（简称《报告》）是电力规划设计总院编写的中国电力发展年度分析报告，总结概括 2018 年我国电力发展基本情况，分析研判未来一到三年主要发展趋势，深入剖析当前行业热点焦点问题，力求客观中立、重点突出。

《报告》分十个篇章，从发展环境、需求分析、电源发展、电网发展、供需形势、电力技术、电力经济、电力改革、政策解读、行业热点等多个方面，对 2018 年我国电力发展状况进行全面梳理、综合归纳；分析预测了未来三年电力需求水平，在此基础上提出了各类电源、各级电网发展展望；深入解读了过去一年重点行业政策及电价政策；在全面总结电力体制改革进展与成效基础上，分析展望了近期改革重点；在总结上年度电源电网造价水平基础上，对未来三年电力工程造价变化趋势进行了分析判断；以专题文章形式深入剖析了电力现货市场建设等当前电力行业热点焦点问题。在编写方式上，《报告》力求以客观准确的统计数字为支撑，以简练的文字叙述，辅以图形图表，做到图文并茂、直观形象，旨在方便阅读、利于查检、凝聚焦点、突出重点。

《报告》在编写过程中，得到了能源主管部门、相关企业、机构和行业知名专家的大力支持和指导，在此谨致衷心的谢意。因经验有限，《报告》难免有疏漏之处，恳请读者批评指正。

《中国电力发展报告 2018》编写组

2019 年 6 月

目　录

发展综述

发展综述

2018 年，是贯彻十九大精神的开局之年，也是决胜全面建成小康社会、实施“十三五”规划承上启下的关键一年。这一年里，面对复杂严峻的国内外形势，我国保持了经济持续健康发展和社会大局稳定，全年国内生产总值首次突破 90 万亿元，同比增速达 6.6%。

2018 年，电力工业在满足用电较快增长的同时，电力结构持续优化，非化石能源装机和消费占比进一步提升；清洁能源消纳能力明显增强；化解煤电产能过剩风险取得实效；提前完成煤电超低排放和节能改造总量目标任务；电力市场化改革取得积极进展；电力服务水平明显提升，营商环境显著改善。

当前，电力工业正处于转型发展的关键时期，在努力确保“十三五”规划各项任务全面实现的同时，应尽早谋划“十四五”及中长期电力发展一系列重大问题，着力推动质量变革、效率变革和动力变革，以习近平新时代中国特色社会主义思想为指导，努力实现新时代电力工业高质量发展。

一、电力工业高质量发展的基础更加夯实

（一）电力供应保障能力进一步提升

2018 年，电力基础设施建设规模继续增加，电力供应安全性和可靠性进一步提升，有力支撑了全社会用电量 8.5% 的较快增长。全国发电装机 19 亿千瓦，同比增长 6.5%，其中，水电、核电、气电、煤电等较 2017 年增加了 5000 万千瓦。全国发电量 7 万亿千瓦时，同比增长 8.4%。全国新增 220 千伏及以上交流输电线路 3.8 万千米，新增 220 千伏及以上变电容量 2.2 亿千伏安，新增 ±1100 千伏直流输电线路 3325 千米，新增直流输电能力 3200 万千瓦。截至 2018 年底，全国 220 千伏及以上输电线路回路长度达 73 万千米，同比增长 7.0%；220 千伏及以上公用变电设备容量 40.2 亿千伏安，同比增长 6.2%。

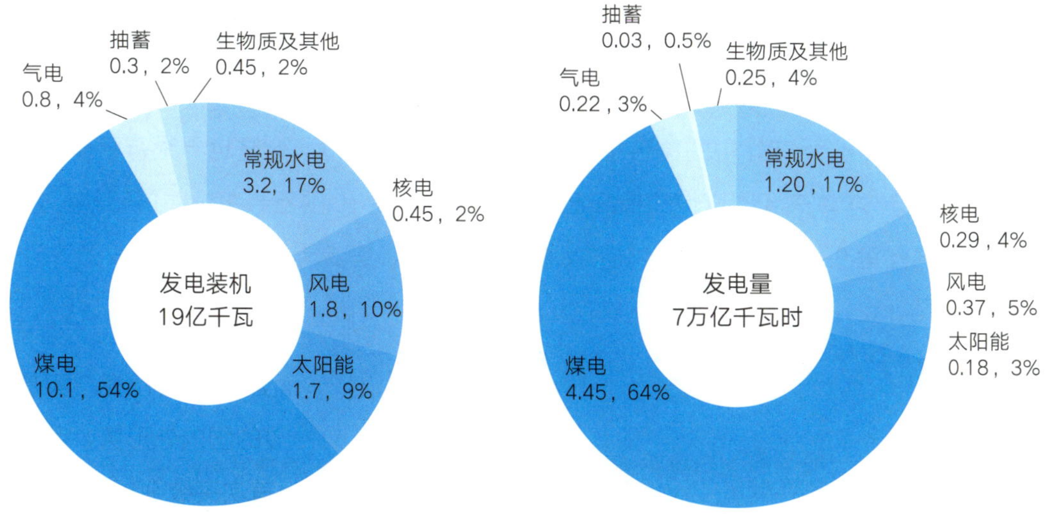

2018年全国各类电源发电装机和发电量（亿千瓦、万亿千瓦时）

（二）新能源利用率显著提高

截至 2018 年底，全国风电、光伏装机达到 3.6 亿千瓦，约占全国发电总装机的 20%。风电、光伏全年发电量约 5400 亿千瓦时，约占全国发电总量的 8%。2018 年，全国风电平均利用率 93%，同比提高 5 个百分点；弃风电量合计 277 亿千瓦时，同比减少 145 亿千瓦时，较上年下降 34%；全国光伏发电平均利用率 97%，同比提高 3 个百分点；弃光电量合计 55 亿千瓦时，同比减少 18 亿千瓦时，较上年下降 25%。

（三）电力资源配置能力持续加强

电网作为大范围、高效率配置能源资源的基础平台，重要性愈加凸显。截至 2018 年底，全国西电东送规模达 2.44 亿千瓦，建成投产跨省区直流输电通道 29 条，跨省区交易电量约 1 万亿千瓦时。京津冀鲁、长三角、珠三角受入电力约 1.3 亿千瓦，较上一年增加约 880 万千瓦。近年来，我国电网省间互济能力不断提升，各区域主网架得到进一步加强。

（四）电力工业运行效率稳步提高

目前，我国各主要品种电源装机容量、电网规模均为世界第一，部分效率指标也居世界前列，如煤电供电煤耗已降至 308 克 / 千瓦时；±800 千伏特高压直流输电已成为我国跨省区输电的主要形式。此外，陆上风电单机容量已达 3.6 兆瓦，海上风电已吊装 7.25 兆瓦大容量机组；单晶硅和多晶硅电池转换效率分别达到 21.8% 和 19.2%；白鹤滩水电站单机容量 100 万千瓦；超超临界二次再热机组转换效率达到 48%。

（五）电力服务水平显著提升

根据世界银行在 2018 年 10 月底发布的《2019 年营商环境报告》，我国营商环境在全球 190 个经济体中的排名由第 78 位跃升至第 46 位。这是世界银行营商环境报告发布 16 年以来我国取得的最好名次。在营商环境 10 项指标之中，“获得电力”指标排名从第 98 位跃升至第 14 位，大幅提升 84 位，进步明显。

二、电力工业高质量发展需要实现新突破

十九大报告提出我国经济发展已由高速增长阶段转向高质量发展阶段，正处在转变发展方式、优化经济结构、转换增长动力的攻关期。推进能源生产和消费革命，构建清洁低碳、安全高效的能源体系。电力工业要贯彻落实十九大精神和“四个革命、一个合作”的能源安全新战略，努力在以下三个方面实现新突破。

（一）着力提升电力安全保障能力

电力是国家安全战略的重要组成部分，安全可靠的电力供应体系是国家实现安全发展的重要保障，未来电力在经济建设、民生、国防等领域的基础性作用将更加凸显。为支撑中华民族伟大复兴中国梦和“两步走”发展战略目标，保障电力供应安全始终是电力工业发展的首要任务。

（二）着力推动电力绿色转型升级

电力是能源发展的中心，随着电动汽车、大数据等新兴产业的发展，我国将步入更高水平电气化时代。为适应能源转型，实现我国向国际社会郑重承诺的碳排放达峰以及非化石能源消费比重 20% 的目标，需要持续调整电力结构，大力发展新能源，改造升级传统电源，全面增强电力系统调节能力。在电力基础理论、电力规划、运行控制与仿真、技术装备等领域实现新的突破，为电力工业绿色发展和转型升级创造条件。

（三）着力提高电力系统整体效率

我国单位 GDP 能耗与发达国家和地区相比仍有较大差距，电力系统整体利用效率仍有较大提升空间，主要体现在新能源消纳利用方式单一，传统电源经济性不高，电源开发与外送通道建设不协调，电力需求侧响应能力不足，电力产供储销体系亟待优化。

三、电力工业高质量发展呈现新趋势

（一）未来发展为电力消费增长注入新动能

目前，我国正处于工业化中后期和城镇化加速发展的阶段。制造业强国的发展目标决定了我国二产用电仍将维持刚性增长；以大数据、互联网、人工智能为代表的战略性新兴产业将带动三产用电持续快速增长；人民对美好生活的向往还将推动我国居民生活用电稳步增长。此外，在能源转型方面，电动汽车、清洁取暖、港口岸电、农村用能升级等电能替代途径也将是未来用电增长的新动能。预计 2035 年电能占终端能源消费比重将提高到 35% 左右，全社会用电量约 12 万亿千瓦时，人均用电量约 8500 千瓦时。

（二）新能源发展进入消纳主导的新阶段

随着国家财政补贴逐步退出，消纳利用对于新能源项目的经济性影响更加显著，成为决定新能源项目选点布局的关键因素。可再生能源电力消纳保障机制的制定出台，标志着新能源进入以促进消纳利用为导向的新阶段。部分资源条件好、上网电价高的地区具备风电、光伏发电平价甚至低价上网的潜力，在国家政策推动下，新能源平价项目将实现优先发展，带动新能源在“十四五”期间全面进入无补贴平价发展阶段。预计 2035 年，风电、光伏装机约占总装机的 32%，发电量约占 15%。

（三）现代能源体系赋予传统电源新定位

传统电源一直以来是支撑我国电力系统安全稳定运行的“压舱石”。在现代能源体系下，传统电源将继续发挥电力支撑基础作用，强化能源电力安全供应的托底保障作用。水电方面，以“共抓大保护、不搞大开发”为原则，优化流域大中型水电的开发布局，严控中小型水电站开发。煤电方面，全面推动煤电清洁化发展，进一步降低排放水平，提升煤电调峰能力，实施煤电机组耦合生物质掺烧或改造，提高燃料灵活性，探索应用碳捕捉封存等煤电清洁化技术，未来煤电主要考虑布局在鄂尔多斯、陕北、哈密、准东、陇东等基地。预计 2035 年，煤电装机占比下降至 36% 左右，发电量占比约 50%。

（四）能源格局深刻变化催生电力资源配置新格局

我国西部地区以新能源为主的综合能源基地和藏东南地区水电基地开发仍具潜

力，同时，中东部地区受生态环保、能源“双控”等政策性因素影响，煤电发展空间有限，电力供应仍将持续依赖区外来电。电力资源优化配置应稳定西电东送，增加北电南送。按照尊重历史和市场化原则，调整存量，优化增量，逐步优化调整三峡外送、黔电外送、皖电东送等存量外送，提前谋划四川、云南水电外送接续方案。统筹优化电力、煤炭、油气等各能源品种的流向和布局，防止出现能源流与电力流的错位，避免出现“煤电倒流”，新布局一批跨省跨区输电通道。预计 2035 年，全国电力流规模约 4 亿千瓦左右。

（五）能源转型推动电网成为共享经济新平台

由于经济发展的用电路径依赖短期内难以彻底改变，从规模效益、经济性和可靠性综合判断，大电网仍将发挥不可替代的骨干平台作用。随着能源转型的加速推进以及云大物移智等新技术的不断成熟应用，共享经济将向能源电力领域拓展，新产业、新业态、新模式将不断涌现，配电网将成为提高电力普遍服务水平，服务未来能源共享经济的基础平台。为适应能源共享经济体系建设，电网调度运行系统需要革命性突破，运用 5G、大数据、人工智能、区块链等技术实现高效互联、数据共享、人机交互、智慧响应的智能调度系统。

一
发展环境

1 经济发展环境

1.1 国际经济发展环境

2018 年是世界经济格局大发展、大变革、大调整的一个重要转折点，全球经济格局和治理体系加快重塑，国际环境不确定性增多。总体看，当前世界经济动能趋缓、分化明显、下行风险上升、规则调整加快。全球经济特点总体表现为：

全球经济增速小幅回落

全球经济总量

↑ 3%

全球贸易壁垒增加，发展中国家的经济发展和转型升级受到制约，影响全球市场秩序，迟滞世界经济发展进程。全球经济增速回落至 3%，较上年降低 0.1 个百分点。

2016~2018年世界经济增速

数据来源：世界银行《全球经济展望》2019年1月

美国（经济增速 2.9%）、欧盟（经济增速 1.9%）等发达经济体保持增长态势，相较上年增速各有增减，中国（经济增速 6.6%）、土耳其（经济增速 3.5%）等新兴经济体和发展中国家保持快速增长，但增速有所回落，巴西（经济增速 1.2%）、俄罗斯（经济增速 1.6%）等新兴经济体经济保持增长态势，增速小幅上涨。

全球贸易增长放缓

全球货物贸易量

↑ 4.2%

受保护主义抬头、单方面经济制裁等因素影响，国际贸易和跨境投资下行压力较大。根据世界贸易组织数据，2018 年全球货物贸易量增速为 4.2%，较 2017 年增速回落 0.5 个百分点。

联合国贸易和发展组织发布的《全球投资趋势监测报告》显示，全球外商直接投资（FDI）从2017年的1.47万亿美元下降到2018年的1.2万亿美元，降幅约1/5。连续三年持续下滑使全球FDI降至全球金融危机后的新低。中国是全球第二大外资流入国以及外资流入最多的发展中经济体，2018年中国吸收外资约为1420亿美元，同比增长3%。

全球外商直接投资活动低迷

全球外商直接投资 ↓ 19%

中国吸收外资总额 ↑ 3%

2018年，全球经济仍处于复苏阶段。十年来全球经济危机的深层次影响尚未消除，地缘政治风险加剧给市场带来新的不稳定因素。世界经济由主要发达经济体同步复苏转向区域分化明显，部分新兴经济体出现金融动荡。

国际金融市场不稳定因素增加

2018年，世界各主要经济体经济运行情况如下：

美国

美国经济基本面总体稳固、持续向好，内生动力不断增强，通货膨胀压力有回落趋势，消费需求回暖促使外贸进口上升。2018年经济增长约2.9%，较上一年提高0.7个百分点。

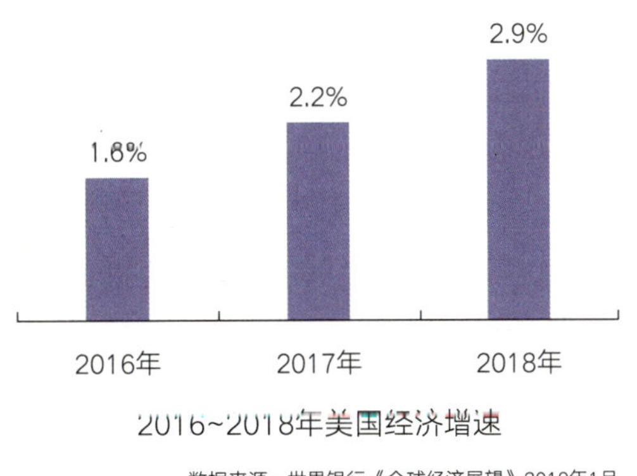

2016~2018年美国经济增速

数据来源：世界银行《全球经济展望》2019年1月

美国经济总量 ↑ 2.9%

欧盟

欧元区经济增长总体呈稳中趋缓态势。受低失业率及高薪酬上拉消费影响，叠加宽松货币环境因素，内需提高显著，推动投资大幅增

欧盟经济总量 ↑ 1.9%

长。但是国际领域贸易保护主义、地缘政治风险等不利因素一定程度制约了经济发展。2018 年经济增长 1.9%，较上一年降低 0.5 个百分点。

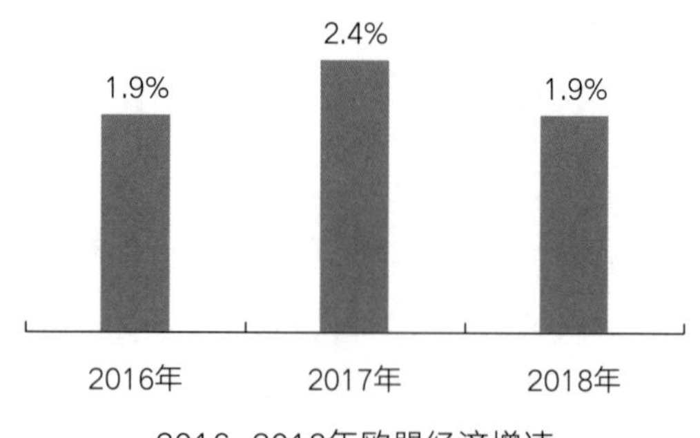

2016~2018年欧盟经济增速

数据来源：世界银行《全球经济展望》2019年1月

日本

日本经济总量
↑ 0.8%

日本失业率维持在较低水平，物价水平呈现先降后升的回暖态势。受世界经济下行压力影响，消费和投资增长均低于预期，经济增速呈下降趋势。2018 年经济增长 0.8%，较上一年降低 1.1 个百分点。

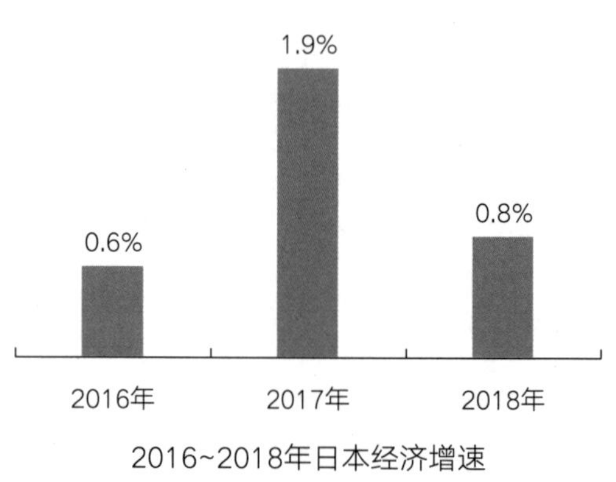

2016~2018年日本经济增速

数据来源：世界银行《全球经济展望》2019年1月

金砖国家

中国经济总量
↑ 6.6%

印度经济总量
↑ 7.3%

南非经济总量
↑ 0.9%

巴西经济总量
↑ 1.2%

俄罗斯经济总量
↑ 1.6%

2018 年，金砖国家中，中国经济（经济增速 6.6%）维持在较快增长水平，较上一年降低 0.4 个百分点，对世界经济增长继续保持近 30% 的贡献率，仍然是推动世界经济增长的中坚力量之一；印度（经济增速 7.3%）债务水平明显高企，虽然叠加美国最强加息周期在一定程度上放缓了印度经济转型，但印度绝大部分消费支出已经从上一年税收改革和“废钞令”造成的冲击中回暖，使得经济基本面总体向好，增速较上一年提高 0.6 个百分点；南非（经济增速 0.9%）在极端自然灾害、服务业增长动力不足、投资者对新兴市场信心匮乏的影响下，经济增速放缓，较上一年降低 0.4 个百分点；巴西（经济增速 1.2%）虽然受五月份货运卡车司机罢工造成家庭消费增速放缓和出口下滑影响，但工业生产增加和就业强劲回升，总体经济增速较上一年仍提高了 0.1 个百分点；俄罗斯（经济增速 1.6%）受国际原油价格回升以及国内进口替代发展影响，经济增速较上一年提高 0.1 个百分点。

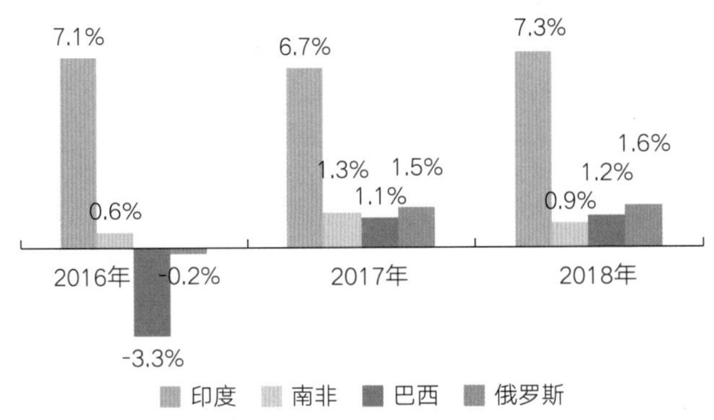

2016~2018年其他金砖国家经济增速

数据来源：世界银行《全球经济展望》2019年1月

1.2 国内经济发展环境

2018年，我国积极应对国内外复杂多变的形势，国民经济持续平稳发展，结构调整和转型升级持续推进，发展质量不断提高。我国经济特点总体表现为：

国内生产总值（GDP）达到900309亿元（现价），同比增长6.6%；18个省市GDP增速超过了全国水平，西藏、贵州、云南三省分列前三位，增速超过8.9%；广东、江苏GDP总量突破9万亿，四川突破4万亿，北京、安徽突破3万亿，重庆、广西突破2万亿，吉林突破1.5万亿。

国内生产总值突破90万亿元（经济总量稳居世界第二）

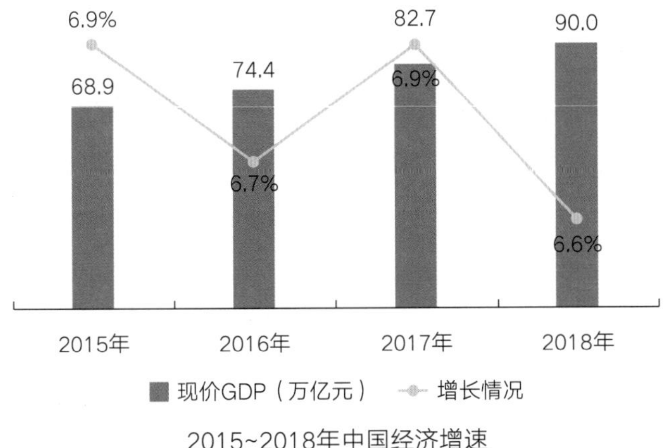

2015~2018年中国经济增速

数据来源：国家统计局

2018 年，我国坚持以供给侧结构性改革为主线，更多采取改革的办法，运用市场化、法治化手段，推动高质量发展，主要工作及成果包括：

压减钢铁产能
3000 万吨以上
退出煤炭产能
1.5 亿吨以上

推动供给侧结构性改革，巩固去产能成果

供给侧结构性改革深入推进，坚持市场化法治化手段推动钢铁、煤炭、煤电行业化解过剩产能。根据国家统计局数据，全年共压减钢铁产能 3000 万吨以上，退出煤炭产能 1.5 亿吨以上。

规模以上工业企业主营业务收入中的成本和费用合计比上年
↓ 0.18 元 / 百元

坚持去库存降成本，增强市场发展活力

坚持因城施策、分类指导去库存，在降低制度性交易成本、税费成本和要素成本上协同发力，降低企业负担，从供需两端激发市场活力。2018 年房地产开发投资较上年提高 2.5 个百分点。年末商品房待售面积同比减少 6510 万平方米。全年政策性粮食不合理库存消化近 2600 亿斤，超额完成年度目标任务。2018 年，全国企业和个人减负的总规模达到 1.3 万亿元，规模以上工业企业每百元主营业务收入中的成本和费用合计比上年降低 0.18 元。

规模以上工业企业资产负债率同比
↓ 0.5 个百分点

坚定压减企业杠杆，提升产业链水平

坚持结构性去杠杆基本思路，工业领域重点改革任务取得明显成效。2018 年末，规模以上工业企业资产负债率为 56.5%，比上年降低 0.5 个百分点。其中，国有控股企业资产负债率为 58.7%，比上年降低 1.6 个百分点。杠杆率下降，倒逼产业注重利用技术创新和规模效应形成新的竞争优势，培育和发展新的产业集群，提升产业链水平。

基础设施投资同比
↑ 3.8%

加强短板领域扶持力度，畅通国民经济循环

加大补短板政策支持力度，加快地方专项债发行进度，加快重大基础设施项目审批速度。有力推动了一批重大建设项目的实施，基础设施、农业农村、民生等短板领域投资增长呈现趋稳态势。根据国家统计局数据，2018 年，基础设施投资比上年增长 3.8%，涉农领域投资增长 19.8%，社会领域投资增长 11.9%。

我国三大产业结构为 7.2：40.7：52.2，第二产业比重相较上年提高 0.2 个百分点，对经济增长的贡献率为 36.1%，规模以上工业战略性新兴产业和高技术产业增加值同比增长 8.9% 和 11.7%，分别高于整个规模以上工业增速 2.7 和 5.5 个百分点。第三产业比重相较上年提高 0.6 个百分点，对经济增长的贡献率由 2017 年的 58.8% 提高到 59.7%。

第三产业对经济增长的贡献率不断提高

第三产业对经济增长的贡献率
59.7%

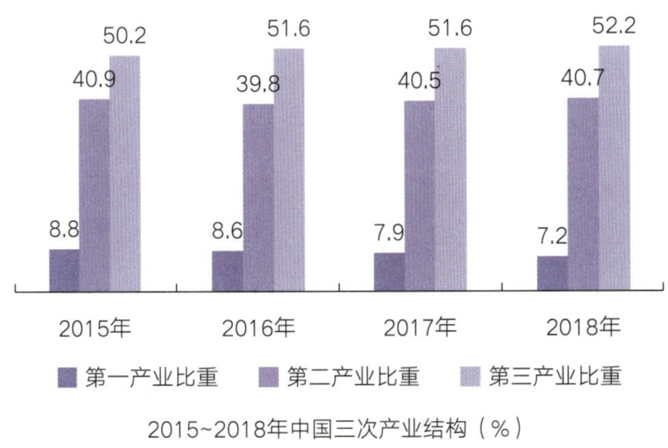

2015~2018年中国三次产业结构（%）

数据来源：国家统计局

新旧动能转换逐步加快

规模以上工业战略性新兴产业增加值
↑ 8.9%

高技术产业增加值
↑ 11.7%

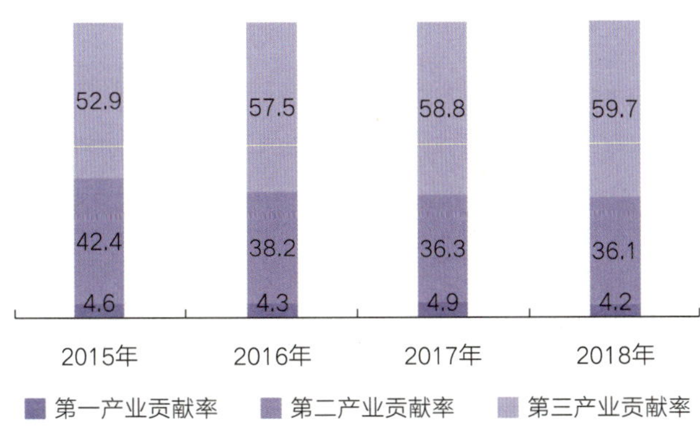

2015~2018年中国三次产业对经济增长的贡献率（%）

数据来源：国家统计局

城镇化率稳步提升

城镇化率
59.6%

我国常住人口城镇化率为 59.6%，比上年末提高 1.1 个百分点。

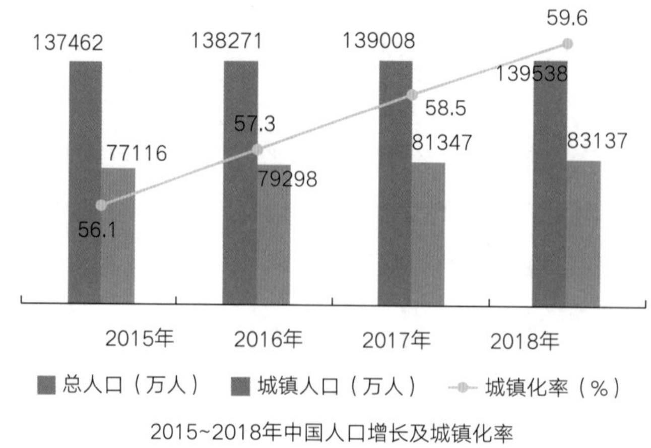

2015~2018年中国人口增长及城镇化率

数据来源：国家统计局

2018 年，最终消费支出对我国经济增长的贡献率为 76.2%，较上一年提高 17.4 个百分点，是拉动经济增长的主要动力；资本形成总额对经济增长的贡献率为 32.4%，比上年提高 0.3 个百分点；货物和服务净出口对经济增长的贡献率为 -8.6%，比上年回落 17.7 个百分点。

固定资产投资结构不断优化

全社会固定资产投资
↑ **5.9%**

2018 年，我国全社会固定资产投资（不含农户）635636 亿元，比上年增长 5.9%。一系列政策措施支持民营企业发展，全年民间投资比上年增长 8.7%，比上年提高 2.7 个百分点。减税降费、定向降准、支持民营企业和小微企业融资等政策的相继出台，带动了制造业投资的增长，全年制造业投资比上年增长 9.5%，增速比上年提高 4.7 个百分点。

对外投资继续实现增长

对外直接投资额
↑ **4.2%**

2018 年，我国全行业对外直接投资 1298.3 亿美元，同比增长 4.2%。与“一带一路”沿线国家投资合作稳步推进，共对“一带一路”沿线的 56 个国家实现非金融类直接投资 156.4 亿美元，同比增长 8.9%，占同期总额的 13%。

2 能源发展环境

2.1 能源供需形势

2018 年，全国能源消费总量 46.4 亿吨标准煤，比上年增长 3.3%。煤炭消费量占能源消费总量的 59.0%，比上年下降 1.4 个百分点；天然气、水电、核电、风电等清洁能源消费量占能源消费总量的 22.1%，上升 1.3 个百分点。

能源消费增速达到 5 年来最高水平，能源生产增速达到 7 年来最高水平

一次能源消费总量

↑ 3.3%

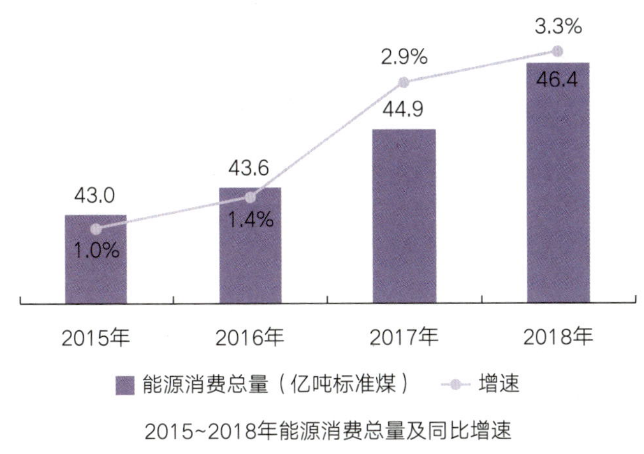

2015~2018年能源消费总量及同比增速

数据来源：国家统计局

2018 年，全国一次能源生产总量 37.7 亿吨标准煤，同比增长 5.0%。其中，原煤产量 36.8 亿吨，同比增长 4.5%；原油产量 1.89 亿吨，同比下降 1.3%；天然气产量 1603 亿立方米，同比增长 8.3%。发电量 69940 亿千瓦时，同比增长 8.4%。

能源生产总量加速回升

一次能源生产总量

↑ 5.0%

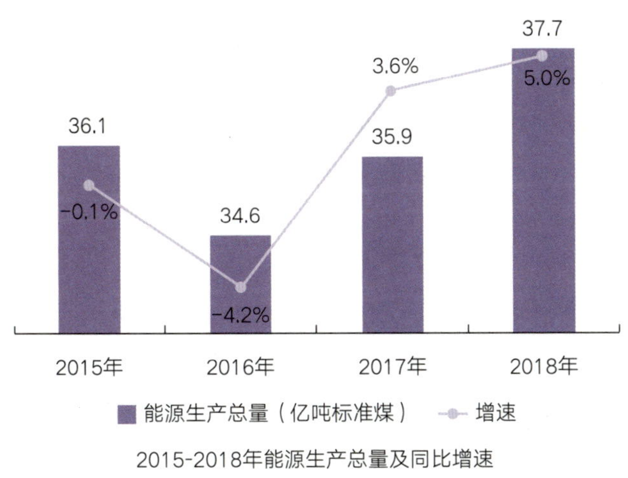

2015-2018年能源生产总量及同比增速

数据来源：国家统计局

清洁能源消费结构继续优化

煤炭占一次能源消费比值
↓ **1.4** 个百分点

天然气占一次能源消费比值
↑ **0.8** 个百分点

非石化能源占一次能源消费比值
↑ **0.5** 个百分点

2018 年，全国能源消费结构继续优化。煤炭消费量占能源消费总量的 59.0%，比上年下降 1.4 个百分点；天然气、水电、核电、风电等清洁能源消费量占能源消费总量的 22.1%，上升 1.3 个百分点，其中天然气占 7.8%，非化石能源消费占 14.3%。

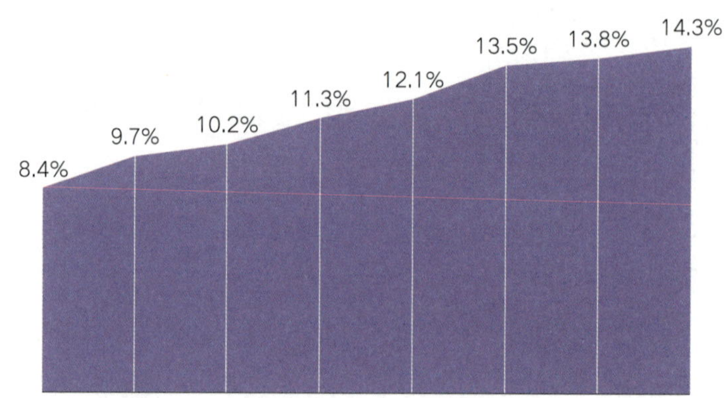

我国非化石能源消费比重情况

从生产结构来看，煤炭约占 69.1%，石油约占 7.1%，天然气约占 5.6%，非化石能源约占 18.2%。

分品种来看，煤炭消费约 39 亿吨，同比增长 1.0%，连续两年增长；石油消费约 6.1 亿吨，同比增长 3.4%；天然气消费 2808 亿立方米，同比增长 17.7%，增速较 2017 年提高 2.9 个百分点，连续两年保持两位数增长；非化石能源消费继续快速增长，达到 6.7 亿吨标准煤，同比增长 7.3%。

2018 年，水电占非化石能源消费的 57%，较 2017 年下降 2 个百分点，仍是非化石能源的主体。核电和其他可再生能源（包括风能、太阳能、生物质和地热等）发电比重不断提高，其中核电占 14%，风电占 17%，太阳能发电占 6%，其他可再生能源发电占 6%。

光伏1.2% 其他0.6%
风电2.4%
水电8.2%
核电2.0%
天然气7.8%
能源消费结构
煤炭59.0%
石油18.8%

2018年全国能源消费结构

数据来源：根据国家统计局及相关资料整理

2018 年，电能占终端能源消费比重继续提高，约 25.5%，较 2017 年提高约 0.6 个百分点。

电能占终端能源消费比重继续提高

电能占终端能源消费比重
25.5%
比 2017 年提高
0.6 个百分点

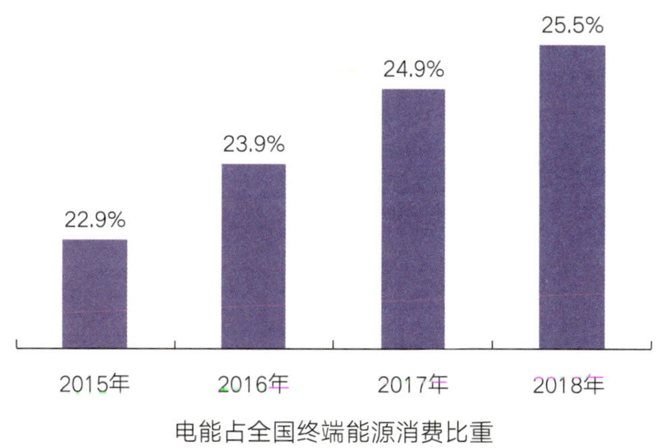

电能占全国终端能源消费比重

数据来源：根据国家统计局及相关资料整理

2018 年，我国能源净进口量达到 9.7 亿吨标准煤，对外依存度达到 21%。其中，石油对外依存度提高到 70%，天然气对外依存度达到 43%，煤炭对外依存度下降到 6%。继 2017 年超过美国成为最大原油进口国后，2018 年我国超过日本成为最大天然气进口国。

能源对外依存度持续提高

能源对外依存度
21%
石油对外依存度
70%
天然气对外依存度
43%
煤炭对外依存度
6%

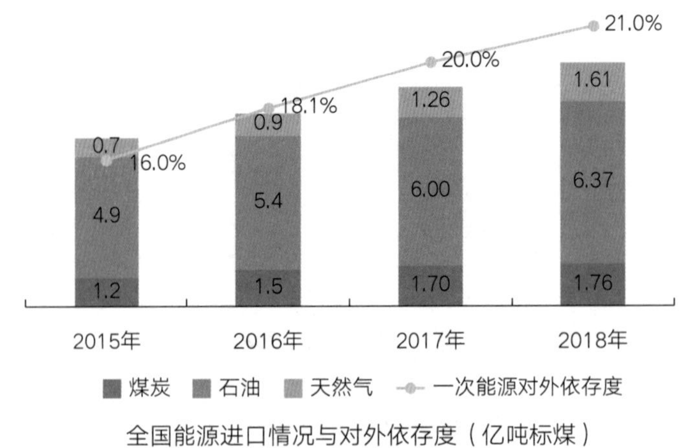

全国能源进口情况与对外依存度（亿吨标煤）

数据来源：根据国家统计局及相关资料整理

2.2 能源效率与环境

工业经济增速回升下拉单位产值能耗下降，高载能产业用电回暖上拉产值电耗上升

2018 年，我国单位产值能源消费为 0.52 吨标煤 / 万元，下降 3.0%，降速放缓 0.7 个百分点，主要源于经济形势向好带动工业增速回升，以及前两年降速较快、基数较小等因素。国际对比来看，我国单位 GDP 能耗是世界平均水平的 1.5 倍，是 OECD 国家的 2.3 倍，降低单位 GDP 能耗的任务依然艰巨。2018 年，我国高载能产业用电继续回暖；信息传输、软件和信息技术等服务业用电实现高速增长，互联网和相关服务、科技推广和应用等新兴服务业对服务业生产指数的拉动作用显著提升，共同带动三产用电保持高速增长；居民采暖、生产制造、交通运输等领域电能替代稳步提升，多因素叠加，推动我国单位产值电力消费回升至 760 千瓦时 / 万元，同比上升 1.8%。

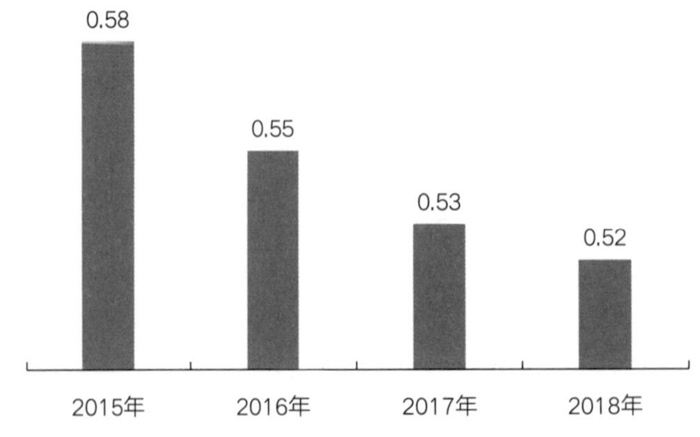

全国单位GDP能源消费（吨标准煤/万元）（2018年可比价格）

数据来源：国家统计局

2018年，全国火电机组平均供电煤耗降至308克标煤/千瓦时，同比下降0.3%，保持世界先进水平。全国6000千瓦及以上电厂发电设备累计平均利用小时数为3862小时，同比增加73小时。其中，水电设备平均利用小时数为3613小时，同比增加16小时；火电设备平均利用小时数为4361小时，同比增加143小时。

重点耗能工业企业单位烧碱综合能耗下降0.5%，单位合成氨综合能耗下降0.7%，吨钢综合能耗下降3.3%，单位铜冶炼综合能耗下降4.7%。

单位国内生产总值二氧化碳排放 ↓4.0%

2018年，与能源相关二氧化碳排放量94.6亿吨，同比增长2.3%。全国万元国内生产总值二氧化碳排放下降4.0%。

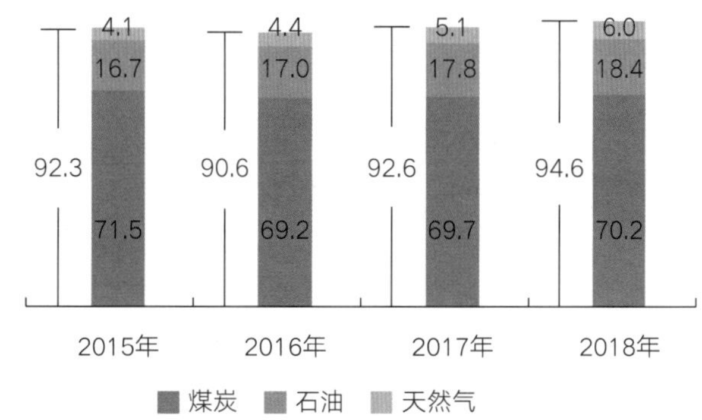

全国各类化石能源产生的二氧化碳排放量及总排放量（亿吨）

数据来源：根据国家统计局及相关资料整理

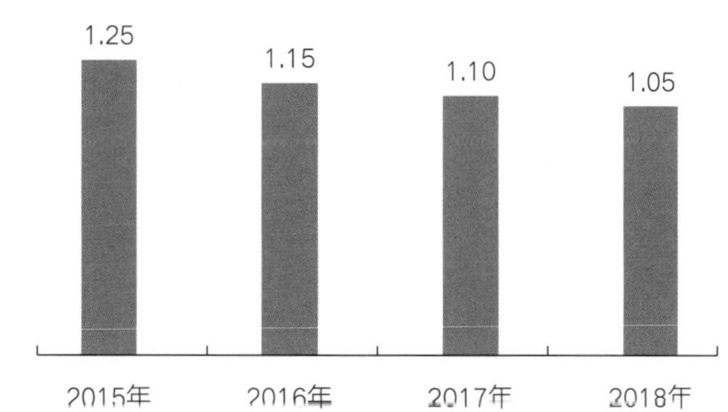

全国单位GDP二氧化碳排放（吨/万元）（2018年可比价格）

资料来源：根据国家统计局及国家发展和改革委员会和BP相关资料整理

2018年，“气代煤”“电代煤”继续推进，全国散煤消减量约6000万吨。全国原煤入选率71.8%，同比提高1.6个百分点；矿井水综合利用率达到72.8%，同比提高0.8个百分点。

油品质量升级按计划推进，2019年1月1日起，全国全面供应符合国六A标准车用汽油（含E10乙醇汽油）、国六车用柴油（含B5生物柴油），同时停止国内销售低于国六A标准车用汽油（含E10乙醇汽油）、低于国六标准车用柴油（含B5生物柴油）。

0.32281746
0.455672069
0.306378238
0.019607843
0.6
0.330140638

二
需求分析

1　2018 年概况

1.1　全国用电量

电力消费增长持续回暖

全社会用电量
↑ 8.5%

2018 年，在工业生产平稳增长，新兴服务业快速发展，夏季气温持续偏高等因素影响下，全社会用电量达 68449 亿千瓦时，同比增长 8.5%，增速较上一年提高 1.9 个百分点。

2018 年，第一产业用电 728 亿千瓦时，同比增长 9.8%；第二产业用电 47235 亿千瓦时，同比增长 7.2%，较上年提高 1.6 个百分点，对全社会用电增长的贡献率达 59.0%；第三产业用电 10801 亿千瓦时，同比增长 12.7%，较上年增速提高 2.0 个百分点，贡献率达 22.8%[1]；居民生活用电 9685 亿千瓦时，同比增长 10.4%，较上年提高 2.6 个百分点，对全社会用电增长的贡献率为 17.0%。用电结构调整为 1.1:69.0:15.8:14.1，第三产业和居民生活用电比重分别提高 0.6 和 0.2 个百分点，第二产业用电比重下降 0.8 个百分点。其中，高载能行业用电比重同比下降 0.7 个百分点。

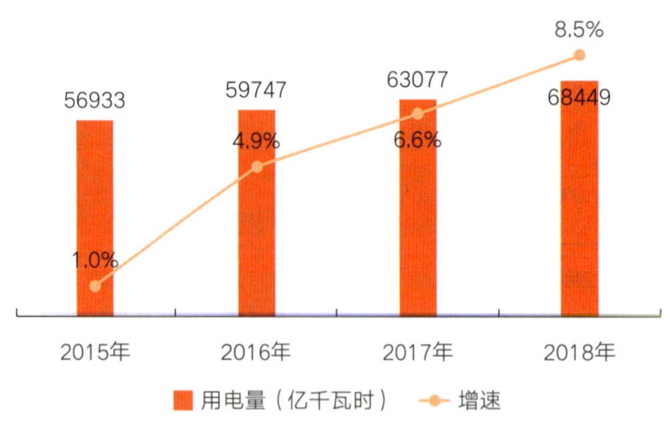

2015～2018年全社会用电量

数据来源：《电力工业统计资料汇编》（2018统计快报）

[1] 因 2018 年 5 月三次产业划分按照《国家统计局关于修订〈三次产业划分规定 (2012)〉的通知》（国统设管函〔2018〕74 号）有所调整，故 2018 年相对 2017 年的分产业增速仅供参考。

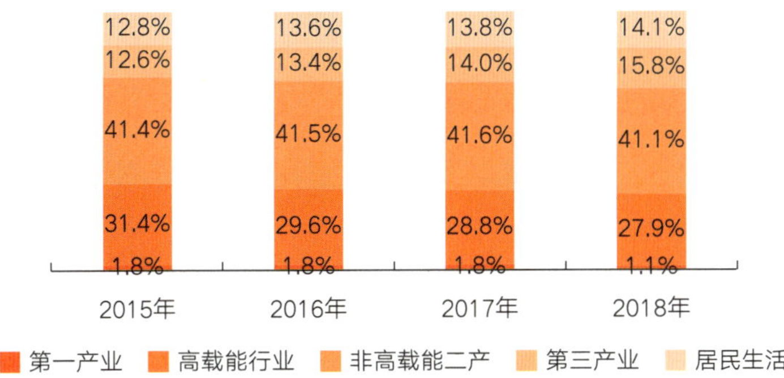

2015~2018年全社会用电结构

数据来源：《电力工业统计资料汇编》（2018统计快报）

1.2 分行业用电量

2018 年，在第二产业用电稳步增长，第三产业与居民生活用电保持高速增长的驱动下，全国全社会用电量提升至中高速增长；在国际复杂环境和国内经济下行压力下，全社会用电量增速伴随经济增速逐季度下滑。一、二、三、四季度全社会用电同比增速分别为 9.8%、9.0%、8.0% 和 7.3%。

第三产业与居民生活用电高速增长是全社会用电量持续快速增长的重要动力

2018年全社会逐月用电增速

数据来源：《电力工业统计资料汇编》（2018统计快报）

第二产业用电对全社会用电增长贡献率
59.0%

第三产业用电对全社会用电增长贡献率
22.8%

居民生活用电对全社会用电增长贡献率
17.0%

1. 第一产业用电

2018 年，新一轮农村电网改造升级进一步加快，为农业生产打下坚实基础，畜牧业、渔业用电量增速分别超过 10% 和 15%，促进第一产业用电快速增长。一、二、三、四季度第一产业用电同比增速分别为

第一产业用电
↑ **9.8%**

10.3%、10.3%、9.1% 和 9.6%；全年用电同比增长 9.8%，增速较 2017 年提高 2.5 个百分点，对全社会用电增长的贡献率达 1.2%。

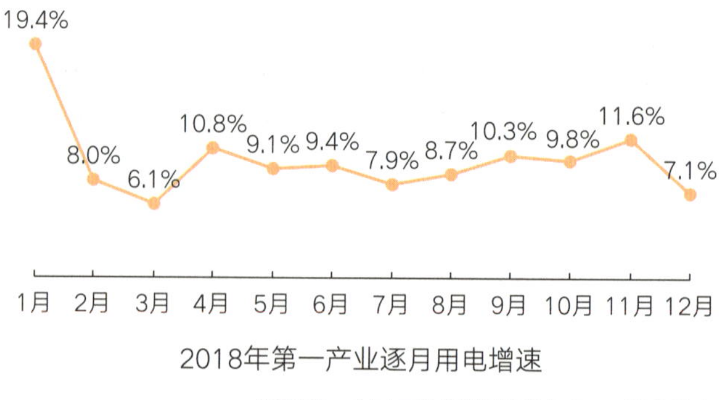

2018年第一产业逐月用电增速

数据来源：《电力工业统计资料汇编》（2018统计快报）

2. 高载能行业用电

钢铁、建材行业用电增速回暖带动高载能行业用电增速稳步提升，对全社会用电增长贡献率进一步加大

高载能行业用电
↑ 6.1%

2018 年，钢铁、建材行业用电增速回暖带动高载能行业用电增速稳步提升，全年用电同比增长 6.1%，增速较 2017 年提高 2.1 个百分点，对全社会用电增长的贡献率达 20.6%，较 2017 年提高 2.5 个百分点。一、二、三、四季度高载能行业用电同比增速分别为 4.8%、5.3%、7.3% 和 6.9%。

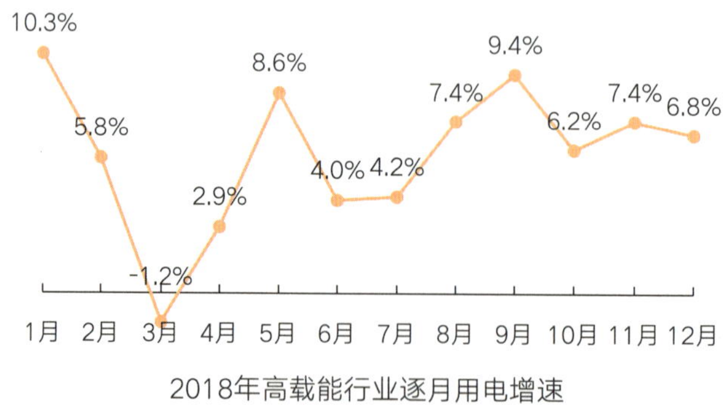

2018年高载能行业逐月用电增速

数据来源：《电力工业统计资料汇编》（2018统计快报）

钢铁行业用电

钢铁行业用电
↑ 9.9%

2018 年，供给侧结构性改革继续推进，得益于 2017 年“地条钢”取缔和鼓励电炉替代传统炼钢用炉等去产能政策的实施，加之今年表现相对平稳的基础建设投资以及相对较低的社会库存，2018 年钢材价格始终处于高位，企业生产积极性相对较高。受此带动，各季度黑色金属冶炼和压延加工业用电始终保持较高增速，一、二、三、四季度钢铁行业用电同比增速分别为 9.6%、13.1%、11.0% 和 6.1%；全年用电同比增长 9.9%，增速较 2017 年提高 8.6 个百分点。

2018年钢铁行业逐月用电增速

数据来源：《电力工业统计资料汇编》（2018统计快报）

有色行业用电

因 2017 年国家对违规项目的清理和整顿，国内铝库存在 2018 年上半年出现拐点。同时，产能等量或减量置换政策以及中美贸易摩擦均对电解铝产量造成不同程度的影响。2018 下半年，受去年同期低基数影响，有色行业用电增速显著提升。一、二、三、四季度有色行业用电同比增速分别为 2.3%、-0.3%、9.0% 和 12.3%；从全年来看，受 2017 年上半年较高基数影响，2018 年有色行业用电同比增长 5.7%，增速同比下降 0.7 个百分点。

国内铝库存在 2018 年上半年出现拐点，全年有色行业用电

↑ 5.7%

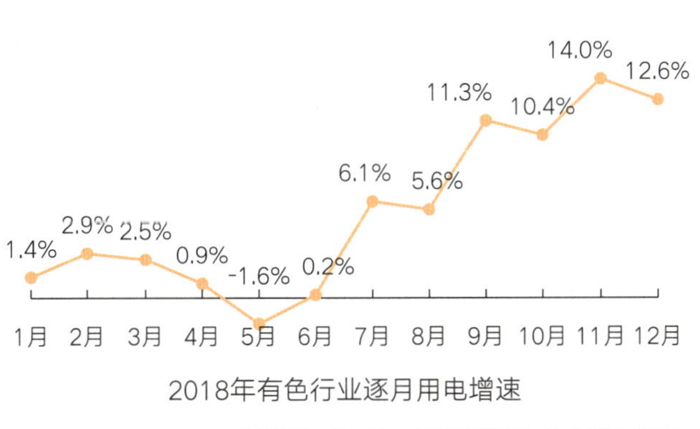

2018年有色行业逐月用电增速

数据来源：《电力工业统计资料汇编》（2018统计快报）

建材行业用电

在供给侧结构性改革带动下，水泥价格走势稳健，企业生产积极性较高，带动水泥用电较快增长，加之玻璃、陶瓷制品等制造业用电高速

建材行业用电

↑ 5.8%

增长，2018 年建材行业各季度用电保持 5%～6% 的中速增长，一、二、三、四季度建材行业用电同比增速分别为 6.0%、6.2%、5.4% 和 5.7%；全年用电同比增长 5.8%，增速较 2017 年提高 2.1 个百分点。

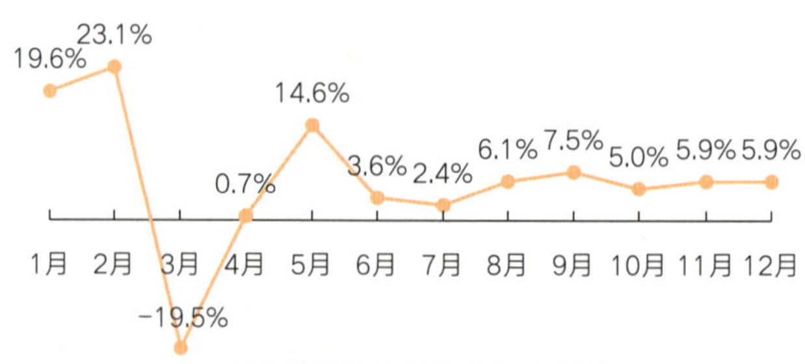

2018年建材行业逐月用电增速

数据来源：《电力工业统计资料汇编》（2018统计快报）

化工行业用电

化工行业用电
↑ 2.6%

受环保限产、下游需求总体放缓等因素影响，2018 年氯碱、黄磷、电石等化工行业生产积极性总体不高。受此影响，化工行业各季度用电保持低速增长，一、二、三、四季度化工行业用电同比增速分别为 2.2%、3.2%、2.6% 和 2.4%；全年用电同比增长 2.6%，增速较 2017 年下降 2.0 个百分点。

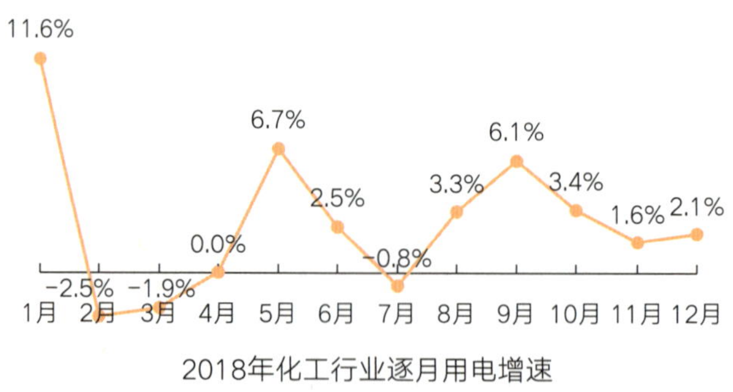

2018年化工行业逐月用电增速

数据来源：《电力工业统计资料汇编》（2018统计快报）

3. 非高载能第二产业用电

非高载能第二产业用电
↑ 7.9%

2018 年，尽管中美贸易摩擦频出，但新能源汽车、智能电视等新兴产业产量快速增长，战略性新兴产业增速加快，电子及通信设备制造等高技术制造业仍然保持两位数的快速增长，在此带动下，除一季度受去年基数影响波动较大外，非高载能第二产业用电各季度总体保持平稳较快增长。一、二、三、四季度非高载能二产用电同比增速分别为 8.1%、

10.6%、6.5% 和 6.8%；全年用电同比增长 7.9%，增速较 2017 年度提高 1.3 个百分点，对全社会用电增长的贡献率达 38.5%。

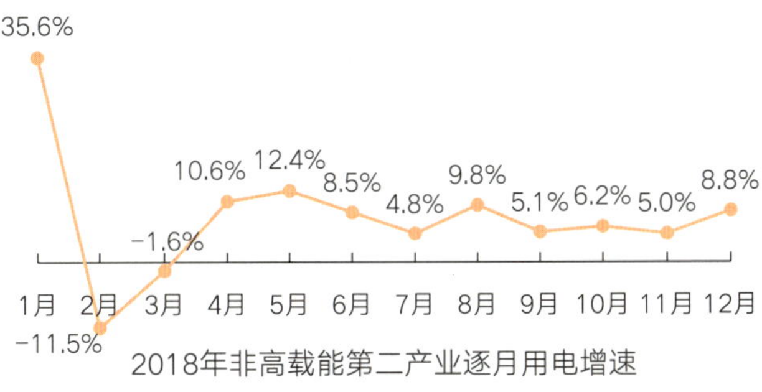

2018年非高载能第二产业逐月用电增速

数据来源：《电力工业统计资料汇编》（2018统计快报）

4. 第三产业用电

第三产业用电 ↑ 12.7%

2018 年，信息传输、软件和信息技术等服务业实现高速增长，互联网和相关服务、科技推广和应用等新兴服务业对服务业生产指数的拉动作用显著提升，在此带动下，除 10 月、11 月外第三产业用电均保持 10% 以上的快速增长，一、二、三、四季度第三产业用电同比增速分别为 16.7%、12.9%、11.7% 和 10.2%；全年用电同比增长 12.7%，增速较 2017 年提高 2.0 个百分点，对全社会用电增长的贡献率达 22.8%。

2018年第三产业逐月用电增速

数据来源：《电力工业统计资料汇编》（2018统计快报）

5. 居民生活用电

居民生活用电 ↑ 10.4%

2018 年，全国平均气温较常年显著偏高，其中春夏季气温创历史新高。同时，家庭电气化水平不断提升，新一轮农网改造进一步促进乡村居民生活用电，增速接近城镇居民生活用电增速。受此影响，居民生活用电继续保持中高速增长。一、二、三、四季度居民生活用电同比增速分别为 17.2%、8.4%、9.1% 和 6.4%；全年用电同比增长 10.4%，增速较 2017 年提高 2.5 个百分点，对全社会用电增长的贡献率为 17.0%。

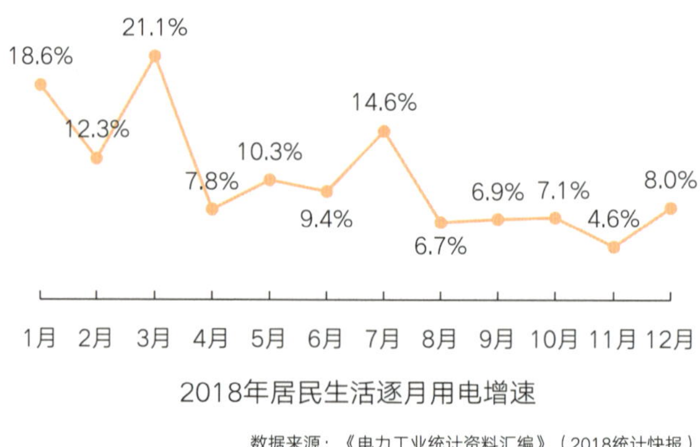

2018年居民生活逐月用电增速

数据来源：《电力工业统计资料汇编》（2018统计快报）

1.3 分地区用电量

2018 年，东部的广东、江苏、山东、浙江、河北 5 省全社会用电量继续分列全国前五位，5 省用电量合计 26567 亿千瓦时，合计用电占比持续下降，约 38.8%，较 2017 年降低 0.6 个百分点。

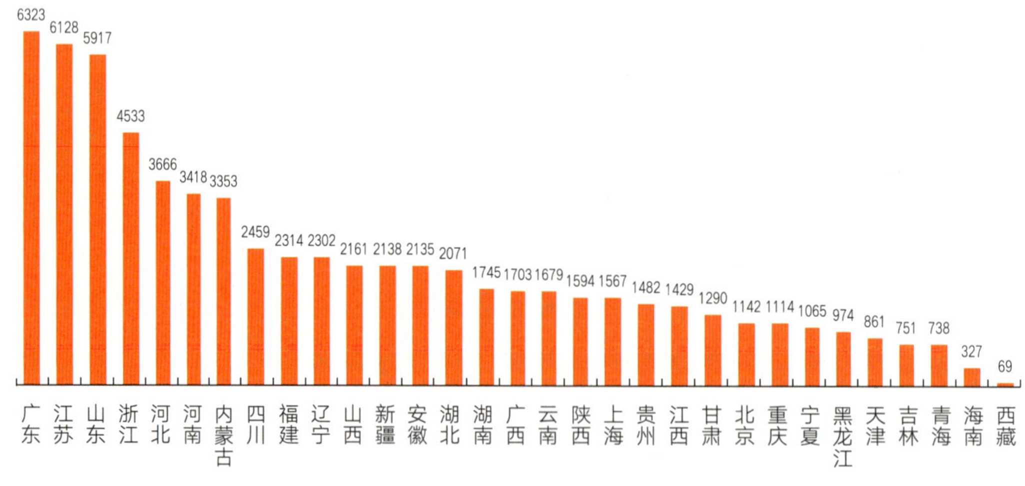

2018年全国分地区用电量（亿千瓦时）

数据来源：《电力工业统计资料汇编》（2018统计快报）

2018 年，东部发达省区产业结构调整成效显著，用电增速稳步提升，受中美贸易摩擦等国际复杂因素影响，上海、江苏、广东等东部沿海省份用电增速较 2017 年有所放缓，低于全国平均增速；广西、内蒙古、重庆、湖北、甘肃、江西、湖南等中西部省份用电增速在 2017 年基础上继续提升，高于全国平均增速。

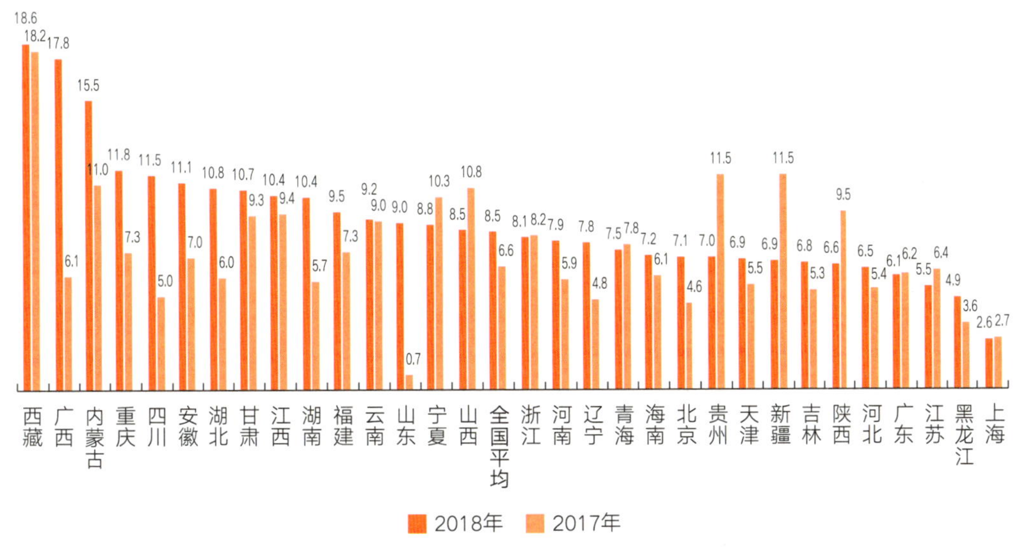

2018年全国分地区用电量增速（%）

数据来源：《电力工业统计资料汇编》（2018统计快报）

2 未来三年电力需求预测

2.1 第一产业用电预测

随着乡村振兴战略深入推进以及新一轮农网改造的持续升级，农村机械化作业程度也将得到大幅提升，农、林、牧、渔等第一产业用电仍将有一定增长空间。

2.2 高载能行业用电预测

1. 钢铁行业

截至 2018 年 11 月，全国已公布钢铁产能置换方案累计 1.68 亿吨，已经完成置换 1876 万吨，其余 1.5 亿吨将在 2019～2022 年陆续投放。此轮置换后，无效粗钢产能转化有效产能约 1000 万吨 / 年。钢铁产能集中度将得到显著提升，新增产能增速将逐步放缓，行业重心也将逐步回归需求。此外，随着电炉进一步置换传统炼钢用炉，加之产能利用率显著提升，钢铁行业用电还将保持增长。预计 2019 年钢铁行业用电增速将显著下降，后续的 2020 年和 2021 年也将在 2019 年基础上呈现稳步下降趋势。

2. 有色行业

受企业亏损等因素影响，国内电解铝企业未来一段时间内还将再削减产能，国内电解铝去库存周期仍将继续，预计 2019 年电解铝库存有望恢复正常水平。此外，中西部铁路项目等“补短板”的基础设施建设加速推进，将对电解铝行业起到一定支撑作用。受电解铝行业影响，预计 2019 年有色行业用电增速将有所下降，后续 2020 年和 2021 年用电增速也将逐步放缓。

3. 建材行业

2018 年，受水泥、玻璃等行业支撑，建材行业总体表现平稳，用电增速稳步增长。未来两年，国家对楼市调控政策逐步向三四线转移，房地产市场对水泥等建材需求的支撑会逐步减弱，雄安及京津冀地区基础设施建设对建材行业的支撑作用也较为有限。受产量增速放缓等因素影响，预计 2019 年建材行业用电增速将较 2018 年有明显下降，后续的 2020 年和 2021 年用电增速也将继续放缓。

4. 化工行业

2018 年，化工行业整体用电保持低速增长。未来三年，环保限产和下游需求总体放缓仍将是制约化工企业生产积极性的主要因素。考虑资源条件和社会需求等因素影响，预计 2019 年化工行业用电将继续维持低速增长，后续的 2020 年和 2021 年用电增速也将继续放缓。

在供给侧结构性改革取得成效的基础上，未来三年，持续环保限产和等量、减量置换政策将是影响高载能行业生产的重要因素，考虑“补短板”等基础设施建设投资的带动作用，未来三年高载能行业用电仍将保持正增长，但增速呈现逐步下滑态势，预计 2019 年为 2.0%～3.2%，2020 年为 1.3%～2.5%，2021 年为 1.0%～1.9%。

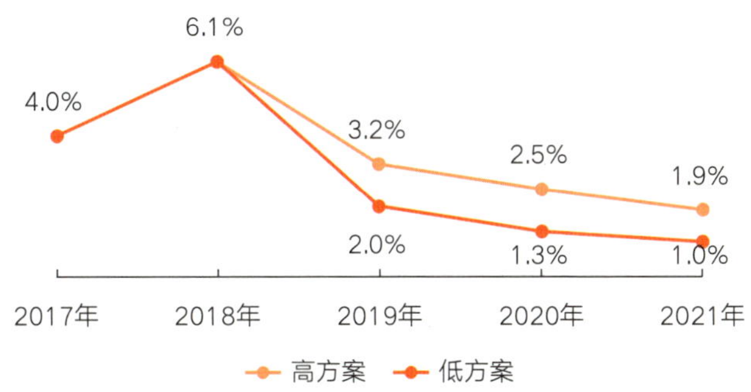

未来三年高载能行业用电增速预测

2.3　非高载能第二产业用电预测

2018 年，尽管中美贸易摩擦频出，国际环境复杂多变，但以高新技术产业和装备制造业为代表的非高载能第二产业仍然保持较快增长，带动相应产业用电稳步增长。未来三年，经济下行压力和国际环境影响仍然存在，但随着国家对基础设施建设和制造业投资的稳步提升，以及电能替代在工业领域的继续推广，未来三年非高载能第二产业用电仍将有较大增长空间。受技术进步及市场需求的影响，用电量增速将逐步下降。

预计非高载能第二产业用电增速 2019 年为 4.6%～5.7%，2020 年为 4.2%～5.0%，2021 年为 3.8%～4.4%。

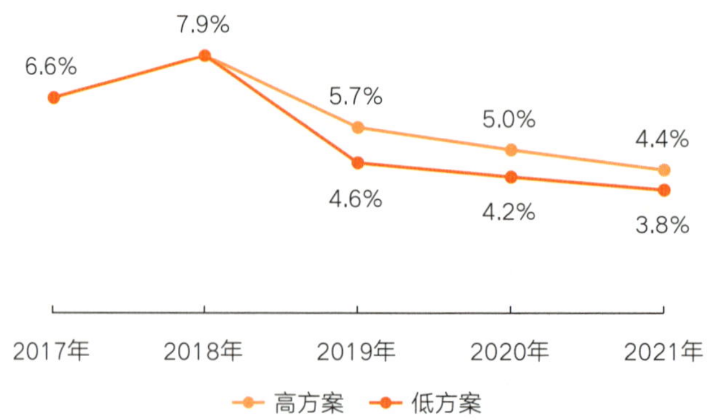

未来三年非高载能第二产业用电增速预测

2.4 第三产业用电预测

2018 年，我国产业结构继续优化，第三产业增加值比重持续稳步提升。随着营商环境不断改善、对外开放程度持续扩大，新兴服务业快速发展，未来三年服务业仍将保持平稳较快运行态势，相应用电增速也将保持较快增长，但考虑 2018 年较高基数，预计 2019 年三产用电增速将较 2018 年有明显放缓。

预计第三产业用电增速 2019 年为 7.2%～9.2%，2020 年为 6.6%～8.5%，2021 年为 6.1%～8.0%。

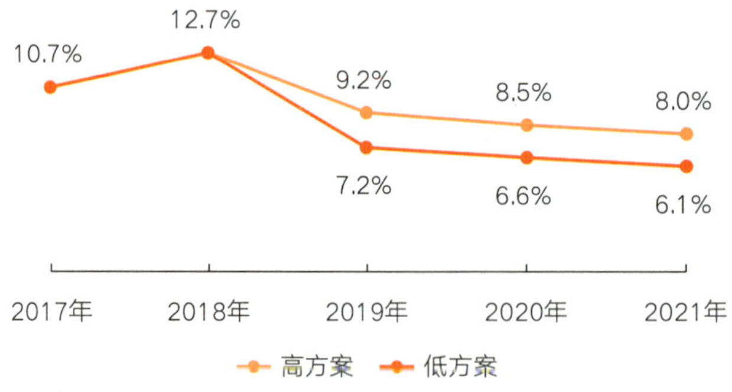

未来三年第三产业用电增速预测

2.5 居民生活用电预测

随着乡村振兴战略逐步落实，农网改造进一步深化，乡村居民生活用电量仍将有较大的增长空间，用电增速也将逐步超过城镇居民生活的用电增速。综合考虑 2018

年全国平均气温较常年偏高等因素，预计居民生活用电增速 2019 年为 7.0%～8.8%，2020 年为 6.5%～8.2%，2021 年为 6.3%～7.6%。

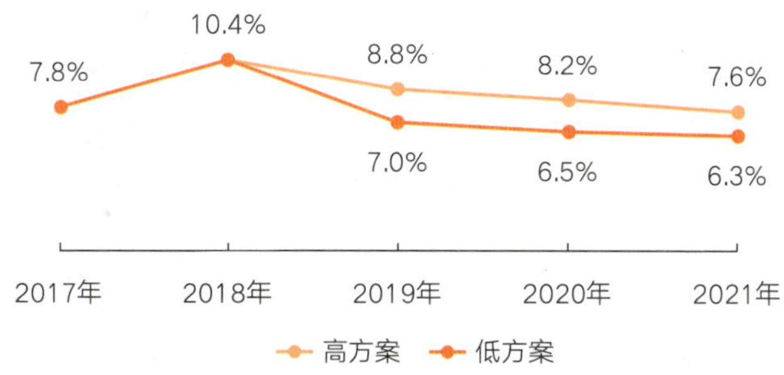

未来三年居民生活用电增速预测

2.6 全国用电需求预测

结合未来三年经济和用电发展趋势预测：

积极方案：2019 年，全社会用电同比增长 6.0%，用电量达 7.3 万亿千瓦时，用电结构为 1.1:27.7:40.8:16.1:14.4；2020 年，全社会用电同比增长 5.3%，用电量达 7.7 万亿千瓦时，用电结构为 1.1:26.9:40.6:16.6:14.8；2021 年，全社会用电同比增长 4.8%，用电量达 8.1 万亿千瓦时，用电结构为 1.1:26.1:40.5:17.1:15.2。

未来三年用电增速积极方案

2019 年
↑ 6.0%

2020 年
↑ 5.3%

2021 年
↑ 4.8%

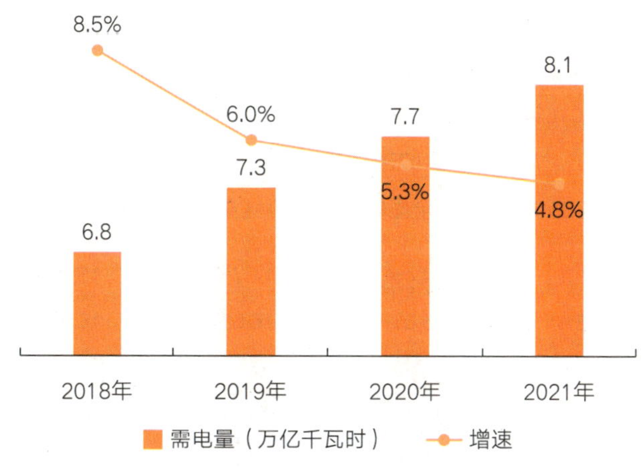

2019~2021年全国需电量预测结果（积极方案）

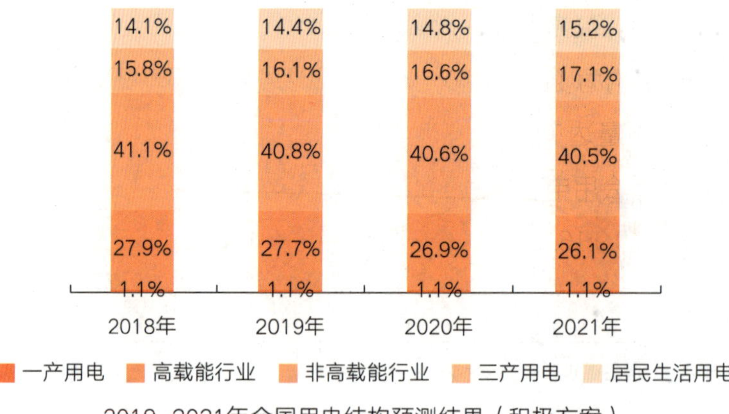

2019~2021年全国用电结构预测结果（积极方案）

未来三年用电增速稳妥方案

2019 年
↑ 5.6%

2020 年
↑ 5.0%

2021 年
↑ 4.7%

稳妥方案：2019 年，全社会用电同比增长 5.6%，用电量达 7.3 万亿千瓦时，用电结构为 1.1:27.7:40.8:16.0:14.4；2020 年，全社会用电同比增长 5.0%，用电量达 7.6 万亿千瓦时，用电结构为 1.1:26.9:40.8:16.5:14.7；2021 年，全社会用电同比增长 4.7%，用电量达 8.0 万亿千瓦时，用电结构为 1.1:26.2:40.7:16.9:15.1。

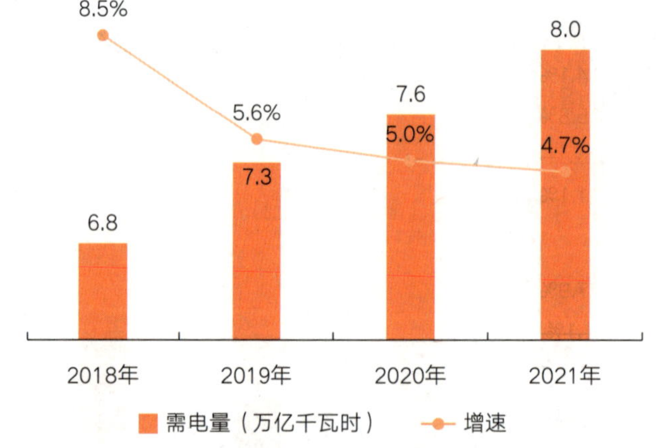

2019~2021年全国需电量预测结果（稳妥方案）

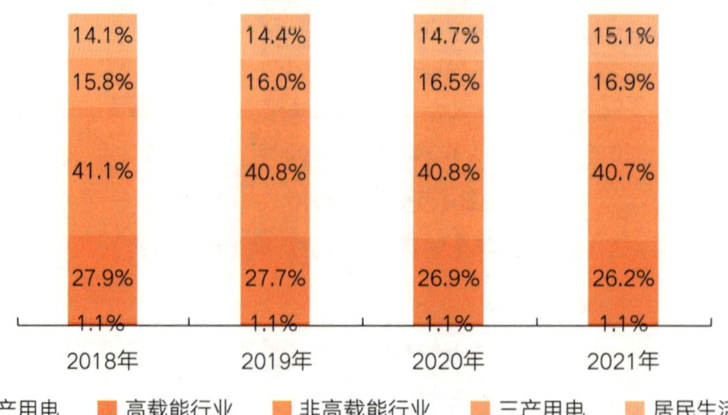

2019~2021年全国用电结构预测结果（稳妥方案）

保底方案：2019 年，全社会用电同比增长 4.6%，用电量达 7.2 万亿千瓦时，用电结构为 1.1:27.7:40.9:16.0:14.3；2020 年，全社会用电同比增长 4.1%，用电量达 7.5 万亿千瓦时，用电结构为 1.1:26.9:40.9:16.4:14.7；2021 年，全社会用电同比增长 3.8%，用电量达 7.8 万亿千瓦时，用电结构为 1.1:26.2:40.9:16.7:15.0。

未来三年用电增速保底方案

2019 年
↑ 4.6%

2020 年
↑ 4.1%

2021 年
↑ 3.8%

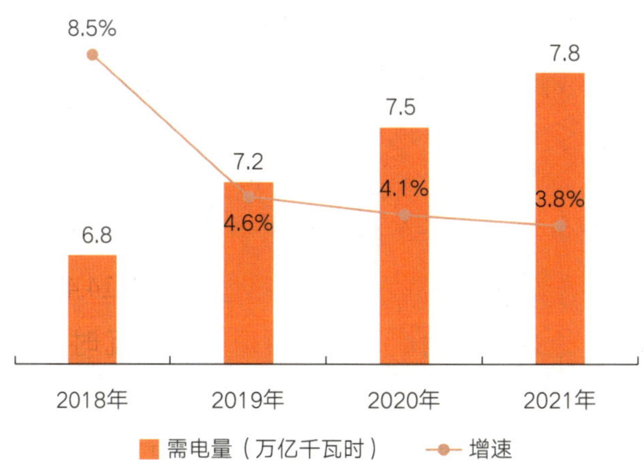

2019~2021年全国需电量预测结果（保底方案）

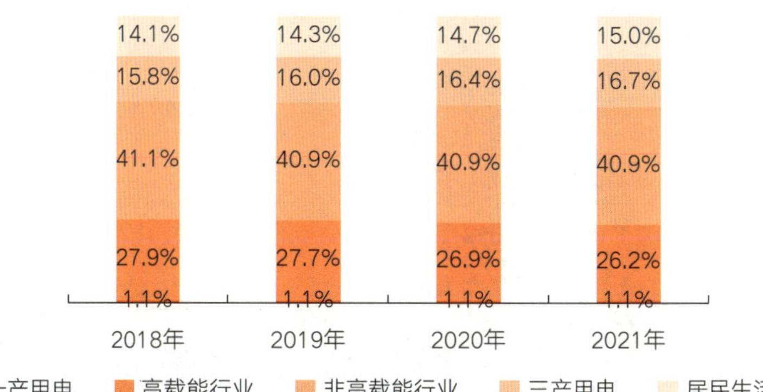

2019~2021年全国用电结构预测结果（保底方案）

三
电源发展

1 水电

1.1 2018 年发展概况

1. 常规水电

常规水电装机增速进一步放缓

常规水电装机
↑ 2.3%

截至 2018 年底，我国常规水电装机容量 32227 万千瓦，约占我国电源总装机的 17.0%，占非化石电源装机的 41.6%。“十二五”期间我国常规水电装机年均增速约 8.3%，2013 年以来常规水电装机增速逐年下降，2018 年常规水电装机容量同比增长 2.3%，为 2000 年以来最低水平。

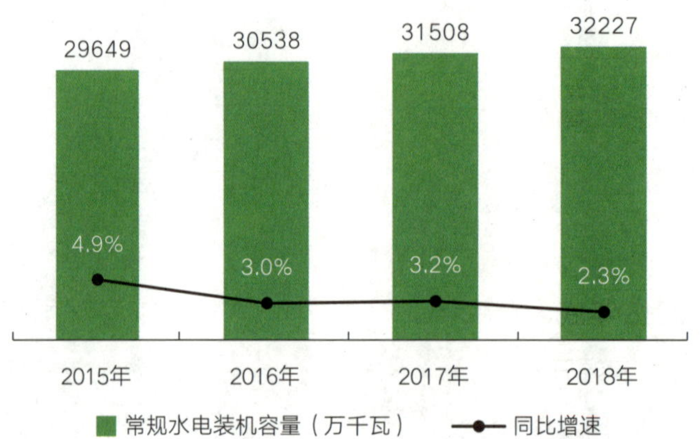

2015~2018年我国常规水电装机容量及同比变化

数据来源：《电力工业统计资料汇编》（2015、2016、2017、2018统计快报）

2018 年投产的重点常规水电项目

省份	电站名称	单机容量（万千瓦）	机组台数（台）	投产时间
云南	黄登水电站	42.5	2	2018 年 7 月
	黄登水电站	47.5	1	2018 年 8 月

截至 2018 年底，我国四川、云南、湖北、贵州、广西、湖南、福建、青海八省（区）常规水电装机容量超过 1000 万千瓦，占我国水电总装机容量的 80.0%。其中，四川、云南两省水电装机容量占全国比重为 45.0%，比 2017 年提高了 0.5 个百分点。

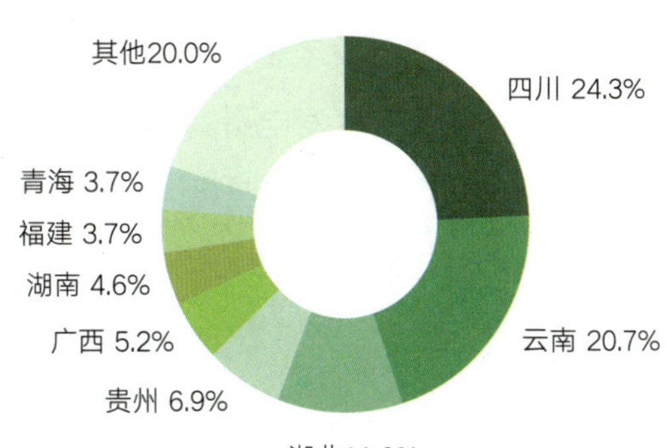

2018年分地区常规水电装机容量占比

数据来源：《电力工业统计资料汇编》（2018统计快报）

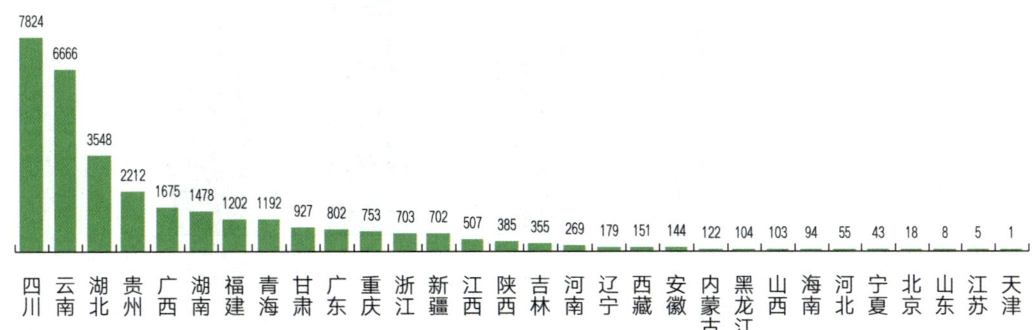

2018年我国分地区常规水电装机容量（万千瓦）

数据来源：《电力工业统计资料汇编》（2018统计快报）

截至2018年底，四川省、云南省水力资源开发程度分别为65.2%、65.4%，西藏自治区水力资源开发程度为1.4%，其他地区平均水电装机开发程度为83.9%。

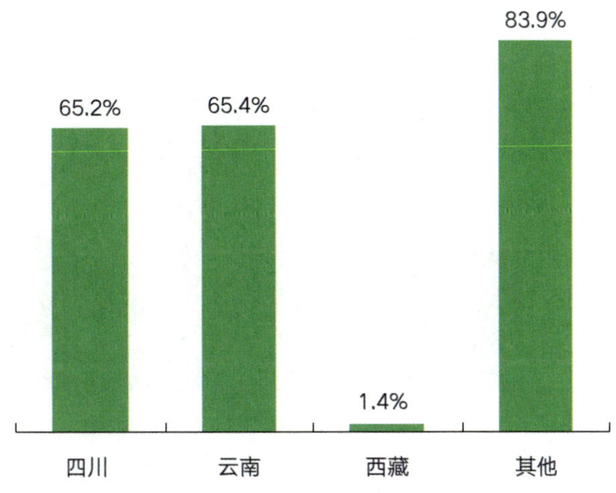

2018年我国分地区水力资源开发程度

数据来源：《电力工业统计资料汇编》（2018统计快报）、《中国水力资源复查成果2003》

常规水电发电量占非化石电量比重持续下降

占非化石电源发电量
55.6%

2018 年，我国常规水电发电量 12011 亿千瓦时，约占我国电源总发电量的 17.2%，占非化石电源发电量的 55.6%。其中，四川、云南两省常规水电发电量占我国常规水电发电量的 49.7%。2013 年以来，我国常规水电发电量占非化石电源发电量的比重逐年降低。

2018 年，我国水电利用小时数为 3613 小时，同比增加 16 小时。2014 年以来，我国水电利用小时数基本维持在 3600 小时左右。

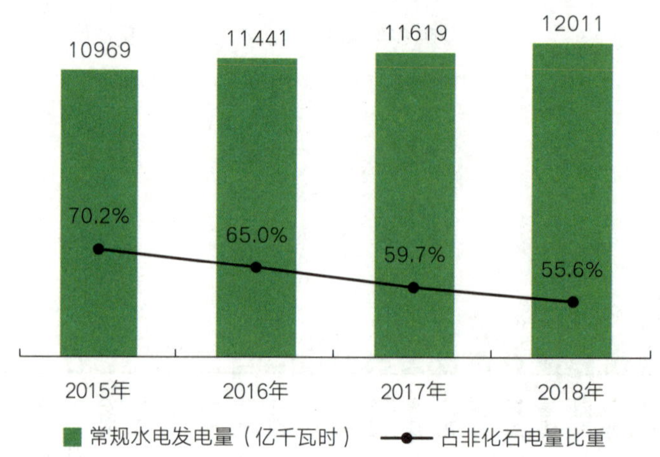

2015~2018年我国常规水电发电量

数据来源：《电力工业统计资料汇编》（2015、2016、2017、2018统计快报）

云南、四川两省弃水问题进一步缓解

云南省弃水电量
↓ **40%**

四川省弃水电量
↓ **14%**

2018 年，全国弃水电量 332 亿千瓦时，同比减少 35.5%。云南弃水问题缓解明显，弃水电量下降至 175 亿千瓦时，同比减少约 40%；四川省调峰弃水电量 120 亿千瓦时，较去年同期下降 14%。

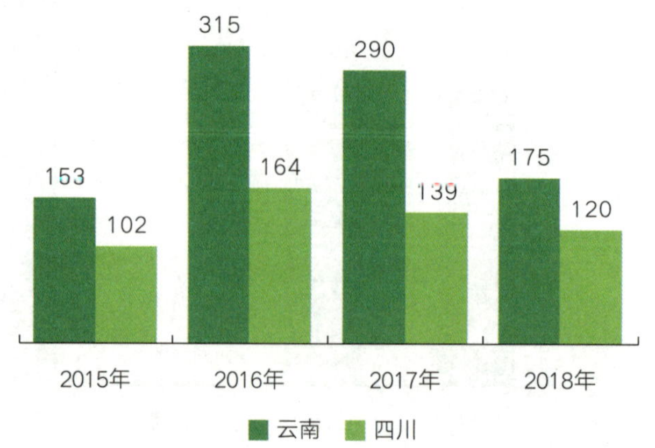

2015~2018年云南、四川两省弃水电量（亿千瓦时）

数据来源：国家能源局

2. 抽水蓄能电站

截至 2018 年底，我国抽水蓄能装机容量为 2999 万千瓦，约占我国电源总装机容量的 1.6%，占非化石电源装机容量的 3.9%。“十二五”期间我国抽水蓄能装机年均增速为 6.3%，“十三五”前三年抽水蓄能装机年均增速为 9.2%。

抽水蓄能电站装机增速持续放缓

抽水蓄能装机
↑ **4.5%**

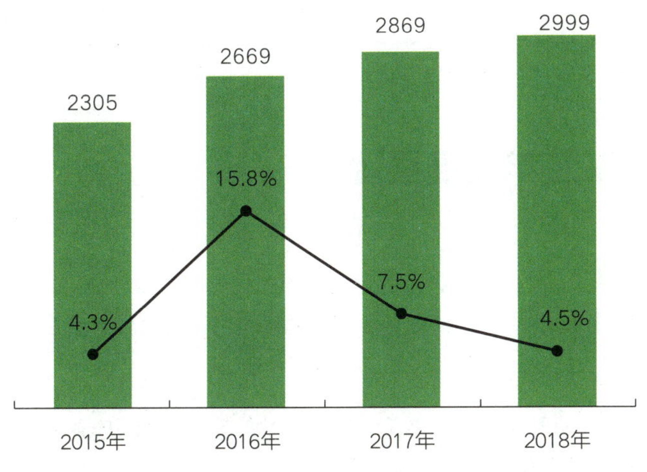

2015~2018年我国抽水蓄能装机容量及同比变化

数据来源：《电力工业统计资料汇编》（2015、2016、2017、2018统计快报）

抽水蓄能电站主要集中在中东部及南方地区

中东部及南方地区占全国抽水蓄能总装机
76.8%

截至 2018 年底，我国中东部及南方地区抽水蓄能装机容量 2302 万千瓦，占我国抽水蓄能总装机容量的 76.8%。广东、浙江两省抽水蓄能电站装机容量合计 1186 万千瓦，占我国抽水蓄能电站总装机容量的 39.5%。

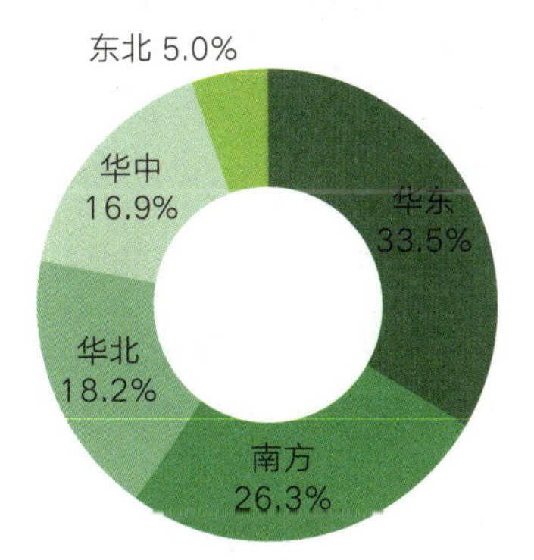

2018年分区域抽水蓄能装机容量占比

数据来源：《电力工业统计资料汇编》（2018统计快报）

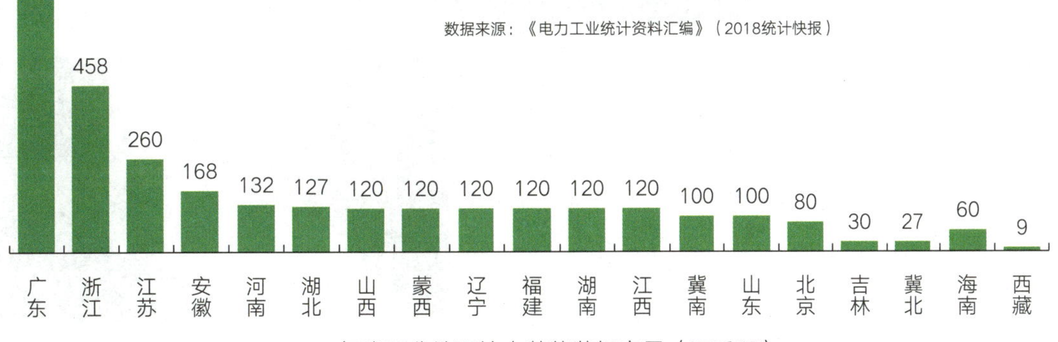

2018年我国分地区抽水蓄能装机容量（万千瓦）

数据来源：《电力工业统计资料汇编》（2018统计快报）

2018 年投产抽水蓄能电站

省份	电站名称	单机容量（万千瓦）	机组台数（台）	投产时间
广东	深圳抽水蓄能电站	30	1	2018 年 7 月
	深圳抽水蓄能电站	30	1	2018 年 9 月
	深圳抽水蓄能电站	30	1	2018 年 10 月
海南	琼中抽水蓄能电站	20	1	2018 年 2 月
	琼中抽水蓄能电站	20	1	2018 年 7 月

1.2 未来三年发展展望

未来三年全国新增常规水电主要集中在川滇两省

常规水电新增装机约

3500 万千瓦

1. 常规水电

未来三年我国常规水电预计新增装机约 3500 万千瓦。其中，四川、云南两省新增水电装机分别为 1400 万千瓦、1100 万千瓦。重点水电项目有：乌东德水电站、白鹤滩水电站、苏洼龙水电站、杨房沟水电站、两河口水电站等。

乌东德水电站

乌东德水电站位于四川省会东县和云南省禄劝县交界的金沙江河道上，电站装机容量 1020 万千瓦（85 万千瓦 ×12 台），多年平均发电量约 389.1 亿千瓦时。预计 2020 年实现首批机组发电，2021 年全部机组投运。

乌东德水电站

白鹤滩水电站

白鹤滩水电站位于四川省宁南县和云南省巧家县的金沙江下游干流河道上，电站装机容量 1600 万千瓦（100 万千瓦 ×16 台），多年平均发电量约 624.4 亿千瓦时。预计 2021 年实现首批机组发电，2023 年全部机组投运。

白鹤滩水电站

苏洼龙水电站

苏洼龙水电站位于金沙江上游河段四川省巴塘县和西藏自治区芒康县的界河上，电站装机容量 120 万千瓦，多年平均发电量约 54.3 亿千瓦时。预计 2020 年实现首批机组发电，2021 年全部机组投运。

苏洼龙水电站

杨房沟水电站

杨房沟水电站位于四川省凉山州木里县境内的雅砻江流域中游河段上，电站装机容量 150 万千瓦，多年平均发电量约 68.7 亿千瓦时。预计 2020 年投运。

杨房沟水电站

两河口水电站

两河口水电站位于四川省甘孜州雅江县境内的雅砻江干流上，电站装机容量 300 万千瓦，多年平均发电量约 110.6 亿千瓦时。预计 2021 年实现首批机组发电，2022 年全部机组投运。

两河口水电站

西南地区水电基地发展展望

西南水电未来还将新增跨省跨区配置能力约 3000 万千瓦

2018 年，川滇两省用电量同比增速 11.5%、9.2%，预计未来三年川滇两省用电量将维持中速增长，年均增速分别约为 5.0%、6.6%，西南本地电力消纳能力稳步增强。未来三年西南水电外送通道将加快建设并逐步投产，西南地区新增水电资源跨省、跨区配置能力约 3000 万千瓦。随着后续跨区跨流域电网调度水平的逐步优化、水电市场化交易机制的日趋完善，西南水电的消纳范围、外送规模与利用率将稳步提高，预计“十四五”初期西南地区弃水问题将基本解决。

建立市场化机制，逐步调整存量水电外送

在当前水电跨省区交易基础上，进一步完善水电市场化交易机制。采用市场化手段如用电权交易、灵活的电量分解机制等，提升大型水电资源配置的灵活性。建立促进可再生能源跨省跨区消纳的电价机制、辅助服务补偿机制，建设区域互补型电力市场，积极拓展水电消纳范围。在充分尊重历史的原则下，结合送受端地区电力供需及外送电力实际情况，积极研究论证三峡、龙滩等水电外送优化调整方案。

西南水电枯期外送能力不足问题初步显现

目前西南水电开发程度已接近 45%，主要为四川、云南水电，两省干流水电开发程度超过 65%，其中，约 60% 外送。“十四五”末期，川滇两省优质水电资源将基本开发殆尽，加之西南地区自身负荷增长、优先满足自用需求等因素，丰期外送能力将趋于峰值，枯期电力供应形势日趋严峻，西电东送可持续压力初步显现。建议结合送端供需，进一步优化西南水电外送曲线；加快云贵互联通道建设，充分利用云贵、德宝等互联通道，提高川滇与邻省电力互补能力；有序推进藏东南水电开发建设，接续川滇水电外送；加快干流龙头水电站建设，提高水电站的丰枯期调节能力；有序安排煤电项目投产，保障枯期供电。

2. 抽水蓄能电站

未来三年我国抽水蓄能电站将新增装机容量约 1380 万千瓦。重点项目有：丰宁一期抽水蓄能电站、安徽绩溪抽水蓄能电站、山东文登抽水蓄能电站、吉林敦化抽水蓄能电站、黑龙江荒沟抽水蓄能电站等。

绩溪抽水蓄能电站

绩溪抽水蓄能电站位于安徽省绩溪县伏岭镇岭前村赤石坑，安装 6 台 30 万千瓦立轴单级混流可逆式机组，预计 2019 年开始投运。

绩溪抽水蓄能电站

文登抽水蓄能电站

文登抽水蓄能电站位于山东省胶东地区文登市界石镇境内，安装 6 台单机容量 30 万千瓦的单级混流可逆式水泵水轮机组，预计 2020 年开始投运。

文登抽水蓄能电站

敦化抽水蓄能电站

敦化抽水蓄能电站位于吉林省敦化市北部，安装 4 台单机容量 35 万千瓦可逆式水泵水轮机组，预计 2021 年开始投运。

敦化抽水蓄能电站

荒沟抽水蓄能电站

荒沟抽水蓄能电站位于黑龙江省牡丹江市海林市三道河子乡，安装 4 台单机容量 30 万千瓦可逆式水泵水轮机组，预计 2021 年开始投运。

荒沟抽水蓄能电站

天池抽水蓄能电站

天池抽水蓄能电站位于河南省南阳市南召县马市坪乡境内，安装 4 台单机容量 30 万千瓦可逆式水泵水轮机组，预计 2021 年开始投运。

天池抽水蓄能电站

长龙山抽水蓄能电站

长龙山抽水蓄能电站位于浙江省安吉县天荒坪镇和山川乡境内，安装 6 台单机容量 35 万千瓦可逆式水泵水轮机组，预计 2021 年开始投运。

长龙山抽水蓄能电站

2 风电

2.1 2018 年发展概况

2018 年，我国风电新增并网装机 2026 万千瓦。截至 2018 年底，我国累计并网风电装机 18426 万千瓦，占全国电源总装机容量的 9.7%，占非化石电源装机容量的 23.8%。“十三五”前三年，我国风电并网装机容量年均增长 12.1%，整体维持平稳发展的势头。

风电发展整体平稳

风电装机
↑ 12.4%

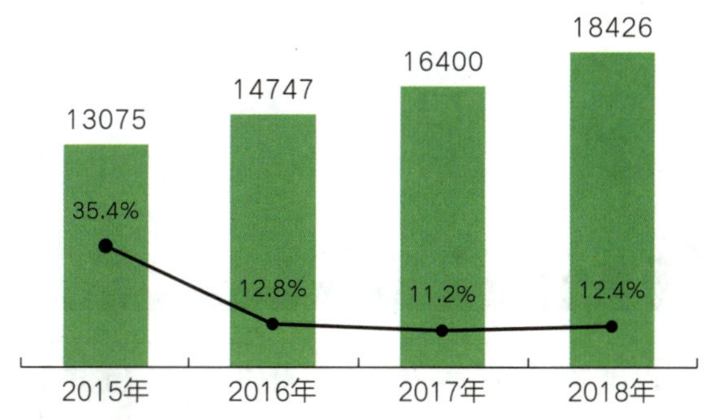

2015~2018年我国风电装机容量及同比变化

数据来源：《电力工业统计资料汇编》（2015、2016、2017、2018统计快报）

2018 年，华中、华东、南方地区合计新增并网风电装机 953 万千瓦，占全国新增并网风电装机容量的 47%。截至 2018 年底，中东部和南方地区累计并网风电装机占比 28%，较 2017 年提升了 2.4 个百分点，全国风电建设布局持续优化。

风电开发布局持续优化

中东部和南方地区风电装机占比
↑ 2.4 个百分点

截至 2018 年底，内蒙古、新疆、河北、甘肃、山东、山西、宁夏七省（区）并网风电装机均超 1000 万千瓦，合计占全国风电总装机容量的 57.9%。

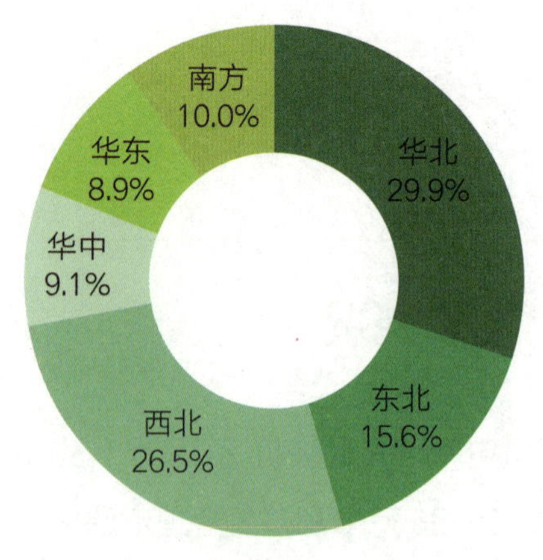

2018年我国分区域并网风电装机容量占比

数据来源：《电力工业统计资料汇编》（2018统计快报）

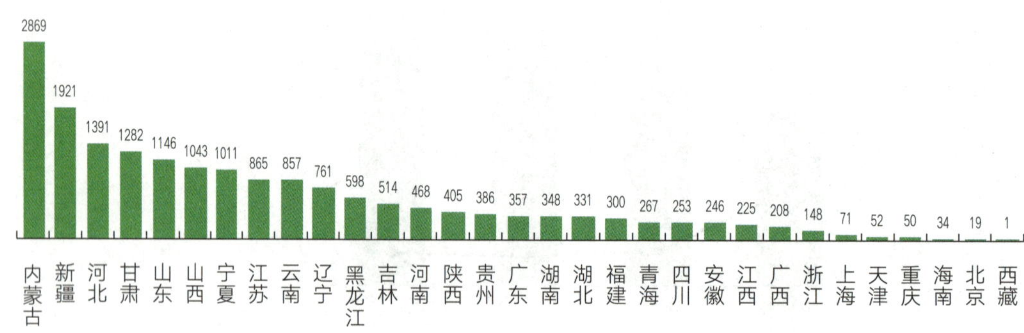

2018年我国分地区并网风电装机容量（万千瓦）

数据来源：《电力工业统计资料汇编》（2018统计快报）

风电对非化石电量增长的贡献率有所下降，但贡献率仍然最高

2018年，我国风电平均利用小时数为2095小时，同比增加147小时；全年风电发电量3660亿千瓦时，同比增长21%，占全国总发电量的5.2%，占非化石电源发电量的16.9%。

2018年，我国风电发电量同比增加614亿千瓦时，占非化石电源发电量增量的比重为28.4%。

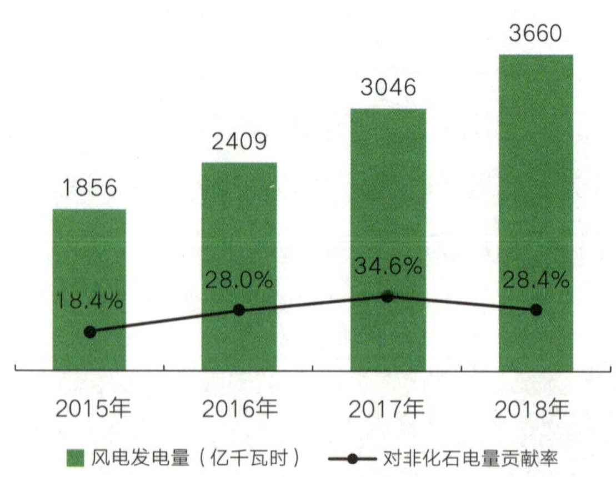

2015~2018年我国风电发电量及对非化石电量增长的贡献率

数据来源：《电力工业统计资料汇编》（2015、2016、2017、2018统计快报）

2018年，全国平均弃风率7%，同比下降5个百分点。新疆、内蒙古和甘肃弃风问题仍较为突出，三省份合计弃风电量占全国的85%，是下一步需要重点解决的地区。

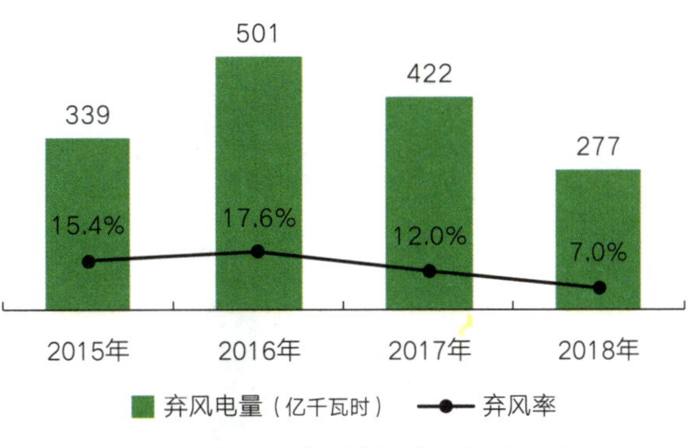

2015~2018年我国弃风电量及弃风率

数据来源：国家能源局

弃风电量和弃风率持续双降

弃风电量

↓ **145** 亿千瓦时

弃风率

↓ **5.0** 个百分点

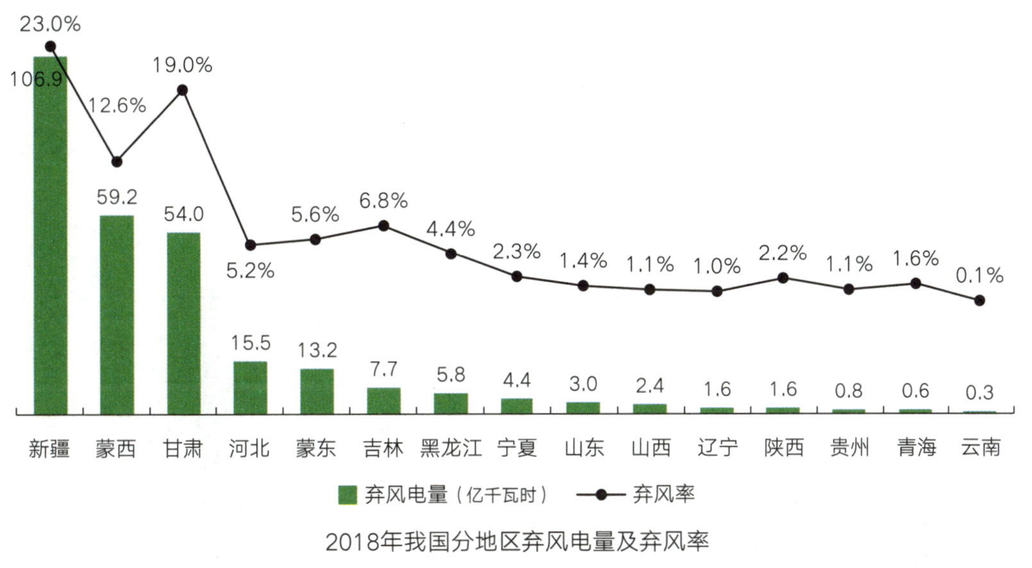

2018年我国分地区弃风电量及弃风率

数据来源：国家能源局

2018年全国海上风电新增并网装机161万千瓦，新增并网容量同比增加181%；累计并网装机达到363万千瓦，同比增加80%，明显呈现提速发展的态势。其中，江苏省海上风电并网装机303万千瓦，位居全国首位。

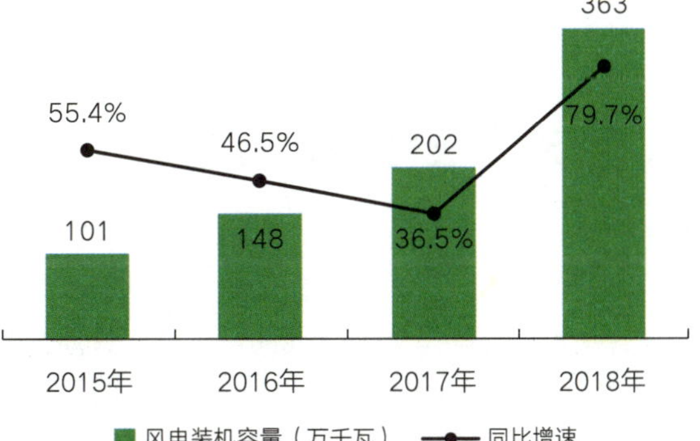

2015~2018年我国海上风电装机容量及同比变化

数据来源：国家能源局

海上风电发展明显提速

并网装机

↑ **80%**

截至 2018 年底，江苏、广东、海南、浙江、福建等 9 个省（市）的海上风电规划已获批复，地方规划总规模超过 1.2 亿千瓦。其中，广东省海上风电规划规模 6685 万千瓦，位居全国首位。

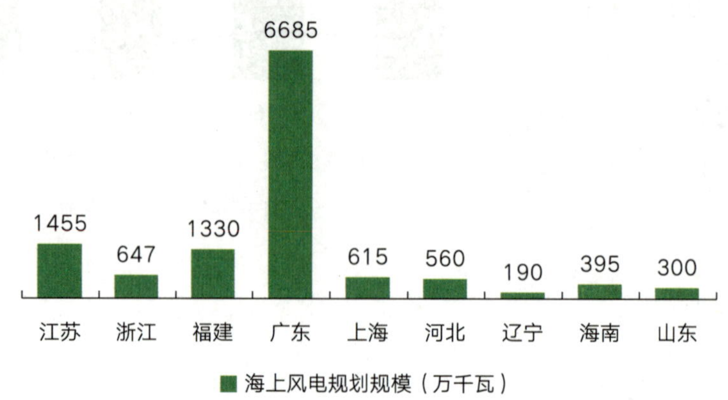

截至 2018 年底，全国海上风电累计核准规模超过 5000 万千瓦，主要集中在广东、江苏、福建等省份。

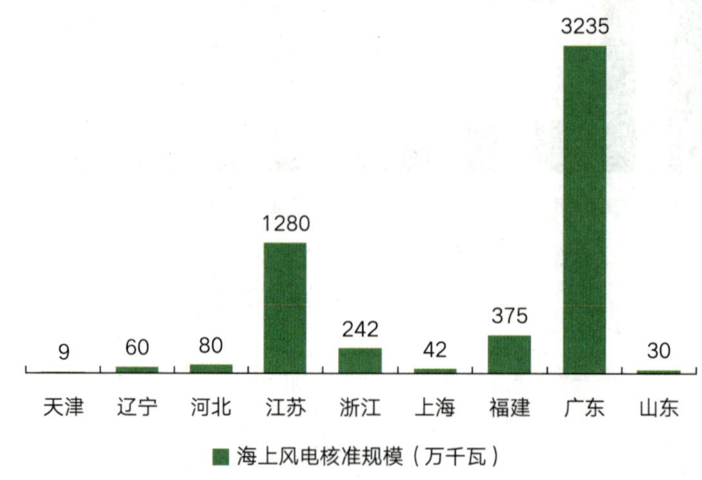

2.2 未来三年发展展望

平价上网进一步释放风电规模化发展的潜力

随着风电自身开发利用成本持续下降、消纳利用整体形势不断好转，行业市场竞争力将不断提升。随着国家积极推动平价上网无补贴风电项目建设、优化平价上网项目投资和运营环境，在部分资源条件较好、上网电价较高地区将率先实现风电平价上网。在消纳利用水平得到保障的情况下，吉林、辽宁、黑龙江、内蒙古、河北、山东以及中东部和南方部分风资源较好地区，优先具备风电平价甚至低价上网的潜力。

随着产业进一步发展成熟，“十四五”前期陆上风电将全面实现平价。在摆脱财政补贴依赖后，风电项目的市场竞争力得到提升，风电仍将是我国非化石能源供应的主要增量来源之一，保持规模化发展，为经济社会发展提供绿色低价的能源供应。

消纳利用成为引导优化开发布局关键

随着新能源普遍进入竞争性配置市场化发展阶段，国家财政补贴逐步退出，消纳利用对于风电项目的经济性影响更加显著。如何保障风电的运行利用小时数，降低风电“单位千瓦时”成本，成为决定风电项目选点布局的关键因素。未来风电开发需要通过明确消纳市场来锁定长期收益、通过“源—网—荷”方案的综合优化来提高项目的市场竞争力。在风电投资监测预警体系中，消纳利用成为决定性指标，风电项目开发需要严格落实消纳条件和预警管理要求，相关发展规划也更加重视与系统消纳能力的衔接。

“三北”地区仍有较大的集中开发潜力

我国“三北”地区风能资源丰富，土地广阔，发展风电和太阳能发电对生态环境影响较小，新能源集中规模化开发潜力巨大。在消纳形势整体持续好转的情况下，部分限电地区解除红色预警，“三北”地区风电开发有望迎来新的增长。未来，中东部地区电力需求仍将保持一定的增长速度，受生态环保、能源双控等政策影响，同时考虑到核电、气电发展面临的不确定性，电力供应将更加依赖受入外部电力，接纳外来新能源电力的空间巨大。整体来看，“三北”地区特别是内蒙古、西北等地区，集中连片开发新能源基地（综合能源基地）仍有广阔前景。

中东部地区分散式风电发展有望提速

随着电力需求的持续增长，以及国家对于可再生能源电力消纳责任权重指标的监测考核，中东部地区对新增可再生能源电力供应的需求持续增加，风电开发将继续稳步推进。同时，中东部地区风电发展受到资源、土地、环保、交通运输等因素制约，适宜因地制宜发展接入低压配电网、就地消纳利用的分散式风电。预计未来三年，在国家积极推动分散式风电的政策支持下，同时考虑到平价上网进程进一步推动，电价水平相对较高的中东部地区的分散式风电发展有望进一步提速。

当前海上风电是新能源开发的热点，但受技术、成本等方面因素制约，总体来看我国海上风电产业仍处于发展起步阶段。目前海上风电的发展面临建设条件落实难、建设运维能力不足、规划建设缺乏统筹、补贴强度高等问题。尤其是并网消纳方面，海底电缆路由资源和登陆点资源十分紧张，分散建设容易导致资源难以集约化利用、分散接入规模与沿海地市

海上风电发展需统筹开发与消纳

就近消纳能力不匹配等问题，增加了海上风电开发难度。未来，海上风电发展需坚持规划引导、有序发展，统筹开发与消纳，推动海上风电开发及并网送出规划与国家及省级电力规划等相关规划有效衔接，避免沿海地区出现类似“三北”地区的弃风限电问题，探索统一送出机制，促进海底输电走廊、登陆点等资源集约化利用，实现网源协调发展。

未来三年，按系统调峰能力测算，在未采取额外措施情况下，“三北”地区新增风电消纳空间约 0.39 亿千瓦，中东部和南方地区新增风电消纳空间约 0.91 亿千瓦；完成“十三五＂规划提出的火电灵活性改造任务后，“三北”地区新增风电消纳空间约 0.87 亿千瓦，中东部和南方地区新增风电消纳空间约 0.92 亿千瓦。

未来三年各地区风电消纳能力预测结果　　单位：万千瓦

地区	未采取额外措施情况下		完成“十三五＂规划火电灵活性改造任务后	
	2021 年消纳能力	未来三年发展空间	2021 年消纳能力	未来三年发展空间
东北	**3860**	**980**	**5280**	**2400**
蒙东	1160	150	1450	440
黑龙江	780	180	1050	450
吉林	600	90	1060	550
辽宁	1320	560	1720	960
华北	**7150**	**1640**	**9050**	**3540**
京津冀	2100	640	2600	1140
山西	1350	310	1750	710
山东	1550	400	1800	650
蒙西	2150	290	2900	1040
西北	**6180**	**1320**	**7590**	**2730**
陕西	610	200	640	230
甘肃	1350	70	1660	380
宁夏	1420	410	1740	730
青海	650	380	650	380
新疆	2150	260	2900	1010
华东	**5120**	**3480**	**5120**	**3480**
上海	80	10	80	10
浙江	1250	1100	1250	1100

续表

地区	未采取额外措施情况下		完成“十三五”规划火电灵活性改造任务后	
	2021年消纳能力	未来三年发展空间	2021年消纳能力	未来三年发展空间
江苏	2650	1780	2650	1780
安徽	400	150	400	150
福建	740	440	740	440
华中	**4420**	**2740**	**4420**	**2740**
湖北	1000	670	1000	670
湖南	490	140	490	140
河南	1600	1130	1600	1130
江西	780	550	780	550
四川	400	150	400	150
重庆	150	100	150	100
南方	**4760**	**2910**	**4860**	**3010**
广东	2400	2040	2400	2040
广西	450	240	550	340
云南	1100	240	1100	240
贵州	700	310	700	310
海南	110	80	110	80

注 1. 以上消纳能力仅按系统调峰能力测算；
2. 2021年全国光伏发电装机按照2.4亿千瓦考虑；
3. 三北地区弃电率按照5%考虑，中东部和南方地区弃电率按照不超过1%考虑。

未来三年，海上风电主要考虑就近接入消纳，受沿海各省220千伏网架接入条件以及登陆资源条件的制约，以江苏、浙江、福建、广东4个重点省份为例，在不采取额外调峰措施和网架加强措施的前提下，未来三年可就近接入新增消纳规模约在300万～620万千瓦之间。

未来三年重点省份海上风电消纳能力预测结果　　单位：万千瓦

沿海省份	海上风电规划规模	海上风电核准规模	2021年海上风电就近消纳能力	未来三年发展空间
江苏	1455	1280	600	300
浙江	647	242	650	620
福建	1330	375	460	440
广东	6685	3235	540	530

3 太阳能发电

3.1 2018 年发展概况

1. 光伏发电

光伏发电装机增速得到合理控制

光伏装机
↑ 33.9%

2018 年，我国光伏发电新增并网装机 4421 万千瓦，较上年度有所回落。截至 2018 年底，我国光伏装机容量为 17463 万千瓦，同比增长 33.9%，占全国电源总装机容量的 9.2%，占非化石电源装机容量的 22.6%。

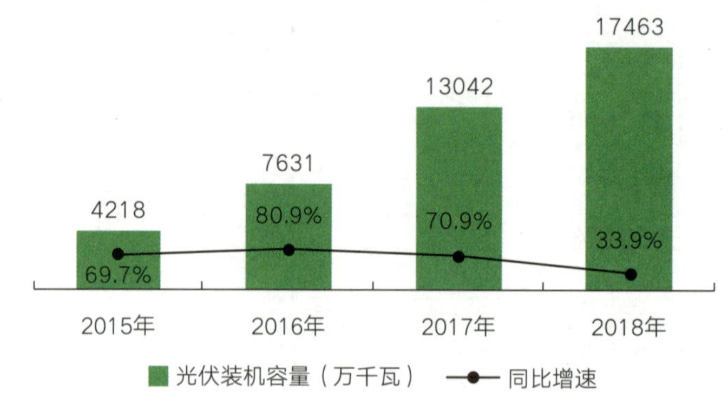

2015~2018年我国光伏装机容量及同比变化

数据来源：《电力工业统计资料汇编》（2015、2016、2017、2018统计快报）

2018 年，华中、华东、南方地区合计新增并网光伏装机 2231 万千瓦，占全国新增并网光伏装机容量的 51.2%。截至 2018 年底，中东部和南方地区累计并网光伏装机占比 44.2%，较 2017 年提升了 2.2 个百分点，全国光伏建设布局持续优化。

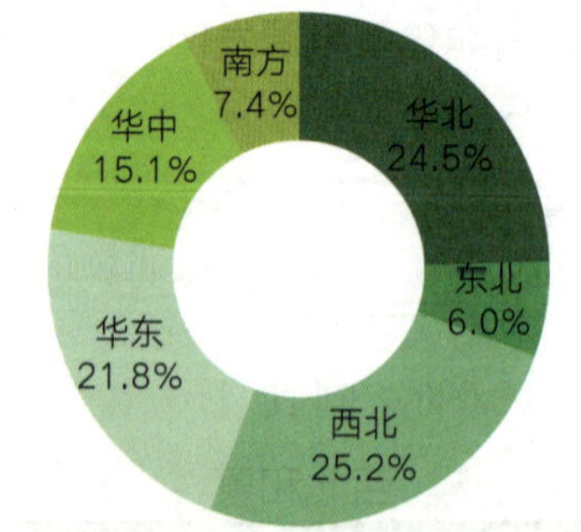

2018年我国分区域光伏装机容量占比

数据来源：《电力工业统计资料汇编》（2018统计快报）

截至 2018 年底，山东、江苏、河北、浙江、安徽、新疆、河南、青海、内蒙古、山西、甘肃、宁夏、陕西、江西、广东、湖北十六省（区）光伏装机均超过 500 万千瓦，合计占全国的 85.2%。

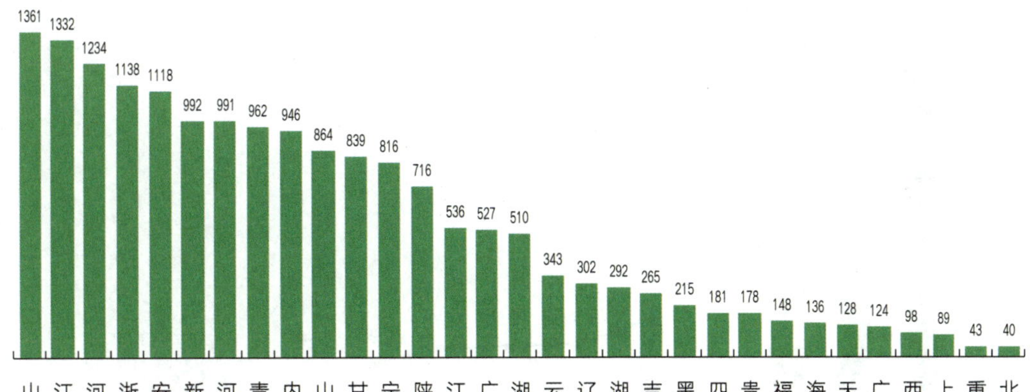

2018年我国分地区光伏装机容量（万千瓦）

数据来源：《电力工业统计资料汇编》（2018统计快报）

2018年，我国光伏平均利用小时数为1212小时，同比增加7小时；全年光伏发电量1775亿千瓦时，同比增长50.8%，占全国总发电量的2.5%，占非化石电源发电量的8.2%。

2018年，我国光伏发电量同比增加598亿千瓦时，占非化石电源发电量增量的27.6%。

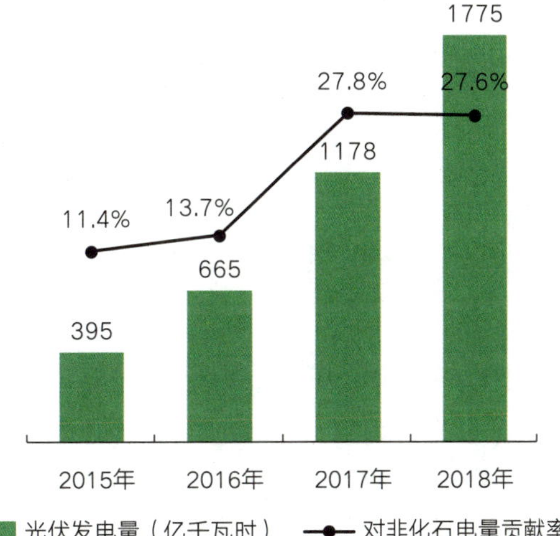

2015~2018年我国光伏发电量及对非化石电量贡献率

数据来源：《电力工业统计资料汇编》（2015、2016、2017、2018统计快报）

光伏对非化石电量增长的贡献率大幅提升

光伏对非化石电量增长贡献率
27.6%

2018年，全国平均弃光率3.0%，同比下降2.8个百分点。西北和蒙西地区弃光电量合计占全国总量的90%，是下一步需要重点解决弃光问题的地区。

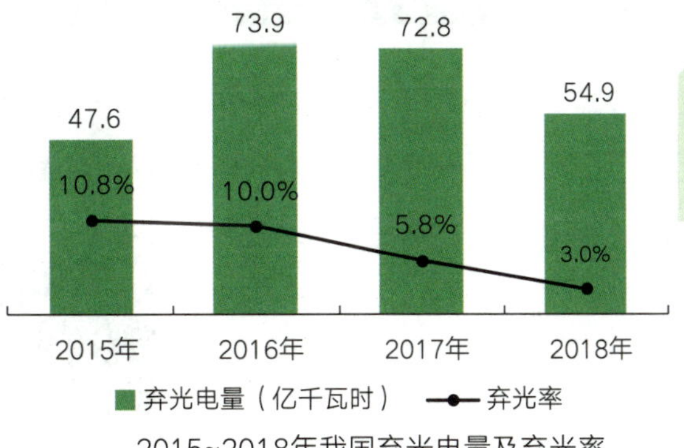

2015~2018年我国弃光电量及弃光率

数据来源：国家能源局

弃光电量和弃光率持续双降

弃光电量
↓ **18 亿千瓦时**

弃光率
↓ **2.8 个百分点**

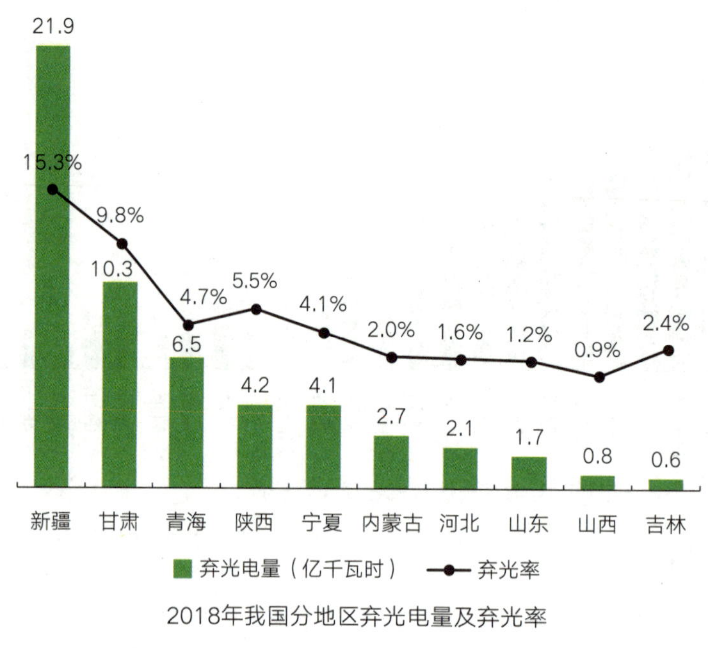

2018年我国分地区弃光电量及弃光率

数据来源：国家能源局

2. 光热发电

截至 2018 年底，我国光热发电总装机容量 23.5 万千瓦，其中，2018 年新增装机 21.5 万千瓦，约占全球新增装机容量的 23%。

我国第一批光热发电示范项目中，中广核太阳能开发有限公司德令哈 50 兆瓦槽式导热油光热发电项目、北京首航艾启威节能技术股份有限公司敦煌 100 兆瓦熔盐塔式光热发电项目和青海中控太阳能发电有限公司德令哈 50 兆瓦熔盐塔式光热发电项目先后在 2018 年 12 月 31 日前投产，执行标杆上网电价 1.15 元 / 千瓦时（含税）。华强兆阳张家口 15 兆瓦线性菲涅尔混凝土储热光热发电项目也于 2018 年投入运行。

中广核德令哈 50兆瓦槽式光热电厂

中广核德令哈 50 兆瓦槽式光热发电厂位于青海省德令哈市，装机容量 5 万千瓦，占地面积 246 公顷，集热场总采光面积 62 万平方米，设计年发电量 1.98 亿千瓦时，采用双罐熔盐储热，储热时长 9 小时，已于 2018 年 10 月投产。

中广核德令哈光热电站

首航节能敦煌 100兆瓦熔盐塔式光热电厂

首航节能敦煌100兆瓦熔盐塔式光热发电厂位于甘肃省敦煌市，装机容量10万千瓦，占地面积748公顷，定日镜场总采光面积118.6万平方米，设计年发电量3.87亿千瓦时，采用双罐熔盐储热，储热时长11小时，已于2018年12月投产。

首航节能敦煌光热电站

中控青海德令哈 50兆瓦熔盐塔式光热电厂

中控青海德令哈50兆瓦熔盐塔式光热发电厂位于青海省德令哈市，装机容量5万千瓦，占地面积270公顷，定日镜场总采光面积52万平方米，设计年发电量1.46亿千瓦时，采用双罐熔盐储热，储热时长7小时，已于2018年12月投产。

中控青海德令哈光热电站

3.2 未来三年发展展望

光伏发电将迈入平价发展阶段

未来三年，对于需要国家财政补贴的光伏发电项目，将加大招标等竞争性资源配置力度，支持技术进步和成本降低。同时，在资源优良、建设成本低、市场条件好的地区，积极推进光伏发电无补贴平价上网工作，在符合发展规划、监测预警、并网消纳等前提条件下，项目不受年度规模限制。预计未来三年，光伏发电将保持三北地区和中东部地区并重的开发布局。其中，青海、黑龙江、陕西、辽宁、广东、广西等地区得益于上网电价较高、光照条件或土地资源优势，存在光伏发电平价上网潜力，但部分地区无补贴平价光伏发展将受制于当地并网消纳空间。

分布式光伏呈现多元化、创新化发展

中东部和南方地区光伏装机渗透率低于30%，用电负荷较大，并网消纳不存在较大制约，在落实土地等建设条件的情况下，分布式光伏有较大发展潜力。未来，分布式光伏项目应充分利用中东部和南方地区的本地消纳市场空间，发挥并网成本低的优势，实现就近接入和消纳利用，推动全国光伏发电装机布局不断优化。同时，积极推进分布式光伏与分布式发电市场化交易试点等工作相结合，特别是随着电化学储能成本的持续快速下降，研究推动分布式光伏与用户侧储能系统协同优化发展，持续丰富分布式光伏开发应用场景，不断探索完善商业模式和运行模式，积累形成可复制推广的经验，使其成为新形势下光伏发展的新突破、新市场，促进分布式光伏发电通过市场化交易实现无补贴发展。

未来三年，按系统调峰能力测算，在未采取额外措施情况下，“三北”地区新增光伏消纳空间约 0.5 亿千瓦，中东部和南方地区新增消纳空间约 1.58 亿千瓦；完成“十三五 " 规划提出的火电灵活性改造任务后，“三北”地区新增消纳空间约 1.26 亿千瓦，中东部和南方地区新增消纳空间约 1.6 亿千瓦。

未来三年各地区光伏消纳能力预测结果 单位：万千瓦

地区	未采取额外措施情况下		完成“十三五 " 规划火电灵活性改造任务后	
	2021 年消纳能力	未来三年发展空间	2021 年消纳能力	未来三年发展空间
东北	**2590**	**1560**	**5270**	**4240**
蒙东	350	110	800	560
黑龙江	640	420	1120	900
吉林	450	180	1550	1280
辽宁	1150	850	1800	1500
华北	**6650**	**2350**	**9550**	**5250**
京津冀	1800	400	2500	1100
山西	1600	730	2300	1430
山东	2500	1140	2850	1490
蒙西	750	80	1900	1230
西北	**5350**	**1080**	**7430**	**3130**
陕西	910	220	940	250
甘肃	800	0	1230	400
宁夏	1140	310	1500	670
青海	1380	420	1380	420
新疆	1120	130	2380	1390
华东	**10800**	**6970**	**10800**	**6970**
上海	110	20	110	20

续表

地区	未采取额外措施情况下		完成“十三五”规划火电灵活性改造任务后	
	2021 年消纳能力	未来三年发展空间	2021 年消纳能力	未来三年发展空间
浙江	2900	1760	2900	1760
江苏	4050	2720	4050	2720
安徽	1690	570	1690	570
福建	2050	1900	2050	1900
华中	**6250**	**3700**	**6250**	**3700**
湖北	1500	990	1500	990
湖南	450	160	450	160
河南	2400	1410	2400	1410
江西	1400	860	1400	860
四川	350	170	350	170
重庆	150	110	150	110
南方	**6400**	**5080**	**6600**	**5280**
广东	3500	2970	3500	2970
广西	700	580	900	780
云南	900	560	900	560
贵州	950	760	950	760
海南	350	210	350	210

注 1. 以上消纳能力仅按系统调峰能力测算；
2. 2021 年全国风电装机按照 2.4 亿千瓦考虑；
3. 三北地区弃电率按照 5% 考虑，中东部和南方地区弃电率按照不超过 1% 考虑。

光热发电重点推动示范项目建设，完善价格等配套政策

我国第一批光热发电示范项目中，3 个项目（共 20 万千瓦）已于 2018 年底前顺利投产。未来三年，预计 7 个示范项目（共 40 万千瓦）和青海省海西州多能互补集成优化示范项目中的 50 兆瓦光热发电项目可建成投产。

综合考虑光照资源及建设场址等条件，西北地区将是我国光热发电开发的重点区域。未来三年，预计国家对于光热发电仍主要按照示范项目的方式进行管理，应重点推动示范项目建设，总结积累建设运行经验，完善相关管理办法和价格等配套政策。同时，可选择适宜地区，结合可再生能源外送基地研究布置一定规模的光热发电项目，发挥光热发电在系统调峰方面的作用。

预计未来三年投产的光热发电项目

序号	项目名称	预计投产时间
	国家第一批光热发电示范项目	
1	中电工程哈密 50 兆瓦熔盐塔式光热发电项目	2019 年
2	中电建共和 50 兆瓦熔盐塔式光热发电项目	2019 年
3	玉门鑫能 50 兆瓦二次反射熔盐塔式光热发电项目	2019 年
4	内蒙古乌拉特中旗中核龙腾 100 兆瓦槽式导热油光热发电项目	2019 年
5	兰州大成敦煌 50 兆瓦线性菲涅耳式熔盐光热发电项目	2020 年
6	玉门龙腾 50 兆瓦槽式硅油光热发电项目	2021 年
	国家首批多能互补集成优化示范工程	
	鲁能海西州 50 兆瓦塔式熔盐光热项目	2019 年

全国新能源电力消纳监测预警平台运行机制

工作原则

公益性：服务国家能源主管部门和行业发展；充分吸纳各方意见，反映各方诉求，全面准确地反映行业发展面临的问题和趋势；在国家能源局指导下，组织地方能源主管部门、电网企业、新能源企业和相关咨询机构，建立多方会商机制。

开放性：欢迎和鼓励各类市场主体参与平台的建设和运行；开放接纳各类数据源、分析计算模型；新能源发电企业、电网公司、技术机构将实现数据和研究成果的互联共享；平台研究成果采取适当方式向社会发布。

专业化：基于电规总院已掌握的规划数据库，涵盖各类电源参数、全国电网结构、负荷特性等各类数据；基于电规总院已经开发完成的全国电力供需形势分析系统、全时域多区域电力系统联合优化仿真模型等。

组织架构

平台是由国家能源局管理的，电网企业、发电企业、技术机构多方参与的公益性、开放式、专业化信息平台。由电力规划设计总院负责建设、运营和维护工作，国家电网公司、南方电网公司、内蒙古电力公司予以技术支持、报送相关信息，新能源企业、技术机构等多方参与。

研究机制

建立地域尺度覆盖全国、省级、地市级、基地级，时间尺度覆盖年、季、月、日的新能源消纳监测评估预警指标体系。平台对全国发用电与电网建设运行情况进行全面监测，对各地区新能源消纳能力进行全方位评估，对未来1～3年消纳能力和受限原因进行预测分析，提出新能源预警等级、开发规模、消纳措施等建议，可为国家制定行业管理政策、优化新能源开发布局、加快解决消纳问题提供决策依据。

成果会商机制

在全国新能源电力消纳监测预警平台的支撑下，每年一季度（发布风电、光伏年度规模之前），由国家能源局新能源司组织相关省（区、市）能源主管部门、电网企业、新能源发电企业、技术机构、行业协会等召开年度消纳评估和预警研究成果会商会议。

4 核电

4.1 2018 年发展概况

在建核电项目集中投产，装机增速显著回升

核电装机

↑ **884** 万千瓦

“十二五”期间我国核电装机容量年均增速约

20.7%

截至2018年底，我国在运核电机组44台，总装机容量为4466万千瓦，占我国电源总装机容量的2.4%，占我国非化石电源装机容量的5.8%。“十二五”期间我国核电装机容量年均增速约20.7%，“十三五”前三年核电装机容量年均增速为18.0%。

2015~2018年我国核电装机容量及同比变化

数据来源：《电力工业统计资料汇编》（2015、2016、2017、2018统计快报）

我国核电集中在沿海的辽宁、山东、江苏、浙江、福建、广东、广西和海南八省（区）。其中，广东、福建、浙江三省核电装机合计3109万千瓦，占我国核电总装机的69.6%。

海南 2.9%
山东 2.8%
江苏 9.8%
广东 29.8%
广西 4.9%
辽宁 10.0%
浙江 20.3%
福建 19.5%

2018年我国分地区核电装机容量占比

数据来源：《电力工业统计资料汇编》（2018统计快报）

核电发电量占非化石电量比重稳步上升

核电电量占非化石电量比重

↑ **0.8** 个百分点

2018年，我国核电发电量2944亿千瓦时，占我国电源总发电量的4.2%，占非化石电源发电量的13.6%。2018年平均年利用小时数为7184小时，同比增加95小时，连续两年稳步抬升。

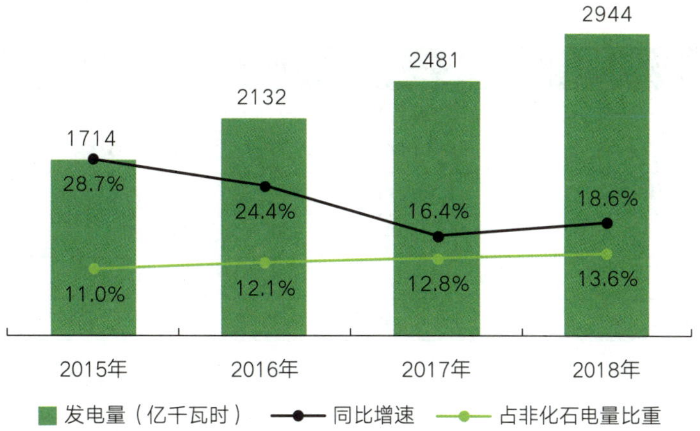

年份	发电量（亿千瓦时）	同比增速	占非化石电量比重
2015年	1714	28.7%	11.0%
2016年	2132	24.4%	12.1%
2017年	2481	16.4%	12.8%
2018年	2944	18.6%	13.6%

2015~2018年我国核电发电量及同比变化

数据来源：《电力工业统计资料汇编》（2015、2016、2017、2018统计快报）

2018 年投产的核电机组

省份	电站名称	投产机组容量（万千瓦）	机组台数（台）	投产时间
江苏	田湾核电	112.6	1	2018 年 2 月
	田湾核电	112.6	1	2018 年 12 月
广东	阳江核电	108.6	1	2018 年 7 月
	台山核电	175	1	2018 年 12 月
浙江	三门核电	125	1	2018 年 9 月
	三门核电	125	1	2018 年 11 月
山东	海阳核电	125	1	2018 年 10 月

4.2 未来三年发展展望

1. 我国在建核电明细

截至 2018 年底，我国在建核电机组共 13 台，总装机容量约 1376 万千瓦，分布在辽宁、山东、江苏、福建、广东、广西六省（区）。

我国在建核电机组一览表

省份	机组	容量（兆瓦）	堆型	主要投资方
辽宁	红沿河 5 号、6 号	2×1080	ACPR1000	广核 & 国电投
山东	石岛湾	1×210	HTR-PM	华能 & 中核
	海阳 2 号	1×1250	AP1000	国电投 & 山东国信

续表

省份	机组	容量（兆瓦）	堆型	主要投资方
江苏	田湾 5 号、6 号	2×1118	ACPR1000	中核 & 国电投
福建	福清 5 号、6 号	2×1161	华龙一号（中核）	中核 & 华电
	霞浦示范快堆	1×600	CFR600	中核
广东	台山 2 号	1×1750	EPR	广核
	阳江 6 号	1×1087	ACPR1000	广核 & 粤电
广西	防城港 3 号、4 号	2×1150	华龙一号（广核）	广核 & 广西投资

数据来源：中国核能行业协会

2. 未来三年投产核电项目

预计未来三年我国新投产的主要核电项目有：海阳核电厂 2 号机组，台山核电厂 2 号机组，阳江核电厂 6 号机组，田湾核电厂 5 号、6 号机组，红沿河核电厂 5 号、6 号机组，福清核电厂 5 号、6 号机组，防城港核电厂 3 号、4 号机组和石岛湾核电厂高温气冷堆核电示范工程等。

海阳核电厂 2号机组

海阳核电厂位于山东省烟台市辖海阳市留格庄镇境内，规划装机规模为 6 台百万千瓦压水堆核电机组，一期工程为 2 台 AP1000 机组。2 号机组已于 2019 年 1 月 9 日正式具备商运条件，成为 2019 年国内具备商运条件的第一台机组。

海阳核电厂

台山核电厂 2号机组

台山核电厂位于广东省台山市赤溪镇境内，规划装机规模为 6 台百万千瓦压水堆核电机组，一期工程为 2 台 EPR 堆型三代压水堆核电机组，2 号机组预计于 2019 年夏季实现并网发电。

台山核电厂

阳江核电厂6号机组

阳江核电厂位于广东省阳江市阳东县东平镇境内，规划装机规模为6台百万千瓦压水堆核电机组，一期工程建设4台CPR1000压水堆核电机组，已分别于2014年3月、2015年6月、2016年1月和2017年3月投入商业运行，二期5号、6号机组为两台二代改进型ACPR1000压水堆核电机组，6号机组预计2019年下半年实现并网发电。

阳江核电厂

石岛湾核电厂高温气冷堆核电示范工程

石岛湾核电厂位于山东省威海市辖荣成市的宁津镇境内，规划装机规模为1台200兆瓦高温气冷堆（双堆带一机）、4台百万千瓦级压水堆核电机组和2台CAP1400大型先进压水堆核电机组。其中高温堆示范工程是国家正在实施的16个重大科技专项之一，工程已于2012年12月开工建设，预计于2019年实现并网发电。

石岛湾核电厂高温气冷堆核电示范工程

田湾核电厂5号、6号机组

田湾核电厂位于江苏省连云港市连云区境内，规划装机规模为8台百万千瓦压水堆核电机组，1～4号机组为4台俄罗斯产VVER1000型压水堆核电机组，5号、6号机组为2台二代改进型压水堆核电机组。其中1号、2号机组已于2007年5月和8月投入商业运行，3号、4号机组已于2018年实现并网发电，5号、6号机组计划于2020～2021年实现并网发电。

田湾核电厂

红沿河核电厂 5号、6号机组

红沿河核电厂位于辽宁省瓦房店市红沿河镇境内，规划装机规模为6台百万千瓦级压水堆核电机组，一期已建成4台CPR1000型压水堆核电机组，二期5号、6号机组为2台二代改进型压水堆核电机组，1～4号机组已分别于2013年6月6日、2014年5月13日、2015年8月16日和2016年9月19日正式投入商业运行，5号、6号机组计划于2020～2021年实现并网发电。

红沿河核电厂

福清核电厂 5号、6号机组

福清核电厂位于福建省福清市三山镇境内，规划装机规模为6台百万千瓦级压水堆核电机组，一、二期已建成4台CPR1000型压水堆核电机组，三期5号、6号机组为2台“华龙一号”三代压水堆核电机组，1～4号机组已分别于2014年12月27日、2015年10月16日、2016年10月24日和2017年9月17日正式投入商业运行，5号、6号机组计划于2020～2021年实现并网发电。

福清核电厂

防城港核电厂 3号、4号机组

防城港核电厂位于广西壮族自治区防城港市港口区光坡镇境内，规划装机规模为6台百万千瓦级压水堆核电机组，一期已建成2台CPR1000型压水堆核电机组，二期3号、4号机组为两台“华龙一号”三代压水堆核电机组，1号、2号机组已分别于2016年1月1日、2016年10月8日正式投入商业运行，3号、4号机组计划于2020～2021年实现并网发电。

防城港核电厂

5 气电

5.1 2018 年发展概况

截至 2018 年底，我国气电机组总装机容量 8330 万千瓦，占我国电源总装机容量的 4.4%，同比增长 10.0%，增速持续回升。

2018 年，我国气电发电量 2236 亿千瓦时，同比增长 10.3%，占我国发电量的 3.2%。

气电装机增速持续回升

气电装机

↑ 10.0%

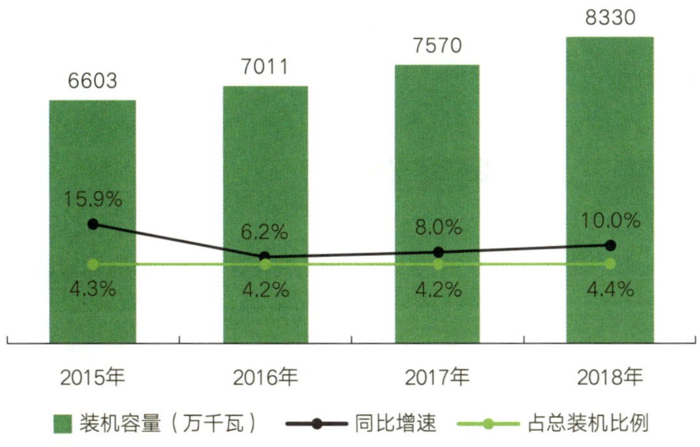

2015~2018年我国气电装机容量及同比变化

数据来源：《电力工业统计资料汇编》（2015、2016、2017、2018统计快报）

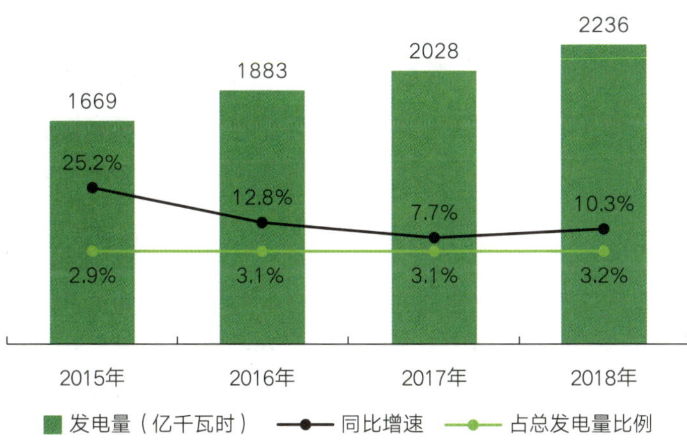

2015~2018 年我国气电发电量及同比变化

数据来源：《电力工业统计资料汇编》（2015、2016、2017、2018 统计快报）

主要受电价承受能力影响，我国目前气电相对集中在经济较发达地区。广东、浙江、江苏、北京四省（市）气电装机容量合计约 5672 万千瓦，占比约 68.1%。

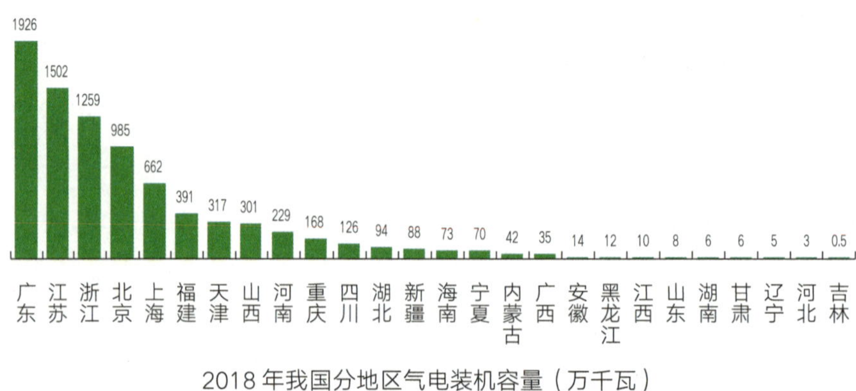

2018 年我国分地区气电装机容量（万千瓦）

数据来源：国家能源局

5.2 未来三年发展展望

我国气电发展受气源条件、天然气价格等因素制约，调峰气电将成为未来气电发展的主要方向，未来应结合调峰需求及价格承受能力在东部地区适当布局一定规模的天然气调峰电站，进一步推进分布式气电建设，预计未来三年，广东、江苏、浙江三省新增气电分别约为 500 万千瓦、500 万千瓦和 250 万千瓦。

气电承担着电网调峰功能，但相应的调峰和环保价值却并未体现。随着我国清洁取暖政策的日趋完善与天然气保供能力的稳步提升，保障气电协调发展的气源市场得到改善。部分地区研究建立调峰辅助服务市场机制，调峰气电参与深度调峰与启停调峰的价值将逐步显现，气电价格形成机制进一步理顺，有力支撑东部地区气电的有序发展。

我国重型燃机设备国产化程度较低，设备购置、运行维护、升级换代等仍较大程度依赖外方，是阻碍我国气电持续发展的薄弱环节，亟需加快燃气轮机国产化进程，尽早立项建设试验示范机组。

6 煤电

6.1 2018 年发展概况

截至 2018 年底，我国煤电装机容量 100601 万千瓦，占我国电源总装机容量的 53.0%。“十二五”期间我国煤电装机容量年均增速 6.8%，2018 年煤电装机容量同比增速 2.5%，较上年新增装机规模减少约 1000 万千瓦，是 2000 年以来最低水平。“十三五”期间淘汰关停 2000 万千瓦落后煤电机组的目标任务提前完成。

煤电去产能成效显著

煤电装机容量

↑ 2.5%

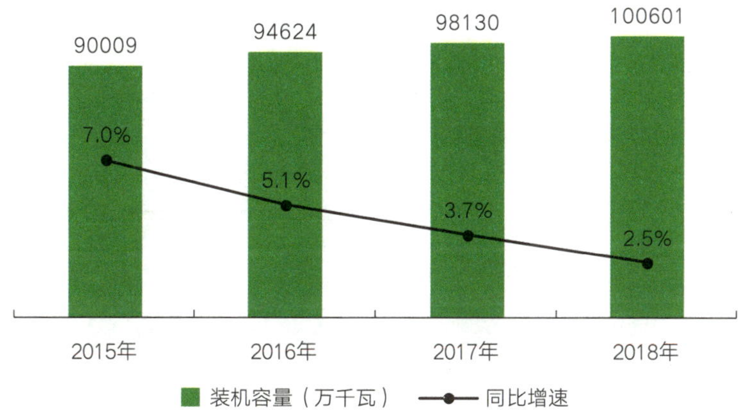

2015~2018 年我国煤电装机容量及同比变化

数据来源：《电力工业统计资料汇编》（2015、2016、2017、2018 统计快报）

截至 2018 年底，我国山东、内蒙古、江苏、河南、山西、广东、新疆、安徽八省（区）煤电装机容量超过 5000 万千瓦，占我国煤电总装机容量的 54.3%。

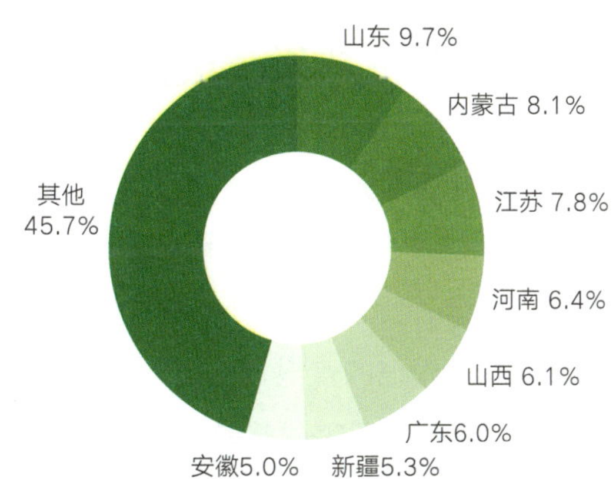

2018 年我国分地区煤电装机容量占比

数据来源：《电力工业统计资料汇编》（2018 统计快报）

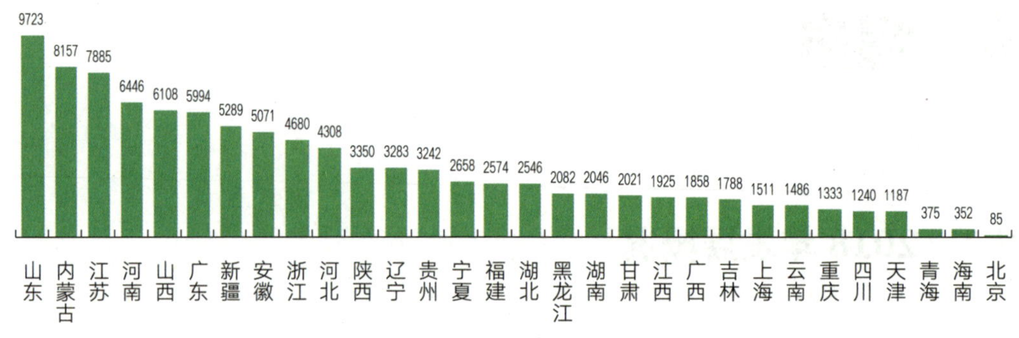

2018年我国分地区煤电装机容量（万千瓦）

数据来源：《电力工业统计资料汇编》（2018统计快报）

煤电利用小时数稳步提高

煤电利用小时数

↑ **165 小时**

2018 年，我国煤电发电量 44521 亿千瓦时，约占我国总发电量的 63.7%。2015 年以来我国煤电年发电量保持平稳，略有增加。

2018 年，我国煤电利用小时数为 4477 小时，同比提高约 165 小时，连续两年回升，较 2016 年提高 333 小时。

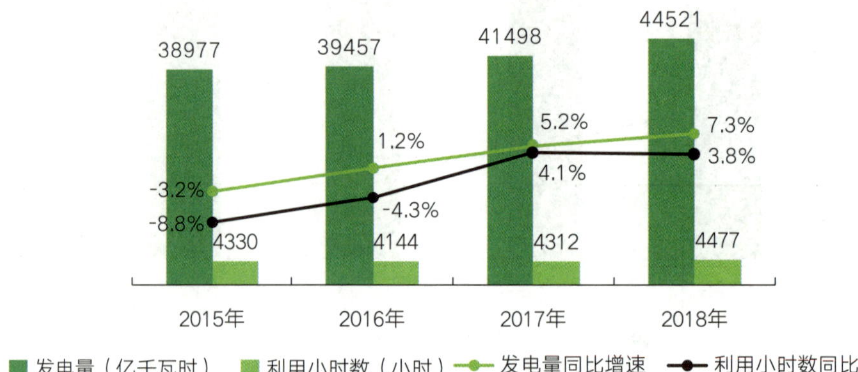

2015~2018 年我国煤电发电量、利用小时数及同比变化

数据来源：《电力工业统计资料汇编》（2015、2016、2017、2018 统计快报）

6.2 未来三年发展展望

1. 煤电清洁高效利用

煤电超低排放改造提前完成“十三五”规划目标

全国达到超低排放限值的煤电机组

8.46 亿千瓦

截至 2018 年底，全国累计完成煤电超低排放改造规模约 8.1 亿千瓦，2017 年已提前完成“至 2020 年改造 5.8 亿千瓦”的目标。全国达到超低排放限值的煤电机组已达 8.46 亿千瓦，占全部煤电机组的 84% 左右。全国累计已完成节能改造 6.89 亿千瓦，提前完成“至 2020 年改造 6.3 亿千瓦”的目标。

我国超低排放改造后的燃煤发电机组二氧化硫排放不超过 35 毫克 / 立方米、氮氧化物排放不超过 50 毫克 / 立方米、烟尘排放不超过 10 毫克 / 立方米，排放浓度基本达到燃气机组排放限值，已达到国际先进排放控制水平，远优于国家法规要求。

2. 煤电灵活性改造

国家能源局于 2016 年 6 月遴选了两批共计 22 个项目开展灵活性改造试点，项目总容量约 1700 万千瓦，分布于辽宁、吉林、黑龙江、内蒙古、甘肃、广西、河北等热电矛盾突出或新能源消纳问题突出的省份。

截至 2018 年底，全国已完成煤电灵活性改造规模超过 4000 万千瓦，其中，近 60% 的改造规模位于东北地区，这主要受益于东北调峰辅助服务市场的政策激励。

为迅速有效提升电力系统调节能力，需抓紧总结试点经验，加快推动调峰辅助服务市场机制的全面推广。结合“十三五”前三年煤电灵活性改造进展，综合考虑电力需求超预期增长、新能源布局进一步优化、电网侧调峰能力增强、辅助服务市场稳步推广、需求侧管理手段进一步释放等因素，加快推动煤电灵活性改造。

第一批提升火电灵活性试点项目改造进展

编号	省份	电厂名称	装机容量（万千瓦）	类型	参数	实施进展
1	辽宁	丹东电厂 1 号、2 号机组	2×35	抽凝	亚临界	已完成
2	辽宁	丹东金山电厂 1 号、2 号机组	2×30	抽凝	亚临界	已完成
3	辽宁	大连庄河发电厂 1 号、2 号号机组	2×60	纯凝	超临界	已完成
4	辽宁	本溪发电公司 1 号、2 号机组新建工程	2×35	抽凝	超临界	已完成
5	辽宁	东方发电公司 1 号机组	1×35	抽凝	亚临界	已完成
6	辽宁	燕山湖发电公司 2 号机组	1×60	抽凝	超临界	已完成
7	辽宁	调兵山煤矸石发电有限责任公司	2×30	抽凝	亚临界	已完成
8	吉林	双辽发电厂 1~5 号机组	2×33 2×34 1×66	1 号、4 号抽凝，2 号、3 号、5 号纯凝	1~4 号亚临界，5 号超临界	完成可研工作
9	吉林	白城发电厂 1 号、2 号机组	2×60	抽凝	超临界	已完成
10	黑龙江	哈尔滨第一热电厂 1 号、2 号机组	2×30	抽凝	亚临界	已完成
11	甘肃	靖远第二发电厂 7 号、8 号机组	2×33	纯凝	亚临界	完成可研工作
12	内蒙古	北方临河热电厂 1 号、2 号机组	2×30	抽凝	亚临界	已完成

续表

编号	省份	电厂名称	装机容量（万千瓦）	类型	参数	实施进展
13	内蒙古	包头东华热电有限公司 1 号、2 号机组	2×30	抽凝	亚临界	完成可研工作
14	内蒙古	国华内蒙古准格尔电厂	4×33	抽凝	亚临界	完成可研工作
15	广西	北海电厂 1 号、2 号机组	2×32	抽凝	亚临界	编制可研
16	河北	石家庄裕华热电厂 1 号、2 号机组	2×30	抽凝	亚临界	完成可研工作

第二批提升火电灵活性试点项目改造进展

编号	省份	电厂名称	装机容量（万千瓦）	类型	参数	实施进展
1	吉林	长春热电厂 1 号、2 号机组	2×35	抽凝	超临界	已完成
2	吉林	辽源发电厂 3 号、4 号机组	2×33	抽凝	亚临界	改造施工
3	吉林	江南热电厂 1 号、2 号机组	2×33	抽凝	亚临界	已完成
4	黑龙江	伊春热电厂 1 号、2 号机组	2×35	抽凝	超临界	已完成
5	黑龙江	哈尔滨热电 1 号、2 号机组	2×35	抽凝	超临界	已完成
6	内蒙古	通辽第二发电厂 5 号机组	1×60	抽凝	亚临界	完成可研工作

3. 煤电有序发展

近年来，国家陆续出台了一系列推动煤电有序发展的政策措施，以加强煤电规划建设的宏观调控力度，促进煤电行业健康有序发展。在煤电企业投资更趋理性化及国家对煤电项目调控趋紧双重因素叠加下，2018 年全国煤电投产约 2471 万千瓦，装机增速仅 2.5%，低于电源装机平均增速 4 个百分点，化解煤电产能过剩风险工作初见成效。预计到 2020 年，全国煤电装机规模可控制在 11 亿千瓦以内。

但与此同时，考虑到“十三五”电力需求增长超出预期，电力供需形势偏紧的范围会进一步扩大，部分地区电力供应保障的问题将逐步凸显，加之北方地区冬季清洁取暖对热电联产机组建设提出新的需求，需正确处理调控与保供的关系，在增强电力供应保障能力的前提下积极稳妥化解煤电产能过剩风险。

煤电发展有关建议

尽快释放一批停缓建及通道配套煤电项目

随着电力需求保持刚性增长，核电、气电等电源发展规模不及预期，部分地区短时电力供应紧张的局面存在进一步扩大的风险，电力供需不平衡、不充分问题逐步凸显。为保障电力安全稳定供应，建议在2020年煤电装机控制在11亿千瓦目标可实现的基础上，分析研判供需保障和储备情况，在一些供应紧缺省份尽快释放配套煤电项目，充分发挥外送通道电力资源配置作用。同时，在煤电规划建设风险预警的指导下，按需放开部分停缓建项目，按程序安排相应规模的应急备用电源和应急调峰储备项目，发挥应急调峰和保障作用。

建立中长期电力供需预警机制

随着我国经济发展由高速发展向高质量发展转变，能源电力发展各环节也面临新的变革和转型升级，电力安全供应的风险与压力突显。消费升级和产业转型发展空间和潜力巨大，催生新的用电需求，亟待加强有效供给；电网结构日益复杂，安全运行压力逐渐加大，局部地区电力供应问题凸显。为破解新时期电力安全供应保障难题，需要以保障电力安全供应为落脚点，预测未来3～5年的电力供需发展趋势，探索建立中长期电力供需形势预警保障机制，共享统计数据、研究成果及行业信息，对电力供应紧张地区按月监测、按季评估，动态掌握电力项目建设进度、电力资源配置能力，分析制定电力供应保障方案，保证电力供应平稳有序。

推进煤电清洁灵活转型，助力清洁低碳能源体系建设

为加快构建清洁低碳、安全高效的能源体系，需加快煤电行业转型升级步伐，促进煤电由主体性电源向基础性电源转变，实现与新能源等非化石电源协调健康发展。近年来，我国煤电机组实现超低排放的比例已达到80%，煤电清洁化水平大幅提升，我国煤电行业已建成全球最大的煤炭高效清洁化利用体系。后续将全面实施煤电清洁化发展，提升大容量高参数煤电机组技术水平，探索煤电机组耦合生物质能掺

烧技术，稳步提升电煤比例，推动煤炭消费及碳排放提前达峰。水电、核电灵活性调节能力有限，抽蓄、气电建设和运行成本较高，在储能未成熟大规模商业应用前，风电、光伏无法全额保障电力供应，煤电将是为电力系统提供调节能力的主力电源，也是保障清洁能源消纳，助推电源结构转型升级，提高可再生能源消费占比的重要保障。需加快推广和完善调峰辅助服务市场建设，推动煤电行业灵活性改造工作全面铺开。

4. 煤电高效利用

“十二五”期间我国煤电供电标准煤耗率由 336 克标煤 / 千瓦时降至约 318 克标煤 / 千瓦时，达到世界先进水平，预计 2019 年，我国煤电供电标准煤耗率继续降至约 312 克标煤 / 千瓦时。

按照《煤电节能减排升级与改造行动计划（2014—2020 年）》（发改能源〔2014〕2093 号）中提出的目标要求，预计 2020 年我国煤电供电标准煤耗率需降至约 310 克标煤 / 千瓦时左右，与 2015 年相比供电标准煤耗率降低 8 克标煤 / 千瓦时，年节约标煤 3600 万吨以上，减排二氧化碳 1 亿吨以上。

7 电源国际合作

2018 年，我国电力企业国际化步伐持续加快，海外投资建设的电源项目稳步增加，电源合作项目遍布“一带一路”沿线国家。总体来看，近年来在国际电源合作项目中，风电、光伏发电等新能源项目呈现了快速增长的趋势，同时项目合作更加注重商业化运作原则，采取的合作模式也更加的灵活多样。

7.1 火电

越南永新燃煤电厂一期

2018 年 11 月，由南方电网公司、中国电力国际有限公司和越煤电力总公司以 BOT 方式出资建设的越南永新燃煤电厂一期项目两台 62 万千瓦超临界燃煤机组全面投入商业运营，所有设备运行良好，各项指标均显示正常，项目比预期提前六个半月完工。永新燃煤电厂一期是目前中资企业在越南投资的第一个 BOT 电力项目，在设计、建设中大量采用中国标准、应用中国先进的电力装备技术。项目投入商业运行后，年发电量约 80 亿千瓦时，有效缓解了越南南部电力紧缺的局面，对于深化中越务实合作也有着积极作用。

印尼塔卡拉燃煤电站项目

2018 年 8 月由中国能建旗下葛洲坝集团 EPC 总承包的印尼塔卡拉燃煤电站项目顺利交付。塔卡拉燃煤电站总装机容量 2×100 兆瓦，为印尼第二期 1000 万千瓦电力发展计划重点项目之一，电站提前建成投产有效缓解了苏拉威西省南部地区电力供应紧张的局面。

土耳其泽塔斯三期超临界火电项目

2018 年 9 月，由哈电集团主机制造、哈电国际总承包的土耳其泽塔斯三期 2×660 兆瓦超临界火电项目正式收官，获得业主签发的最终完工证书。泽塔斯三期电厂的建成缓解了当地用电紧缺的现状。该项目在土耳其伊斯坦布尔第 24 届国际能源环境展会上获得了最佳火电项目奖。

7.2 水电

柬埔寨桑河二级水电站

2018 年 12 月，由中国华能集团投资建设的桑河二级水电站在柬埔寨上丁省正式竣工投产。这个柬埔寨史上最大的水电工程，拥有长达 6.5 千米的亚洲第一长坝，被认为是“柬埔寨的发电主力军”。桑河二级水电站促进了上丁省各领域的发展、改善当地百姓生活，为柬埔寨经济发展提供强大动力支撑。

巴基斯坦卡洛特水电站

由中国长江三峡集团有限公司投资建设的巴基斯坦卡洛特水电站 2018 年 9 月顺利实现大江截流，目前进入施工高峰期。作为巴基斯坦首个完全使用中国技术和中国标准建设的水电投资项目，卡洛特水电站项目总装机容量 72 万千瓦，年发电量约 32 亿千瓦时，计划 2021 年投产发电，将为巴基斯坦带来廉价的清洁能源，为其经济发展提供强大动力。

巴基斯坦 NJ水电站

2018 年 7 月，由中国能建葛洲坝集团承建的巴基斯坦 NJ 水电站最后一台（1 号）机组首次启动成功，标志着电站厂房 4 台机组主体安装工作全部完成，全面进入了调试、运行阶段。NJ 水电站 4 台机组全部发电后，每年将提供 51.5 亿千瓦时电量，占巴基斯坦水电发电量的 12%，能解决巴基斯坦全国 15% 人口的用电紧缺问题，并带来 450 亿卢比（约合 27 亿元人民币）的财政收入。

老挝南塔河 1号水电站

2018 年 10 月，由南方电网公司投资建设的老挝南塔河 1 号水电站顺利通过 72 小时满负荷试运行，实现全部投产发电，每年可为老挝北部提供 7 亿千瓦时电量，预计可让 200 多万人用上绿色电能。除为当地供电外，还能向泰国北部、缅老边境地区提供电力，实现老挝电能外送，大幅度增加当地税收及外汇，加快老挝经济发展。

7.3 核电

英国欣克利角 C项目和布拉德韦尔 B项目

2018 年 12 月，由法国电力集团控股、中广核参股建设的英国欣克利角 C 项目成功完成了核岛第一罐混凝土浇筑，重达4500吨的核岛公共筏基开工建设。同时，由法国电力集团控股、中广核参股建设的布拉德韦尔B项目正在开展厂址勘查，布拉德韦尔B项目将使用中国三代核电技术华龙一号，截至2018年底华龙一号技术在英国监管当局的通用设计审查（GDA）已进入第三阶段。

7.4 新能源发电

摩洛哥努奥三期光热电站

2018年，山东电建三公司和西班牙SENER公司联合体总承包的摩洛哥努奥二期和三期项目相继并网投产发电。努奥二期工程装机容量200兆瓦，是目前全球商业运行的单机装机容量最大的槽式光热发电厂；三期工程装机容量150兆瓦，是目前全球商业运行的单机装机容量最大的塔式光热发电厂。项目投产发电后，为当地民众带来了绿色清洁能源，为中国拓展国际光热发电市场提供了契机。

阿联酋迪拜950兆瓦太阳能光热光伏混合发电项目

2018年12月，阿联酋迪拜950兆瓦太阳能光热光伏混合发电项目（Noor Energy 1 CSP-PV Project）正式开工，该项目由1×100兆瓦熔盐塔式光热发电项目、3×200兆瓦导热油槽式光热发电项目和250兆瓦光伏发电项目组成，建成后将成为全球装机规模最大的光热发电项目。该项目由迪拜电力和水务局（DEWA）、沙特国际电力和水务公司(ACWA)以及中国丝路基金共同投资，超过70%的贷款融资将由中国工商银行、中国银行、中国农业银行等中资银行提供。上海电气电站集团承担该项目EPC总承包,国内多家设计单位和设备厂家将参与该项目的建设工作。

希腊MINOS 50兆瓦塔式光热发电项目

2019年1月，中国葛洲坝集团国际工程有限公司与浙江中控太阳能技术有限公司组成的联合体获得希腊MINOS 50兆瓦熔盐塔式光热发电项目EPC合同，中国光热发电产业将以“技术＋设备＋工程”模式走出国门。该项目位于希腊克里特岛，可将丰富的太阳能资源转化为连续、稳定、可调度的高品质清洁电力，降低当地对柴油发电的依赖，保护生态环境与旅游资源。

克罗地亚塞尼风力发电项目

2018年11月，由中国北方国际合作股份有限公司投资的克罗地亚塞尼风力发电项目开工。塞尼风电项目总装机156兆瓦，建成后预计年发电量5.3亿千瓦时，项目总投资达1.8亿欧元，计划2年安装完成。目前克罗地亚约45%的电力依靠进口。塞尼风电项目是该国可再生能源市场改革后第一个不使用政府固定电价补贴的大型项目。

四
电网发展

1 输电网

1.1 2018 年发展概况

目前，我国电力资源配置范围和能力逐步扩大，但仍存在输电通道送电能力不足的问题。其中，晋北—南京、蒙西—天津南、榆横—潍坊、酒泉—湖南、锡盟—山东等输电通道配套电源建设滞后，未充分发挥通道能力；哈密—郑州、酒泉—湖南等输电通道受端网架尚需完善，无法达到设计能力，加剧了弃风弃光；部分水电外送方案不落实，送电目标市场争论大，输电通道不能按期投产，造成西南地区产生严重弃水。

1. 输电网规模

输电网规模保持快速增长

220 千伏及以上输电线路长度
↑ 7.0%

220 千伏及以上变电设备容量
↑ 6.2%

截至 2018 年底，全国 220 千伏及以上输电线路长度 73.3 万千米，同比增长 7.0%，其中，交流线路 69.1 万千米，直流线路 4.2 万千米。220 千伏及以上变电设备容量 40.2 亿千伏安，同比增长 6.2%，其中，交流变电设备容量 36.9 亿千伏安，直流换流容量 3.4 亿千瓦。

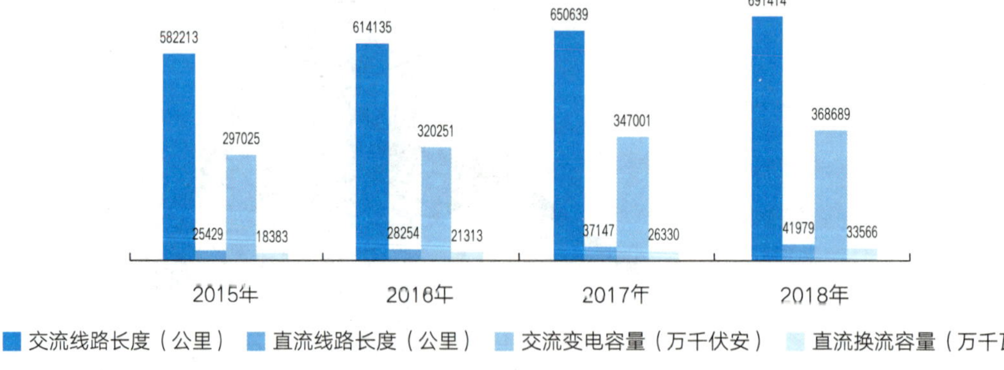

我国输电网建设情况

数据来源：《电力工业统计资料汇编》（2018 统计快报）

2018 年，全国新增 220 千伏及以上交流输电线路 3.8 万千米，其中 220 千伏线路 20670 千米，占 54.8%；330 千伏线路 828 千米，占 2.2%；500 千伏线路 14511 千米，占 38.5%；750 千伏线路 1573 千米，占 4.2%；1000 千伏线路 129 千米，占 0.3%。

2018 年，全国新增 220 千伏及以上变电容量 2.2 亿千伏安，其中 220 千伏变电容量 8420 万千伏安，占 38.1%；330 千伏变电容量 612 万千伏安，占 2.8%；500 千伏变电容量 11010 万千伏安，占 49.9%；750 千伏变电容量 1140 万千伏安，占 5.2%；1000 千伏变电容量 900 万千伏安，占 4.1%。

2018 年，全国新增 ±1100 千伏直流输电线路 3325 千米；新增直流输电能力 3200 万千瓦，其中 ±800 千伏输电能力 2000 万千瓦，±1100 千伏线路输电能力 1200 万千瓦。

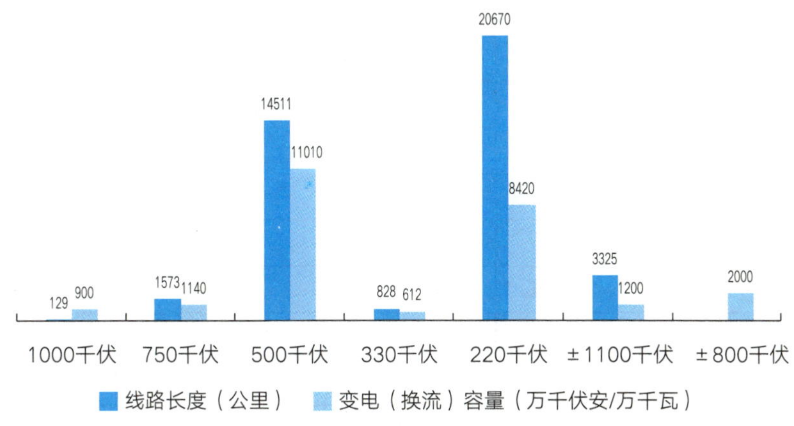

2018 年新增 220 千伏及以上交直流电网线路及变电（换流）容量

数据来源：《电力工业统计资料汇编》（2018 统计快报）

2. 西电东送

截至 2018 年底，我国西电东送规模约 2.44 亿千瓦，同比增长 7.5%。其中，北通道规模为 7389 万千瓦，与去年持平；中通道规模为 12288 万千瓦，同比增长 10.8%；南通道规模为 4772 万千瓦，同比增长 11.7%。

西电东送规模继续保持增长

西电东送规模
2.44 亿千瓦
↑ 7.5%

2018 年西电东送规模（万千瓦）

数据来源：相关工程可行性研究报告、电网公司

2018 年各省间主要断面输电能力如下：

2018 年各省间主要断面情况

区域	主要断面	省间联络线路回路数（条）						设计输电能力万千瓦
		330千伏	500千伏	750千伏	1000千伏	±500千伏	±800千伏	
东北	辽—吉、蒙断面		12			1		1470
	黑—吉断面		4					300
华北	蒙西—京津冀断面		4					395
	山西—京津冀断面		9		4			2500
	京津冀—山东断面		4		4			1740
西北	新疆—甘肃断面			4				300
	甘肃—陕西断面			4				700
	甘肃—青海断面			6				430
	甘肃—宁夏断面			4				700
华中	渝—鄂断面		4					330
	川—渝断面		6					600
	鄂—湘断面		3					260
	鄂—豫断面		4		1			500
	鄂—赣断面		3					300
华东	皖—江浙沪断面		7		4			1100
	闽—江浙沪断面		2		2			450
南方	云南出口断面[注]					4	3	3120
	贵州出口断面		5			2		1150
	两广断面		8			5	3	3790

注 云南出口断面输电能力含鲁西背靠背异步联网

数据来源：相关工程可行性研究报告

3. 电网结构与格局

目前，我国电网形成了以东北、华北、西北、华中、华东、南方六大区域电网为主体，区域电网间交直流互联，覆盖全部省（区、市）的大型电网。其中，东北形成了 500 千伏主网架结构；华北形成了“两横一纵”交流特高压主网架；西北形成了 750 千伏主网架；华东特高压环网即将建成；随着渝鄂背靠背工程的投产，将实现华中东四省电网与川渝藏电网的异步互联；南方电网形成了“八交十直”的西电东送主网架。截至 2018 年底，全国 330 千伏及以上跨区、跨省交流输电线路共 165 条，线路长度 30710 千米；直流输电线路共 29 条，线路长度 39040 千米，直流背靠背工程 4 项。

东北电网

东北电网目前已发展成为北与俄罗斯“直流背靠背”联网、南部和西部分别与华北电网“直流背靠背”和“直流特高压”联网、自北向南交直流环网运行的区域性电网，500 千伏主网架已经覆盖东北地区的绝大部分电源基地和负荷中心。截至 2018 年底，东北区域（含内蒙古东部地区）内 500 千伏及以上变电容量 12025 万千伏安；500 千伏及以上交流线路长度约 20489 千米；直流输电线路（含背靠背）4 条，输送容量 1675 万千瓦（包括扎鲁特输送容量）。

500 千伏及以上变电容量
12025 万千伏安

500 千伏及以上交流线路长度
20489 千米

华北电网

华北电网建成了胜利—锡盟—山东、蒙西—天津南、榆横—潍坊 1000 千伏交流特高压输电通道，形成了以京津冀区域为受端负荷中心，以内蒙古西部电网、山西电网为送端，区内西电东送、北电南送的送电格局。截至 2018 年底，华北区域（含内蒙古西部地区）内 500 千伏及以上变电容量 39891 万千伏安；500 千伏及以上交流线路长度约 46702 千米；直流输电线路（含背靠背）6 条，输送容量 4500 万千瓦。

500 千伏及以上变电容量
39891 万千伏安

500 千伏及以上交流线路长度
46702 千米

华东电网

华东地区围绕长三角形成 1000 千伏网架，并向南延伸至福建，省间联络通道升级为 1000 千伏，上海、江苏、浙江、安徽、福建均已形成较强的 500 千伏主网架。截至 2018 年底，华东区域内 500 千伏及以上变电容量 42925 万千伏安；500 千伏及以上交流线路长度约 34123 千米。直流输电线路 11 条，输送容量 6980 万千瓦。

500 千伏及以上变电容量
42925 万千伏安

500 千伏及以上交流线路长度
34123 千米

华中电网

华中电网目前已建成了以三峡外送通道为中心，覆盖五省一市的 500 千伏主干网架，形成了一个中部框架、两大输电通道、三大电源送端、四个负荷中心的电网结构。截至 2018

500 千伏及以上变电容量
28711 万千伏安

500 千伏及以上交流线路长度
47814 千米

年底，华中区域内500千伏及以上变电容量28711万千伏安；500千伏及以上交流线路长度约47814千米；直流输电线路12条，输送容量5491万千瓦。

330千伏及以上变电容量
29798万千伏安

330千伏及以上交流线路长度
52022千米

西北电网

西北电网形成了以甘肃电网为中心的坚强750千伏主网架，新疆、陕西、宁夏电网均通过4回750千伏线路与甘肃电网相连，青海电网通过6回750千伏线路与甘肃电网相连。截至2018年底，西北区域内330千伏及以上变电容量29798万千伏安；330千伏及以上交流线路长度约52022千米；直流输电线路（含背靠背）7条，输送容量3271万千瓦。

500千伏及以上变电容量
24775万千伏安

500千伏及以上交流线路长度
40917千米

南方电网

南方电网形成了“八交十直”[1]的西电东送主干网架，鲁西背靠背直流工程投运后，送端云南电网与南方电网主网实现异步运行，以广东、广西为中心形成南方电网的主要受端。截至2018年底，南方区域内500千伏及以上交流变电容量24775万千伏安；500千伏及以上交流线路长度约40917千米；直流输电线路（含背靠背）12条，输送容量4140万千瓦。

4. 2018年投产的重点输电通道

2018年，投产重点输电通道2条，其中±1100千伏特高压直流输电通道1条，±800千伏特高压直流输电通道1条。

2018年投产重点输电通道情况

类型	通道名称	电压等级（千伏）	输电容量（万千瓦）	输电距离（千米）	投产时间
直流	滇西北至广东特高压直流输电工程	±800	500	1953	2018年5月
	准东—皖南特高压直流输电工程	±1100	1200	3324	2018年10月

数据来源：相关工程可行性研究报告、电网公司

[1] “八交十直”采用南网口径，不包括永富直流和鲁西背靠背。

1.2 未来三年重点输电通道展望

全国跨区电力流优化调整的建议

目前，我国西电东送规模已达到 2.4 亿千瓦，形成了北、中、南三个通道的全国基本送电格局。随着《国家能源局关于加快推进一批输变电重点工程规划建设工作的通知》（国能发电力〔2018〕70 号）中已明确项目的建成投运，“西电东送”输电规模将达到约 2.9 亿千瓦。为满足电力资源优化配置的需要，我国跨省区输电通道建设还需进一步优化。

- **统筹优化电力、煤炭、油气等各能源品种的流向和布局，防止出现能源流与电力流的错位，避免出现“煤电倒流”。**
- **统一规划、统筹布局电源与输电通道，科学论证输电通道技术方案，确保输电通道的高效利用。**
- **跨区输电以直流输电为主，优化直流输电通道规模，合理控制受电地区受电总规模。**

1. 在建重点输电工程

在建重点输电工程 10 项，其中 1000 千伏特高压交流输电工程 4 项，±800 千伏特高压直流输电工程 2 项，直流背靠背工程 1 项，柔性直流输电工程 1 项。

在建重点输电工程

分类	输电通道	电压等级（千伏）	输电容量（万千瓦）	输电距离（千米）	拟投产时间
交流	山西盂县电厂送出工程	500	500	151	2019 年
	淮南—南京—上海特高压交流输变电工程苏通 GIL 综合管廊工程	1000	300	361	2019 年
	陕西锦界及府谷电厂扩建送出工程	500	500	662	2020 年
	潍坊至临沂至枣庄至菏泽至石家庄特高压交流输变电工程	1000	700	820	2020 年
	雄安（北京西）至石家庄特高压交流输变电工程	1000	350	225	2020 年
	蒙西至晋中特高压交流输变电工程	1000	300	304	2020 年

续表

分类	输电通道	电压等级（千伏）	输电容量（万千瓦）	输电距离（千米）	拟投产时间
直流	渝鄂背靠背柔性直流输电工程	±400	500	—	2019 年
	张北风电基地送电京津冀柔性直流输电通道	±500	375	648	2019 年
	乌东德电站送电广东广西特高压多端直流示范工程	±800	800	1465	2020 年
	青海至河南特高压直流输电工程	±800	800	1587	2020 年

数据来源：相关工程可行性研究报告、电网公司

2. 部分正在论证的大型水电或综合能源基地输电通道

经梳理，目前部分正在论证的大型水电或综合能源基地输电通道如下：

部分正在论证的大型电源基地输电通道

序号	通道
1	云贵互联通道工程
2	雅中至江西（四川水电外送第四回）特高压直流输电通道
3	白鹤滩外送特高压直流输电通道
4	金沙江上游外送输电通道
5	新疆第三回外送输电通道
6	乌兰察布风电基地外送通道

2 配电网

2.1 2018 年发展概况

截至 2018 年底，全国配电网变（配）电容量为 36.7 亿千伏安，同比增长约 8.2%，其中高压配电网变电容量 20.7 亿千伏安，同比增长约 5.6%，中压配电网配变容量 16.0 亿千伏安，同比增长约 12.0%。截至 2018 年底，全国配电网线路长度 561.8 万千米，同比增长约 3.7%，其中高压配电网线路长度 101.9 万千米，同比增长约 3.3%，中压配电网线路长度 459.9 万千米，同比增长约 3.8%。2018 年，全国主要电网公司配电网建设投资约 3214.3 亿元，同比提高约 9.3%。

2.2 2019 年配电网建设及投资预期

预计至 2019 年底，我国主要供电公司管理区域内配电网变（配）电容量达 38.8 亿千伏安左右，同比增长约 5.7%，其中高压配电网变电容量为 21.5 亿千伏安左右，同比增长约 3.9%，中压配电网配变容量为 17.3 亿千伏安左右，同比增长约 8.1%。预计至 2019 年底，我国主要供电公司管理区域内配电网线路长度达 579.3 万千米，同比增长约 3.1%，其中高压配电网线路长度约为 104.9 万千米，同比增长约 2.9%，中压配电网线路长度约为 474.4 万千米，同比增长约 3.2%。预计 2019 年，全国主要供电公司配电网建设年度投资约 2910 亿元。

2.3 农网改造工作概况

“十三五”前三年，国家及电网企业农网改造累计投入资金 5812 亿元，2018 年全国农网改造累计投入资金 1898 亿元，同比增长 1.05%。2018 年，北京、江苏、湖北等 26 个省市完成 2311 个自然村通动电力改造任务，累计完成 8.03 万个自然村通动力电改造任务，实现农村供电可靠率 99.795%、农村综合电压合格率 99.752%。

持续推进新一轮农网改造升级，提高农村供电服务水平

3 智能电网

3.1 2018 年发展概况

1. 输变电领域

智能调度系统

截至 2018 年底，北京、江苏、湖北等 26 个省市共 32 个省级及以上调度控制中心均采用国家电网有限公司组织研发的智能电网调度控制系统（D5000），且约有 106 个地级调度系统采用了 D5000 平台；南方 5 省区有 2 个省级调度系统采用了 D5000 平台，约有 10 个地级调度系统采用了 D5000 平台；内蒙古电力公司省级调度系统采用了 D5000 平台。目前，为进一步支撑大电网一体化控制、清洁能源全网统一消纳、源网荷协同互动及电力市场发展，国家电网公司正积极研发以“共享、智能、开放、安全”为特征的新一代调度控制系统。

智能变电站

2018 年，北京、江苏、湖北等 26 个省市继续推进智能变电站建设，试点就地化保护、机器人巡检等技术，并开展具备一键顺控、自动巡检、主动预警、智能决策等功能的第三代智能变电站研究。南方电网公司于 2018 年正式发布《南方电网智能变电站设计规范（2018 试行版）》及《南方电网 35 千伏～500 千伏变电站标准设计 V2.1》，并完成编制《南方电网智能变电站设计技术导则》及《南方电网智能变电站试点方案研究》；目前，南方电网公司正依托基建项目开展智能变电站试点方案建设，试点范围涉及南方电网 5 省区，涵盖 35～220 千伏电压等级。内蒙古电力公司开始着手智能变电站研究。

智能巡检及监测设备

目前，北京、江苏、湖北等 26 个省市及南方 5 省区继续加强输变电领域智能化巡检及监测。在输电领域，推广直升机、无人机、地缆隧道机器人等智能巡检技术及线路故障精确定位、雷电监测等在线监测技术；在变电领域，推广高清摄像头、红外检测、可见光识别等智能巡检技术及变压器油中溶解气体、闭式气体绝缘组合电器（GIS）局部放电、容性设备绝缘、铁芯接地电流等在线监测技术。内蒙古电力公司正逐步开展输变电领域的智能化巡检及监测技术应用。截至 2018 年底，北京、江苏、湖北等26个省市已开展直升机巡航累计18.5万千米，发现缺陷2.3万处；试点完成电网运检智能分析管控系统，实现2787台500千伏变压器状态智能化评价。2018年，南方5省设备状态监测系统网级主站完成升级改造，实现省级主站数据接入网级主站工作，还需要进一步加强各级主站平台数据的融合。

2. 智能配电领域

配电自动化

目前，全国电网公司都积极开展配电自动化建设，力争实现配电网的可观可控。截至2018年底，北京、江苏、湖北等26个省市实现配电自动化覆盖率约65%。南方5省实现配电自动化覆盖率约70%、配电网通信覆盖率约88%、配电自动化主站覆盖率约85%；共完成配电网自动化站所终端（DTU）约4.8万台、馈线终端（FTU）约5.5万台、故障指示器约5.8万台。内蒙古电力公司实现配电自动化覆盖率约26.1%、配电网通信覆盖率约26.1%、配电自动化主站覆盖率约56%；共完成配电网自动化DTU终端约0.07万台、FTU终端约0.06万台、故障指示器约1.04万台。

3. 智能用电领域

"互联网+"应用

2018年，北京、江苏、湖北等26个省市继续深化"云大物移智"应用，全面推行"互联网+"营销服务，为客户提供"掌上电力"手机APP、95598网站等多种服务渠道，实现线上缴费率超过50%；95598网站开始推进智能客服体系建设，"电e宝"开始提供"交费+理财+融资+票据"增值服务。2018年，南方五省建成包含网上营业厅、"南方电网"服务APP、"南方电网95598"微信号和小程序等5个渠道的互联网统一服务平台，实现服务渠道从传统营业厅向互联网渠道转移；该平台注册用户已突破3000万人，实现互联网办电业务占比70%，并将在2019年进一步优化该平台，实现客户办理所有业务"一次都不跑"。

智能计量设备

截至2018年底，北京、江苏、湖北等26个省市完成智能电表覆盖率99%以上，实现客户停电事件数据、电压检测数据的采集；并依托智能电表的采集网络和后台系统，大力推行"三表合一"，实现水、电、气费用统一出账。南方五省区实现智能电表覆盖率100%，低压集抄覆盖率100%，并将积极提高"两覆盖"成效，实现营销业务模式转型及营销精益化管理。

充电设施快速增长

全国各类充电桩
↑ 72.7%

私人专用充电桩
↑ 98.7%

公共充电桩
↑ 42.9%

电动汽车充电设施

据不完全统计，截至 2018 年底，全国各类充电桩达到 77.7 万个，比 2017 年增加 72.7%。全国私人专用充电桩约为 47.7 万个，比 2017 年增加 98.7%, 主要为交流慢充形式，并主要集中在北京、上海、广东三省市。

部分省市公共充电桩快速增长

北京
↑ 47.02%

广东
↑ 23.06%

上海
↑ 57.01%

全国公共充电桩约为 30 万个，比 2017 年数量增加 42.9%，保有量位居全球首位，其中交流桩 19 万个、直流桩 11 万个。公共充电桩分布相对集中于京津冀鲁、长三角和珠三角地区，其中北京 4.5 万、广东 3.6 万、上海 4.1 万，分别同比增长 47.02%、23.06%、57.01%。

各省市公共充电桩数量TOP10（个）

各省市公共充电桩数量增长率

数据来源：中国充电联盟

3.2 智能电网相关示范项目进展

1. 新能源微电网示范项目

2017 年 5 月，国家发改委、国家能源局下发《关于新能源微电网示范项目名单的通知》，公布了北京延庆新能源微电网示范区项目等 24 个并网型微电网项目以及舟山摘箬山岛新能源微电网项目等 4 个独立型微电网项目。截至 2018 年底，其中 12 个项目已经投产，且取得良好成效；6 个项目处于建设阶段，已取得阶段性成果，预计 2019 年底建成并网；5 个项目处于前期论证阶段，已提出明确的工作计划；5 个项目存在不同程度的接入系统、核准、与电网资产的协调等问题，进展缓慢。

2. “互联网 +”智慧能源（能源互联网）示范项目

2017 年 6 月，国家能源局下发《关于公布首批“互联网 +”智慧能源（能源互联网）示范项目的通知》，公布了北京延庆能源互联网综合示范区等 56 个能源互联网示范项目。截至 2018 年 8 月，处于设计、施工、投运阶段的能源互联网示范项目数量分别为 12、36、2。目前，国家能源局正按照“验收一批、推动一批、撤销一批”的思路开展“互联网 +”智慧能源（能源互联网）示范项目验收和管理工作，并于 2019 年 3 月 15 日通过对“支持能源消费革命的城市—园区双级‘互联网 +’智慧能源示范项目”的验收工作。

3. 海南智能电网综合示范省建设情况

海南电网的建设重点可以概括为 7 项系统工程、5 个综合示范项目、1 个数字电网平台、1 个智能电网实验室。其中 7 个系统性工程，主要为推进绿色能源发展、打造安全高效的主网、构建灵活可靠的配网、建设多样互动的用电服务体系、加快推进综合能源服务、构建全面贯通的通信网络、完善高效互动的调控体系；5 个综合示范项目为江东新区近零碳智慧新城和智能电网综合示范项目、琼海博鳌智慧用能综合示范项目、博鳌乐城低碳智慧能源与智能电网综合示范项目、三亚中央商务区高可靠供电示范项目、西沙可再生能源局域网综合示范项目。到 2021 年，实现获得电力指数达到国内一流、全省平均停电时间下降到十小时、高压线路 N–1 通过率 95%、10 千伏可转供率 90%、配网自动化和配网通信覆盖率 100%、综合线损率 6.9%、清洁能源电量占比 55%。

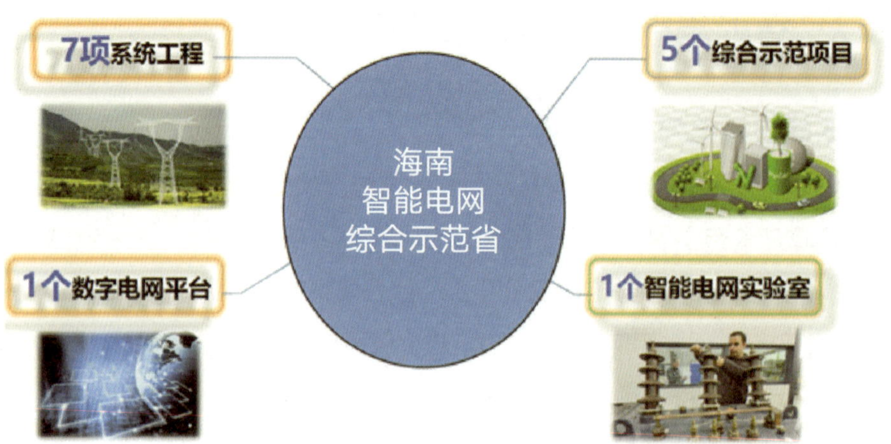

海南智能电网综合示范省规划

4. 贵州省智能电网建设情况

贵州省智能电网规划可以概括为“1+3+*N*”一体化体系建设方案，即“1 个总体规划 +3 个重点示范 +*N* 个专项示范”。其中“1”是指贵州省智能电网总体规划，结合贵州省发展基础和发展战略，提出绿色生态发展、助推脱贫攻坚、提升电网供电能力及供电质量、提升电网精益化

贵州省发展战略

大生态　大扶贫　大数据

安全、可靠、绿色、高效的贵州智能电网

绿色生态发展　助推脱贫攻坚　提升电网供电能力及供电质量　提升电网精益化运行管理能力　提升用电服务和智慧用能水平　开拓能源综合服务业务

“1”——贵州智能电网总体规划建设；
“3”——贵阳、六盘水、贵安智能电网示范区建设；“*N*”——智能电网专项试点示范

智能电网建设9大领域

清洁友好的发电　安全高效的输变电　灵活可靠的配电　多样互动的用电　智慧能源与能源互联网　全面贯通的通信网络　高效互动的调度与控制体系　集成共享的信息平台　全面覆盖的技术保障体系

贵州省智能电网规划

运行管理能力、提升用电服务和智慧用能水平、开拓综合能源服务业务等贵州智能电网的六个发展需求，重点解决贵州电网发展的全局性、基础性问题。“3”是指将贵阳、六盘水、贵安三个区域作为智能电网重点示范区域，高标准、有针对性的开展智能电网规划和建设；“*N*”是指贵州其他各地市供电局按照自身发展需求和地域特色，因地制宜地提出符合地方发展特色的智能电网专项示范工程，实现智能电网建设在贵州电网各领域、各区域的百花齐放。到 2020 年，实现供电可靠率 99.88%、综合电压合格率 98.66%、配电自动化覆盖率 95.52%、非化石能源电量占比 40%、综合线损率 5.21%、电力占终端能源消费占比 16%。

5. 蒙西智能电网建设情况

蒙西智能电网规划可以概括为“3+3+2”建设方案，即“三大保障体系 + 三大支撑环节 + 两大服务领域”。其中“三大保障体系”是指安全高效的输变电、灵活可靠的配电和多元互动的用电，共同构筑蒙西电网核心的服务保障体系；“三大支撑环节”是指协调智能的调度控制体系、集成贯通的信息通信平台和开放共享的智能电力市场体系，共同搭建蒙西电网坚实的服务支撑体系；“两大服务领域”是指服务于绿色清洁的发电和优质便捷的综合能源服务，推动区内能源转型，推进公司业务转型与升级，构建新一代电力系统的服务体系。到 2020 年，实现主网供电可靠率 99.87%、综合电压合格率 98.91%、110 千伏及以下线损率 4.4%、配电自动化覆盖率 91%、配电网通信覆盖率 96%、智能电表覆盖率 92%；城镇高压配电网“*N*–1”通过率 90%，城镇中压配电网线路联络率 100%、可转供率 65%。

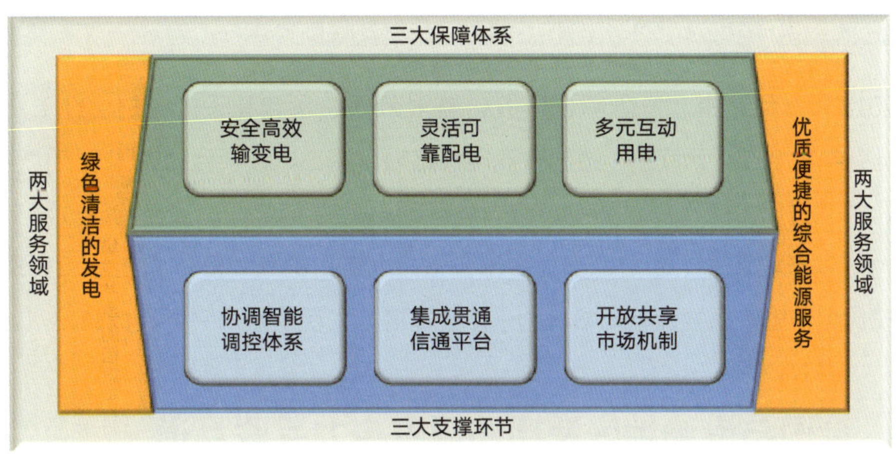

蒙西智能电网规划

4 电网国际合作

4.1 电网项目国际合作

巴西特里斯皮尔斯水电 500千伏送出二期项目

2018 年，由国家电网巴西控股公司投资建设的巴西特里斯皮尔斯水电 500 千伏送出二期输电特许经营权项目顺利投入商业运营。特里斯皮尔斯输电二期项目是巴西特里斯皮尔斯河流域水电开发的配套输电工程，也是巴西电网中西和东南联网重点项目。项目的投运对缓解巴西东南部地区电力紧张、优化巴西输电网结构、加强巴西电网安全稳定起到了重要作用。

埃及 EETC 500千伏输电工程项目

2019 年 1 月，埃及 EETC 500 千伏输电工程项目中布鲁斯—沙曼诺、沙曼诺—本哈两条路段成功实现送电。这个由中国电力技术装备有限公司总承包建设的输电工程，是中埃产能合作首个签约项目，也是埃及规模最大、电压等级最高、覆盖范围最广的输电线路工程。项目全部竣工后，将大大缓解埃及多地面临的用电短缺问题，带动上下游产业发展，高峰时期为埃及当地创造约 7000 个就业岗位，为促进埃及经济发展提供动能。

老挝塔维扬—拉克绍及南湃—通昆输变电线路项目

2018 年 9 月，由北方国际合作股份有限公司总承包建设的老挝 230 千伏塔维扬—拉克绍及 115 千伏南湃—通昆输变电线路项目竣工。该项目为中国政府优惠贷款项目，中国进出口银行提供资金，合同总额约为 1.99 亿美元。项目的建成将有利于把电力从生产地输送到老挝北部、中部各省，为老挝继续发展电力工业和实现工业化、现代化作出了重要贡献，将有助于使老挝各族人民生活水平逐步提高。

4.2 全国与港澳地区及周边国家电力互联互通

2018 年，广东电网向香港、澳门地区分别供电 129.1 亿千瓦时、49.1 亿千瓦时，分别占香港、澳门地区用电总量的 25%、88%。

我国已与俄罗斯、蒙古、吉尔吉斯斯坦、朝鲜、缅甸、越南、老挝共 7 个国家实现了电力互联及边贸，主要为周边国家的边境设施及偏远地区供电，具有电压等级低、供电规模小的特点。

2018 年，我国暂无新增跨境电力联网项目投运，与周边国家电网互联规模合计约 260 万千瓦，与周边国家进出口交易电量规模与往年基本持平。进口电量 46. 7 亿千瓦时，出口电量 30.9 亿千瓦时，总进出口电量仅占我国全社会用电量的 0.1%。根据相关规划，未来将重点推进中老、中越、中缅、中蒙等联网工程。

2018 年我国与周边国家电力互联互通及电力边贸情况

国别	联网线路	进口电量（亿千瓦时）	出口电量（亿千瓦时）	备注
中俄	1 回 500 千伏线路及背靠背； 2 回 220 千伏线路； 2 回 110 千伏线路。	31.1	—	—
中蒙	2 回 220 千伏线路； 3 回 35 千伏线路； 7 回 10 千伏线路。	—	12.4	—
中吉	2 回交流输电线路。	—	—	已停运
中朝	2 回 66 千伏线路。	—	0	—
中缅	1 回 500 千伏线路； 2 回 220 千伏线路； 1 回 110 千伏线路； 7 回 35 千伏线路； 61 回 10 千伏线路。	15.6	1.3	—
中越	3 回 220 千伏线路； 4 回 110 千伏线路。	—	17.2	—
中老	1 回 115 千伏线路； 3 回 35 千伏线路； 6 回 10 千伏线路。	—	0	—

注 数据源于中国电力企业联合会、国家电网公司、南方电网公司、内蒙古电力公司。

售电量
万千瓦时
单位售电收入
0.00元/千千瓦时
售电收入
万元
户均平均销售电价
元/千千瓦时
折价线损率
%
输电收入
0 万元
其他主营
业务收入
0 万元
主营业务成本
万元
其他业务收入
万元
其他业务成本
万元
投资收益
万元
财务费用
万元
购电成本
万元
发电成本
万元
输配电成本
亿元
电网检修
运维成本
万元
净资产收益率趋势
大运行座

五 供需形势

1 2018 年电力供需概况

2018 年，全国电力供需总体宽松，部分地区存在电力冗余，受持续高温天气影响，迎峰度夏期间部分地区存在短时电力供应紧张的情况，其中：

华北地区电力供需宽松，山西存在电力冗余，迎峰度夏期间，河北南网高峰时段出现一定供电紧张的情况。

东北地区电力供需宽松，黑龙江、吉林存在电力冗余。

西北地区电力供需宽松，迎峰度夏期间，陕西高峰时段出现一定供电紧张的情况。

华东地区电力供需宽松，迎峰度夏期间，江苏高峰时段出现一定供电紧张的情况。

华中地区电力供需宽松，迎峰度夏期间，湖北、湖南、江西出现一定供电紧张的情况。

南方地区电力供需宽松，迎峰度夏期间，广东高峰时段出现一定供电紧张的情况。

2 未来三年电力供需分析

按电力发展“十三五”中期评估和调整确定的各类电源发展目标，跨区、跨省电力交换规模，以及煤电规模控制目标，对全国各地区 2019～2021 年电力电量平衡进行测算分析，预计 2019～2021 年全国电力供需整体形势逐步由宽松向偏紧转变。

2.1 2019 年电力供需形势分析

华北地区

华北地区全社会最大负荷约 2.84 亿～2.88 亿千瓦，同比增长 6.0%～7.3%；当年新增装机约 3218 万千瓦。受电力需求仍保持较快增长，京津冀鲁地区能源“双控”等因素影响，河北电力供需偏紧，建议优先采取省间电力互济、电量短时互补以及加强需求侧管理等措施，同时将锡盟至山东、榆横至潍坊输电通道的减半投产配套电源移出缓建名单，并增加在河北的落电规模；山西存在电力冗余；其他地区电力供需相对宽松。

东北地区

东北地区全社会最大负荷约 0.775 亿～0.784 亿千瓦，同比增长 4.6%～5.7%；当年新增装机约 1058 万千瓦。蒙东、黑龙江、吉林、辽宁电力供需相对宽松。

西北地区

西北地区全社会最大负荷 1.29 亿～1.30 亿千瓦，同比增长 5.8%～6.8%；当年新增装机约 3684 万千瓦。受电力需求仍保持较快增长等因素影响，陕西电力供需偏紧，建议优先采取省间电力互济、电量短时互补以及加强需求侧管理等措施；其他地区电力供需相对宽松。

华东地区

华东地区全社会最大负荷 3.19 亿～3.23 亿千瓦，同比增长 5.2%～6.4%；当年新增装机约 1092 万千瓦。受电力需求仍保持较快增长，长三角地区能源“双控”等因素影响，浙江、江苏、安徽电力供需偏紧，建议优先采取省间电力互济、电量短时互补以及加强需求侧管理等措施，同时将准东至安徽、宁东至浙江输电通道的减半投产配套电源移出缓建名单，落实锡盟至泰州输电通道配套电源；其他地区电力供需相对宽松。

华中地区

华中地区全社会最大负荷 2.51 亿～2.54 亿千瓦，同比增长 5.6%～6.9%；当年新增装机约 1732 万千瓦。受电力需求仍保持较快增长，受端电网薄弱制约酒泉至湖南、哈密至郑州通道送电能力等因素影响，湖北、湖南、河南、江西电力供需偏紧，建议优先采取省间电力互济、电量短时互补以及加强需求侧管理等措施，充分发挥已有应急调峰储备电源作用，根据需要新增煤电应急调峰储备电源，同时加强华中主网架，释放现有通道输电能力，落实陕北至武汉输电通道配套电源；其他地区电力供需相对宽松。

南方地区

南方地区全社会最大负荷 2.20 亿～2.22 亿千瓦，同比增长 6.1%～7.3%；当年新增装机约 769 万千瓦。受电力需求仍保持较快增长，珠三角地区能源“双控”等因素影响，广东、广西、海南电力供需偏紧，建议优先采取省间电力互济、电量短时互补以及加强需求侧管理等措施；其他地区电力供需相对宽松。

2.2 2020 年电力供需形势分析

华北地区

华北地区全社会最大负荷 2.98 亿～3.07 亿千瓦，同比增长 5.0%～6.5%；当年新增装机约 2556 万千瓦。河北电力供需延续偏紧态势；受电力需求仍保持较快增长等因素影响，蒙西电力供需由宽松转为偏紧，建议优先采取省间电力互济、电量短时互补以及加强需求侧管理等措施；山西存在电力冗余；其他地区电力供需相对宽松。

东北地区

东北地区全社会最大负荷 0.805 亿～0.824 亿千瓦，同比增长 3.8%～5.2%；当年新增装机约 740 万千瓦。受电力需求仍保持较快增长等因素影响，辽宁电力供需由宽松转为偏紧，建议优先采取省间电力互济、电量短时互补以及加强需求侧管理等措施，同时充分发挥已有应急调峰储备电源作用，根据需要新增煤电应急调峰储备电源；其他地区电力供需相对宽松。

西北地区

西北地区全社会最大负荷 1.36 亿～1.38 亿千瓦，同比增长 5.2%～6.3%；当年新增装机约 3605 万千瓦。陕西电力供需延续偏紧态势；其他地区电力供需相对宽松。

华东地区

华东地区全社会最大负荷 3.34 亿～3.42 亿千瓦，同比增长 4.6%～5.9%；当年新增装机约 1953 万千瓦。浙江、江苏、安徽电力供需延续偏紧态势；受电力需求仍保持较快增长等因素影响，福建电力供需由宽松转为偏紧，建议优先采取省间电力互济、电量短时互补以及加强需求侧管理等措施，同时根据需要安排煤电应急调峰储备电源；其他地区电力供需相对宽松。

华中地区

华中地区全社会最大负荷 2.64 亿～2.70 亿千瓦，同比增长 5.1%～6.3%；当年新增装机约 2514 万千瓦。湖北、湖南、河南、江西电力供需延续偏紧态势；其他地区电力供需相对宽松。

南方地区

南方地区全社会最大负荷 2.32 亿～2.37 亿千瓦，同比增长 5.5%～6.6%；当年新增装机约 1752 万千瓦。广东、广西、海南电力供需延续偏紧态势；其他地区电力供需相对宽松。

2.3 2021 年电力供需形势分析

华北地区

华北地区全社会最大负荷 3.12 亿～3.25 亿千瓦，同比增长 4.4%～6.0%；当年新增装机约 2938 万千瓦。河北、蒙西电力供需延续偏紧态势；受电力需求仍保持较快增长、京津冀鲁地区能源“双控”等因素影响，山东电力供需由宽松转为偏紧，建议优先采取省间电力互济、电量短时互补以及加强需求侧管理等措施，同时将锡盟至山东、榆横至潍坊、上海庙至山东等输电通道的减半投产配套电源移出缓建名单，增加扎鲁特至青州输电通道受电规模，根据需要安排煤电应急调峰储备电源；山西存在电力冗余；其他地区电力供需相对宽松。

东北地区

东北地区全社会最大负荷 0.832 亿～0.863 亿千瓦，同比增长 3.4%～4.7%；当年新增装机约 1045 万千瓦。辽宁电力供需延续偏紧态势；受电力需求仍保持较快增长等因素影响，蒙东电力供需由宽松转为偏紧，建议优先采取省间电力互济、电量短时互补以及加强需求侧管理等措施，同时根据需要安排煤电应急调峰储备电源；其他地区电力供需相对宽松。

西北地区

西北地区全社会最大负荷 1.43 亿～1.46 亿千瓦，同比增长 5.0%～5.8%；当年新增装机约 1353 万千瓦。陕西电力供需延续偏紧态势；受电力需求仍保持较快增长等因素影响，甘肃、新疆电力供需由宽松转为偏紧，建议优先采取省间电力互济、电量短时互补以及加强需求侧管理等措施，同时根据需要安排煤电应急调峰储备电源；其他地区电力供需相对宽松。

华东地区

华东地区全社会最大负荷 3.48 亿～3.60 亿千瓦，同比增长 4.3%～5.4%；当年新增装机约 2024 万千瓦。浙江、江苏、安徽、福建电力供需延续偏紧态势；受电力需求仍保持一定增长等因素影响，上海电力供需由宽松转为偏紧，建议优先采取省间电力互济、电量短时互补以及加强需求侧管理等措施。

华中地区

华中地区全社会最大负荷 2.76 亿～2.86 亿千瓦，同比增长 4.7%～5.8%；当年新增装机约 2607 万千瓦。湖北、湖南、河南、江西电力供需延续偏紧态势；受电力需求仍保持较快增长等因素影响，四川电力供需由宽松转为偏紧，建议优先采取省间电力互济、电量短时互补以及加强需求侧管理等措施，同时根据需要安排煤电应急调峰储备电源；其他地区电力供需相对宽松。

南方地区

南方地区全社会最大负荷 2.44 亿～2.51 亿千瓦，同比增长 5.0%～6.0%；当年新增装机约 1715 万千瓦。广东、广西、海南电力供需延续偏紧态势；受电力需求仍保持较快增长等因素影响，贵州、云南电力供需由宽松转为偏紧，建议优先采取省间电力互济、电量短时互补以及加强需求侧管理等措施。

六 电力技术

1 火力发电技术

1.1 超超临界循环流化床锅炉发电技术

循环流化床（CFB）锅炉具有燃料适应性广、负荷调节灵活的特点，是煤矸石、煤泥、高硫无烟煤、高水分褐煤、生物质等低热值燃料和劣质燃料清洁高效利用的有效途径。目前，我国已建成世界最大的 600 兆瓦超临界 CFB 锅炉燃煤发电工程，在此基础上，通过创新发展超超临界参数的 CFB 锅炉，可使机组供电标准煤耗率比 600 兆瓦等级超临界 CFB 机组降低 10～15 克 / 千瓦时。

超超临界 CFB 锅炉燃煤发电技术属于电力科技重大装备技术创新，具有十分广阔的应用前景，是《电力发展“十三五”规划》《能源技术创新“十三五”规划》《中国制造 2025—能源装备实施方案》（发改能源〔2016〕1274 号）中明确的示范任务和方向。我国已完成锅炉和关键辅机的自主化研发工作，具备了坚实的装备研发基础和必要的项目实施条件。目前，国家能源局已同意将陕西彬长超超临界 CFB 燃用低热值煤发电项目和贵州威赫超超临界 CFB 燃用高硫无烟煤发电项目列为国家电力示范项目，分别用于解决低热值煤和高硫无烟煤的清洁高效利用问题，代表了超超临界 CFB 燃煤发电技术的两个主要应用方向，建成后将成为世界单机容量最大、蒸汽参数最高、发电效率和环保性能先进的超超临界 CFB 机组。

陕西彬长超超临界 CFB 燃用低热值煤发电项目由神华国能集团有限公司与陕西彬长矿业集团共同投资。该项目厂址位于陕西省咸阳市彬县新民塬现代煤化工园区电力产业区内，规划建设 2 台超超临界 66 万千瓦机组，第一台机组计划于 2019 年 6 月开工建设，预计 2021 年 7 月投产，第二台机组将根据示范进展和电力供需形势另行开工建设。

该项目锅炉采用超超临界参数直流炉、循环流化床燃烧方式、一次中间再热、单炉膛、单布风板、平衡通风、固态排渣、全钢构架、全悬吊结构、半露天布置，汽轮机采用超超临界参数、一次中间再热、单轴、三缸两排汽、单背压、凝汽式间接空冷、8 级回热汽轮机，发电机采用三相同步汽轮发电机，额定输出功率为 660 兆瓦。

截至 2018 年底，该项目已完成可行性研究报告，项目暂定的主要工艺设计指标如下。

陕西彬长超超临界 CFB 燃用低热值煤发电项目主要工艺设计指标

项目名称	陕西彬长超超临界 CFB 燃用低热值煤发电项目
装机容量	2×660 兆瓦
工艺参数	29.4 兆帕 /605℃ /623℃（过热器出口） 28 兆帕 /600℃ /620℃（汽轮机入口）
设计发电标准煤耗率	276 克 / 千瓦时
设计锅炉效率	93.5%
设计供电标准煤耗率	289.7 克 / 千瓦时（空冷）

数据来源：中国电力工程顾问集团西北电力设计院有限公司
《神华国能彬长低热值煤 660MW 超超临界 CFB 示范项目可行性研究报告》

陕西彬长超超临界 CFB 燃用低热值煤机组锅炉整体布置图如下。

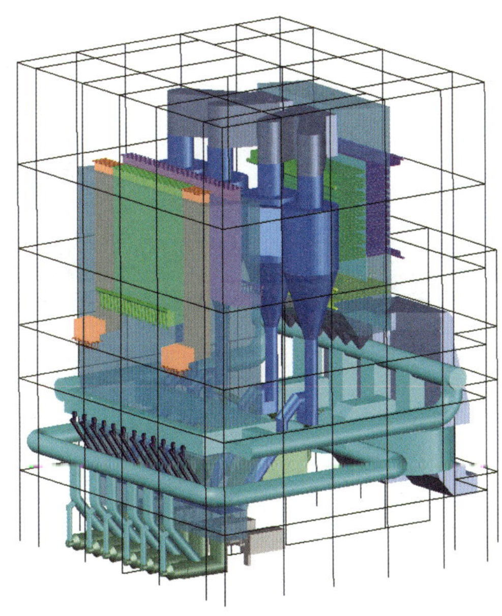

陕西彬长超超临界 CFB 燃用低热值煤发电项目锅炉整体布置图

图片来源：神华国能集团有限公司

1.2 重型燃气轮机装备国产化技术

重型燃气轮机是高精尖的动力装备，具有效率高、污染小、运行灵活等突出优点，在发电领域广泛应用于大型调峰电站和热电联产电站。进入二十一世纪以来，我国大力推动燃气轮机装备国产化，并通过自主研发和引进、消化、吸收等方式重点突破重型燃气轮机的研发和制造。

在设计方面，我国燃机制造企业已完成部分重型燃机原引进机型的设计、消化、吸收，并完成了自主燃机型号的开发，初步建立了较为完善的设计研发体系。

在加工制造和装配方面，我国燃机制造企业积累了丰富的经验，已经完成重型燃机冷端部件国产化，初步形成了热通道部件的自主化加工制造工艺体系，并完成了自主燃机型号的加工制造，部件装配和总装能力不断提升。

在毛坯材料方面，我国相关研发机构和企业针对 E 级、F 级、H 级燃机叶片开展了毛坯铸造工艺国产化研发，已先后完成 300MW 级 F 级第一级静叶、动叶的毛坯铸造和首件鉴定，攻克了母合金纯净化冶炼和大尺寸复杂叶片定向柱晶精密铸造等关键技术，未来将继续形成批量生产质量稳定的毛坯叶片的能力并通过相关认证。

总体来看，我国已初步建成相对完整的燃气轮机设备制造产业链，重型燃气轮机的国产化率得到了不断提升，实现了部分型号重型燃机核心热部件的自主化设计、自主化加工制造和自主化冶炼及铸造。

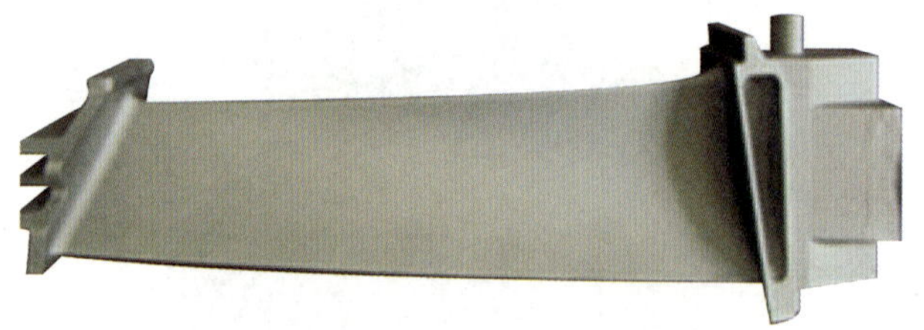

燃气轮机透平叶片毛坯

图片来源：东方电气集团东方汽轮机有限公司

2 新能源发电技术

2.1 风力发电技术

2018年新增风电机组中仍以2兆瓦风机为主，约占60%，新增2.1兆瓦～2.9兆瓦机组占比远高于1.5兆瓦机组占比，3兆瓦～3.9兆瓦机组、4兆瓦及以上机组的占比较去年略有增加。2018年，2兆瓦机组装机容量占累计装机比重与1.5兆瓦机组占比相当，两者总和占总装机容量的80%左右。

从技术来看[1]：

（1）双馈异步型。2010年后，市场份额逐年下降。2016年新增装机占比61%，2017年59%，2018年约56%，预计到2020年可降至50%。

（2）直驱永磁低速同步型。2008年后市场份额持续上升。2016年新增装机占比35%，2017年34%，2018年约36%，预计到2020年达到40%。

（3）半直驱永磁中速同步型、直驱电励磁低速同步型、永磁高速同步型等其他类型风电机组占比较小约7%，但呈逐年增加趋势，预计到2020年达到10%左右。

海上风电单机容量不断增大

目前全国海上在运风电机组仍以单机容量4兆瓦、3兆瓦和2.5兆瓦为主，单机容量4兆瓦～8兆瓦风机为全国海上风电场的新增主流机型。2018年2月金风科技6.7兆瓦海上风机在福建三峡兴化湾完成安装，2019年1月，明阳智能7.25兆瓦海上风机在揭阳惠来启动吊装。我国海上风电正式开启“大容量”机型国产化新时代，海上风电的建设将进入高速发展新阶段。

---

[1] 2017年及以前数据来自中国风能协会统计数据。2018年新增装机数据根据互联网公布各企业2018年吊装容量整理。

智能风机设备助力风电开启智慧时代

随着风电技术的持续快速发展，提质增效成为企业发展的动力。金风科技、远景能源、明阳智慧能源、国电联合动力等国内多家风电制造企业，都相继提出了打造数字化、网络化、智能化的智慧风电场，具体将云计算、大数据、人工智能等技术，运用于风场微观选址、风机本体设计、风电场设计、风电场的工程建设、风电场运行维护管理等方面。

2.2 太阳能发电技术

2018 年规模化生产的单多晶电池基本采用高效技术，其中，多晶电池全面应用黑硅技术，单晶领域则大规模普及钝化发射极和背面（PERC）技术，预计未来 2～3 年内多晶领域将全部由 PERC 技术替代。双面 N 型发射极钝化和全背面扩散（PERT）电池、异质结（HJT）电池已进入量产，成为未来发展的主要方向之一。

2018 年 60 片常规多晶和单晶电池组件功率已分别达到 275 瓦和 285 瓦，使用 PERC 技术的单晶和使用黑硅 +PERC 技术的多晶电池组件达到 305 瓦和 295 瓦。单面组件仍为市场主流，约占到市场的 90%，双面组件主要应用于“领跑者”项目，市场占有率约 10%。未来随着农光互补、水光互补等新型光伏应用的扩大，双面组件的应用将不断扩大。

电池转换效率

分类		2018 年平均转化效率
多晶电池	铝背场电池（BSF）P 型多晶黑硅电池	19.2%
	PERC P 型多晶黑硅电池	20.3%
	PERC P 型准单晶电池	21.6%
P 型单晶电池	PERC P 型单晶电池	21.8%
N 型单晶电池	N-PERT+TopCon 单晶电池	21.5%
	硅基异质结 N 型单晶电池	22.5%
	背接触 N 型单晶电池	23.4%

组件转换效率

分类		2018 年转化效率
多晶组件	BSF 多晶组件	16.8%
	黑硅多晶组件	17.1%
	PERC+ 黑硅多晶组件	18.0%
单晶组件	BSF 单晶组件	17.4%
	PERC P 型单晶组件	18.6%
N 型单晶	N-PERT 单晶组件	18.9%
	异质结 N 型单晶组件	19.6%
	背接触 N 型单晶组件	20.8%

数据来源：中国光伏产业发展路线图（2018 年版）. 中国光伏行业协会、工业和信息化部中国电子信息产业发展研究院

2018 年，工业和信息化部、住房和城乡建设部、交通运输部、农业农村部、国家能源局、国务院扶贫办等部门联合印发了《智能光伏产业发展行动计划（2018—2020 年）》（工信部联电子〔2018〕68 号）。该计划对光伏行业智能制造水平、智能光伏产品和技术供给能力、行业应用示范、智能光伏标准认证体系等，提出了从 2018 年到 2020 年的总体发展目标。

3 输变电技术

3.1 超高海拔 500 千伏交流输电技术

随着海拔升高，输变电设备绝缘尺度增加，绝缘介质的耐受强度随尺度增加的非线性效应明显。特别是在 4000 米以上超高海拔地区，输变电工程的绝缘技术问题更突出，国际上可供借鉴的研究成果很少。近年来，中国针对 4000 米以上的超高海拔 500 千伏交流输变电工程，开展了电磁环境、外绝缘和空气间隙海拔修正、环境保护、医疗保障等多项专题技术研究，取得了重要研究成果：①掌握了 4000 米以上超高海拔地区电磁外绝缘、空气间隙修正的技术方法，提出了输变电工程最优外绝缘配置；②攻克了“高寒缺氧、生态脆弱、冻土施工”等工程技术难题，创新提出了超高海拔地区工程施工技术措施。

2018 年 11 月，西藏藏中和昌都电网联网工程及川藏铁路拉萨至林芝段供电工程全线贯通投运，标志着世界上海拔最高的 500 千伏输变电工程全面建成。西藏藏中和昌都电网联网工程（500 千伏部分）起自扩建澜沧江 500 千伏变电站，经芒康 500 千伏变电站和左贡开关站，止于波密 500 千伏变电站，途经西藏昌都地区和林芝地区，该工程中的芒康变电站海拔 4300 米，是目前世界最高的 500 千伏变电站；该工程最高塔位东达山海拔 5295 米，是目前世界最高的 500 千伏输电塔位。工程建成后，为国家整体发展战略和边防安全提供电力保障，为西藏

西藏芒康 500 千伏变电站工程

（图片来源：中国能源建设集团西北电力设计院有限公司）

藏中联网工程线路架设现场

（图片来源：中国能源建设集团西北电力设计院有限公司）

3070 个小城镇（中心村）电网升级改造提供可靠电源保障，对维护西藏社会稳定大局和国家安全，增进民族团结，推动西藏经济社会发展，实现西藏资源优势向经济优势转变具有重要意义。

3.2 输变电工程三维设计技术

输变电工程三维设计是指基于包括地理信息数据在内的输变电工程设计条件，通过三维建模、数字化协同设计等技术的集成应用，实现输变电工程的全过程三维可视化设计和信息一体化设计的技术。

将三维设计通用模型、工程建设数据、设备参数数据接入统一的数据平台后，可实现三维设计成果跨专业应用，实现各专业间信息共享、协同设计，有效避免专业间错、漏、碰、缺，实现工程量准确统计，实现工程精准投资，提升工程设计质量，强化工程本质安全，还可服务于规划、设计、物资、施工、运行等各阶段的全寿命周期应用，提升工程建设管理水平，对建设高质量电网具有重要意义。

和三维设计一起伴生的新技术包括：

1. 4D施工模拟

为提高输变电工程的施工管理水平，根据施工单位预排的层级划分，采用平台施工应用软件，搭建 4D 施工模拟动画。通过 4D 仿真模拟动画，即时可见施工进度横道图、施工现场作业流水和工序。可从现场临建设施开始，对全站三通一平、桩基作业，建、构筑物施工、水暖设施安装、主变本体运输、移位及安装、主变套管散热器吊装、GIS 设备安装等内容进行模拟。

随着工程进度的推进，建管、施工单位即时掌控工程进度，随时分析进度偏差，预控可能存在的风险。利用 4D 施工模拟的可视化、协调性、模拟性、优化性等特点，可对本站进行系统、全面的管理和控制。

2. 虚拟现实（VR）技术

虚拟现实（VR）技术，是一种可以创建和体验虚拟世界的计算机仿真系统。它利用计算机生成模拟环境，是一种多源信息融合的、交互式的三维动态视景和实体行为的系统仿真。在该环境中，可为用户带来身临其境的沉浸式体验。

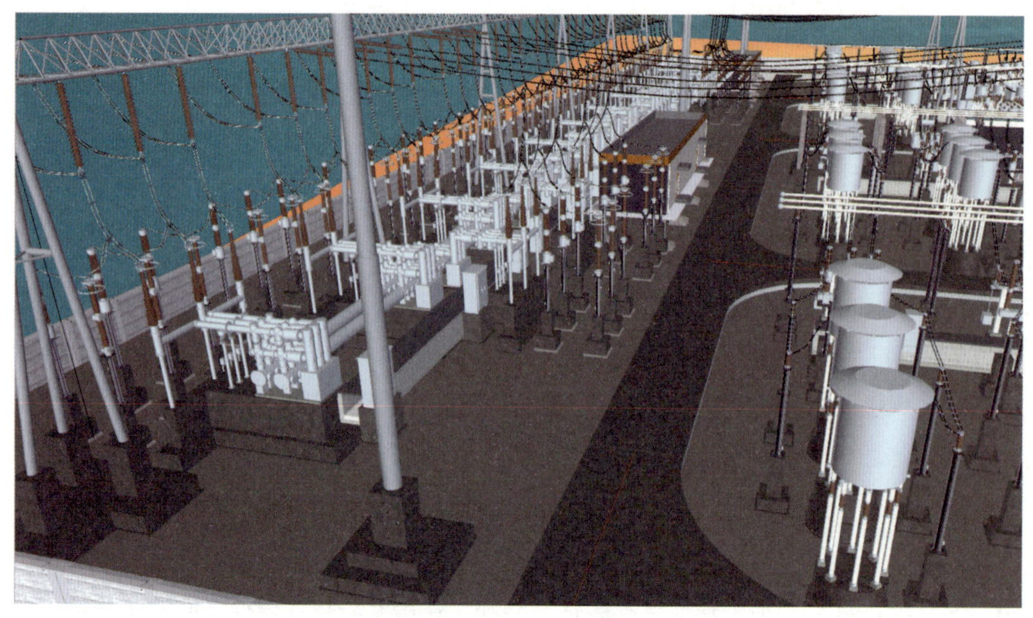

大同新荣 500 千伏变电站

图片来源：山西省电力勘测设计院

黄河—灵州Ⅰ、Ⅱ回开断接入 750 千伏妙岭变线路工程

图片来源：西北电力设计院有限公司

3.3 输电线路机械化施工技术

输电线路机械化施工技术是指采用先进、适用的机械设备，减少施工过程中的人力劳动，完成人力难以实现的工作，提高施工的效率、质量和安全水平。机械化施工按施工工序和类别主要分为：道路修建、物料运输、基础开挖、混凝土浇筑、杆塔组立、导地线架设、接地装置敷设等。

为适应输电线路机械化施工的要求，可在设计技术、施工装备、施工工艺、施工组织等方面开展相应工作。

(1) 设计技术。在安全可靠、经济合理等前提下，输电线路设计在路径方案、杆塔结构、基础选型、接地型式等关键环节，进一步优化设计、创新设计，尽可能满足机械化施工要求。

(2) 施工装备。提升一些现有施工装备的自动化水平和工程适用性；结合输电线路工程特点研制专业化、小型化的施工新装备；建立标准化、系列化的施工装备体系。

(3) 施工工艺。专门研究制定适于机械化施工的主要施工工序的施工工艺导则，尤其对于以往机械化程度较低的基础施工、接地网非开挖施工等，进一步规范施工工艺和操作。

(4) 施工组织。根据主要设备及其性能、地形地质条件、交通运输条件等，科学制定施工方案，发挥人、机、物的有效衔接，实现流水式连续作业。

旋挖钻机开挖基础

图片来源：四川电力设计咨询有限公司

近年来，输电线路施工在以往部分采用机械化装备和工器具的基础上，大力推进施工全过程的机械化施工技术。国家电网公司在110条110千伏～750千伏输电线路中示范应用了全过程机械化施工，线路总长度约4万千米。与以往传统的施工方式相比，采取机械化施工后，在临时道路修建、物料工地运输、基础开挖、混凝土施工、组塔、架线、接地施工方面分别节约人工投入约71%、50%、73%、20%、50%、17%、50%，缩短施工周期约93%、90%、81%、47%、67%、38%、75%，省时省力的同时也有效保护了环境。

4 电力系统调节技术

4.1 电网侧电化学储能技术

电网侧电化学储能技术是指电网通过利用电化学电池、功率变换系统、电池管理系统等核心部件实现电能储存、转换和释放的技术。该技术可根据需求实现电网调峰、调频、调压、事故情况下的功率支撑、应急供电等多种功能。目前，电网侧储能电站多采用锂离子电池、铅碳电池等类型的电化学电池，采用户外或者半户内布置方式。电网侧储能电站在具备就地充放电控制能力的同时还应具备远方控制能力，接受调度实时指令实现毫秒级有功、无功的调节控制。电池管理系统（BMS）通过对电池充放电过程进行实时监测、分析和控制，防止电池系统出现过充、过放风险，避免引发电池热失控现象，确保单体电池荷电状态的一致性，保持电池系统整体的安全、高效运行。

2018 年 7 月，江苏镇江东部电网储能项目整体并网成功，标志着国内功率最高、容量最大的电网侧电化学储能电站全面建成。该项目采用“分散式布置、集中式控制”的方式在镇江市大港新区、丹阳等地建设了 8 座储能电站，总功率为 101 兆瓦，总容量为 202 兆瓦时。该项目标志着国内首次实现了磷酸铁锂电池的大规模集成控制，同时，储能电站通过接入国网江苏省电力有限公司大规模源网荷储友好互动系统有效提高了电网的柔性调节能力，为电网的安全、经济运行提供了更好的保障。

国网江苏省电力有限公司镇江东部电网储能电站工程

图片来源：中国能源建设集团江苏省电力设计院有限公司

此外，另一基于磷酸铁锂的网域大规模储能电站项目也获国家能源局批准为国家电力示范项目。

该项目拟在甘肃省酒嘉电网所在区域建设 182 兆瓦 /720 兆瓦时大规模储能电站，电站基于磷酸铁锂电池的储能系统集成技术由上海仪电集团中能智慧能源科技（上海）有限公司自主研发。截至 2018 年底，该项目已完成规划可行性研究报告。

4.2 新型同步调相机技术

国家电网公司于 2015 年启动了调相机在电网中的应用工作。

与我国 60 至 80 年代主要立足于稳态无功需求装设调相机的情况不同，“新一代调相机”的技术方向主要以满足次暂态和暂态无功需求为主，同时兼顾电力系统稳态需求。

国内三大主机厂均已具备制造新一代隐极式调相机的能力，型式为三相二极同步电机。调相机额定出力 +300 兆乏，最大进相运行能力 –150 兆乏。

调相机励磁系统采用自并励静止励磁系统。调相机组采用变频启动方式，两台调相机配置两套变频启动装置 SFC(Static Frequency Converter)，每套 SFC 均可启动任一台调相机。

2018 年 10 月，山东临沂 3×300 兆乏调相机工程并网成功，该工程位于上海庙至山东 ±800 千伏特高压直流输电工程的受端临沂 ±800 千伏换流站，是国内首个三机组调相机工程（除在建的江苏常州 4×300 兆乏调相机工程外，其他多为

山东临沂 3 × 300 兆乏调相机工程

图片来源：华东电力设计院

2×300 兆乏调相机工程）。该工程采用上海电气制造的 300 兆乏双水内冷调相机，无功调节范围为 -150～300 兆乏，主厂房长 108 米、宽 23 米，调相机本体安装于 4.5 米层。三台调相机均采用调相机至升压变单元接线，经 GIL 分别接入换流站内 500 千伏交流滤波器大组母线或 500 千伏交流配电装置。

4.3 大容量 STATCOM 动态无功补偿技术

静止同步补偿器（Static Synchronous Compensator, 简称 STATCOM）作为第二代 FACTS 装置的典型代表，具有运行范围宽、响应速度快、输出无功电流与系统电压无关、抑制电压闪变能力强、补偿功能多样化、谐波含量低、占地面积小等优点。从性能上来看，STATCOM 要优于静止无功补偿器（SVC）。近年来，国内在多座变电站内安装了大容量 STATCOM 成套设备，如上海西郊变，广东东莞变、水乡变、木棉变等工程。从产品结构型式看，STATCOM 包括多重化结构、链式串联结构等，前者因损耗大、容量做大困难而受到市场限制，目前各大厂商主推的 STATCOM 产品多为功率单元串联的高压低损耗的链式结构。国内 STATCOM 产品规格可实现直挂 6 千伏、10 千伏和 35 千伏，已实现工程应用的单组容量最大可达 ±100 兆乏，技术装备水平总体达到国际先进水平。

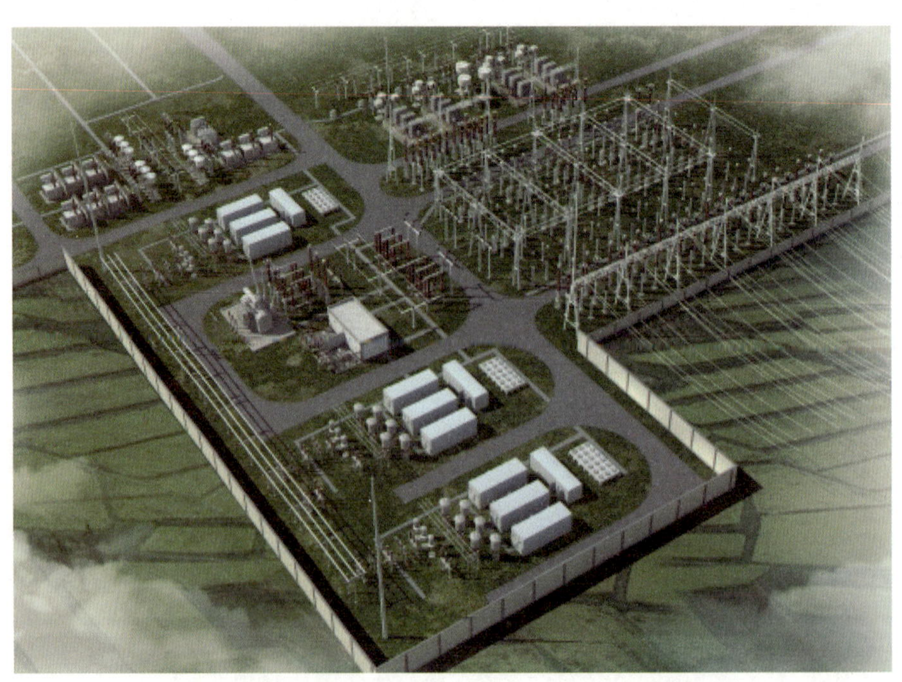

江苏 500 千伏吴江变电站 STATCOM 装置

图片来源：华东电力设计院

2018年12月4日，全球总容量最大的STATCOM装置在江苏500千伏吴江变电站顺利投运，是我国在无功补偿技术中取得的标志性成果。该项目在500千伏吴江变电站新建3组STATCOM，单组容量±100兆乏，额定电压35千伏。3组STATCOM均采用三相全桥式IGBT，装置具备在系统电压0.2～1.3标幺值之间，以额定电流及1.1倍额定电流长期运行的能力，在交流系统严重故障时，仍可为电网提供动态无功支撑，减少直流系统换相失败几率。

5 电力前沿性技术

5.1 电力物联网技术

电力物联网是物联网技术在电力行业的应用，充分应用云大物移智等现代信息技术及先进通信技术，实现电力系统各个环节万物互联、人机交互，大力提升数据自动采集、自动获取及灵活应用能力。电力物联网技术的实质是完成电力用户、电网企业、发电企业、供应商以及人和物的数据共享，从而实现对设备的智能化识别、定位、追踪和监控，使得有关设备相互感知和反馈控制，形成一个更加智能的电力生产、传输与使用的体系，便于设备台账与信息管理，大幅提高信息获取效率。

电力物联网通过感知识别、网络通信等技术，可以应用在电力系统的各个环节中：在发电侧，可应用于发电机状态监测等方面；在输电侧，可应用于线路状态监

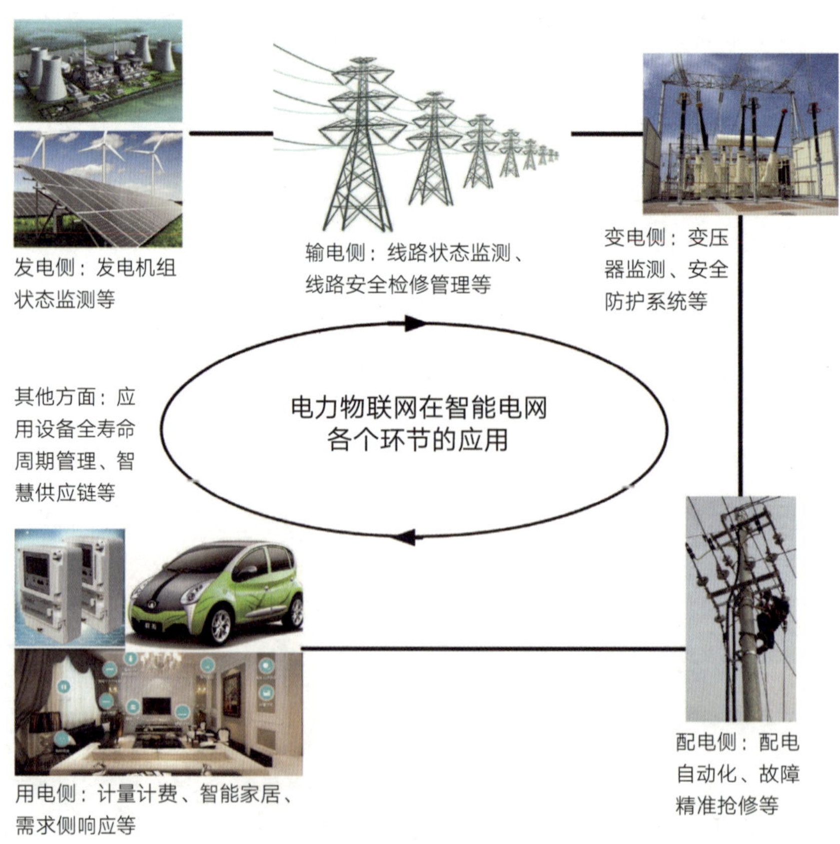

电力物联网在智能电网各个环节的应用

测、线路安全检修管理等方面；在变电侧，可应用于机器人巡检、变压器监测、安全防护系统等方面；在配电侧，可应用于配电网自动化、配电网设备状态监视、电网故障精准抢修、现场作业管理等方面；在用电侧，可应用于计量计费、智能家居、电动汽车入网、综合能源服务、需求侧响应等方面；同时，电力物联网还可应用于设备全寿命周期管理、实物ID、智慧供应链等方面。

国家电网公司泛在电力物联网建设：国家电网公司提出“三型两网”的战略目标，要求加快泛在电力物联网的开展。其建设内容主要包括对内业务（提升客户服务水平、提升企业经营绩效、提升电网安全经济运行水平、促进清洁能源消纳）、对外业务（打造智慧能源综合服务平台、培育发展新兴业务、构建能源生态体系）、数据共享、基础支撑、技术攻关、安全防护等6个方面共11个重点方向。计划到2021年，初步建成泛在电力物联网，在对内业务方面，实现业务线上率100%，包括营配贯通率100%、电网实物ID增量覆盖率100%等指标；在对外业务方面，实现涉电业务线上率100%。

5.2 新一代人工智能技术

人工智能技术（AI）可以实现对所有智能的模拟和应用，具备自主学习、积累经验等特点，可以在历史数据中发现规律，在实际操作中发现问题，从而不断提高自身能力。人工智能的广泛应用将会是智能电网的高级形态，从元件、设备、局域、区域、全域等智能电网的各个环节和层级实现AI化，从感知、分析、认知、决策、执行、交互等方面实现智能电网的自主运行，其应用主要有以下几个方面：

◎ 设备状态检查：设备自我感知（状态、环境等）、自我诊断与决策、自动交互（数据、语音、图像）

◎ 优化运行：对调度方式、运行方式、检修计划的持续优化

◎ 在线指挥：实现AI调度、自动驾驶、操控指挥、事故抢修

◎ 安全防护：实现AI代码漏洞检测、隐患侦察、模拟黑客攻击，并不断自我演进进化

◎ 能效管理：实现电力使用全过程的监测、分析、优化

◎ 客户服务：实现AI个性化服务、互动停电管理、分布式能源管理、需求侧响应

◎ 资产管理：通过AI物质库存管理，实现实时、动态、闭环管理

杭州虚拟人工智能（AI）配网调度员工程：2018年10月，全国首个虚拟人工智能（AI）配网调度员“帕奇”杭州供电公司配网调度指挥中心正式应用。“帕奇”通

过了几百万字的安规、作业案例以及由专业论文转换的知识图谱学习，并进行超过5000 小时的语音识别训练，不仅能胜任故障判断、计划发令、抢修指挥等几项固定工作，还能通过知识图谱继续学习新业务。

虚拟人工智能配网调度员“帕奇”

图片来源：国网杭州电力公司

5.3 智慧能源技术

智慧能源技术是各类能源的综合利用技术，是实现能源清洁、高效利用的重要手段。将智慧能源技术与互联网技术结合，实现能源生产、传输、存储、消费以及能源市场深度融合，具有设备智能、多能协同、信息对称、供需分散、系统扁平、交易开放等主要特征，可以提高可再生能源比重、促进化石能源清洁高效利用、提升能源综合效率、推动能源市场开放和产业升级。

将智慧能源技术用于“特色小镇”建设，开展智慧能源小镇建设，即将广泛应用云计算、大数据、物联网、移动互联网、人工智能等云大物移智技术，打造多种能源融合互补的优化配置平台，突出能源系统的多样集成，实现风、光、气、地热等一次能源互联融合，提升综合能源利用效率，构建清洁低碳的能源供应体系。

支持能源消费革命的城市—园区双级“互联网 +”智慧能源示范项目：该项目围绕珠海市及“唐家”“横琴”两个园区，从物理层、信息层、应用层三个层面为能源互联网建设提供支撑。项目中多端交直流混合柔性配网互联工程已经于 2018 年 12 月在珠海市唐家湾投运，该多端交直流混合柔性配网互联工程由三个柔性直流换流站、一个直流微电网构成，各换流站之间采用地下电缆相连接，是国际首个 ±10 千伏、±375 伏、±110 伏多电压等级交直流混合配网示范工程，提高了配网灵活性与可控性，促进了分布式可再生能源的友好接入，提升电网资源使用效率和电能质量。该项目将进一步建设智慧能源大数据平台，实现与广东电网大数据平台的数据交互，为综合能源服务、多能协同运营、需求响应等高级应用提供支撑。

支持能源消费革命的城市—园区双级“互联网 +”智慧能源示范项目运行基地

图片来源：南网珠海电力公司

苏州同里新能源小镇工程：同里新能源小镇规划能源使用范围面积约 2.4 平方千米，主要用于展示用能方式的变革。小镇中分布式太阳能光伏、分布式风电、水源热泵供热（制冷）装机容量分别为 12.16 万千瓦、1.002 万千瓦、0.19 万千瓦 , 生物质能消费量达到 0.44 万吨标准煤 / 年。在高效清洁发电方面采用了高温相变光热发电、瓦片屋顶光伏、低速风机等技术；在智能输变电方面采用了交直流混合配电网、微网路由器等技术；在储能方面采用了压缩空气储能、高温相变储热、预制舱式储能系统等技术；在智慧用能方面采用了“三合一”不停电智慧电子公路、智能充换电站、家居智慧等技术；在智能控制服务平台方面采用了源网荷储协调控制系统、综合能源服务平台等技术。

同理新能源小镇应用技术示意图

5.4 智能电厂技术

智能电厂是指面向电厂全生命周期，融合利用新一代信息通信、人工智能、检测、控制、工程、运维、管理等技术，以发电系统为载体，在其关键环节或过程，形成具有一定自主性的感知、学习、分析、决策、通信与协调控制能力，能动态地适应发电环境的变化，并与智能电网高度协调，从而达到全局（包括发电产出、可利用率、效率、安全性、可靠性、可维修性、灵活性、设备磨损/损耗等）或局部优化目标，实现安全、可靠、绿色、经济、灵活的电力可持续供给的电厂。

智能电厂技术主要包括以下几部分：

◎ 智能传感、测量、执行（包括机器人、无人机等）

◎ 互联互通（通信/数据互操作性）

◎ 建模与仿真

◎ 数据分析

◎ 智能控制（包括先进控制、优化控制）

◎ 自主决策或决策支持：对发电过程的监控、资产的运维/检修/管理进行局部自主决策或提供系统性、可视化、预知性的决策支持

◎ 数字工人技术：工人配带各种可穿戴监视装备、增强现实或混合现实装备、智能手机/平板电脑/笔记本电脑等，在数字电厂系统或平台环境支持下，进行或完成给定的工作任务

◎ 可扩展的多层次安全体系（包括功能安全和信息安全）等

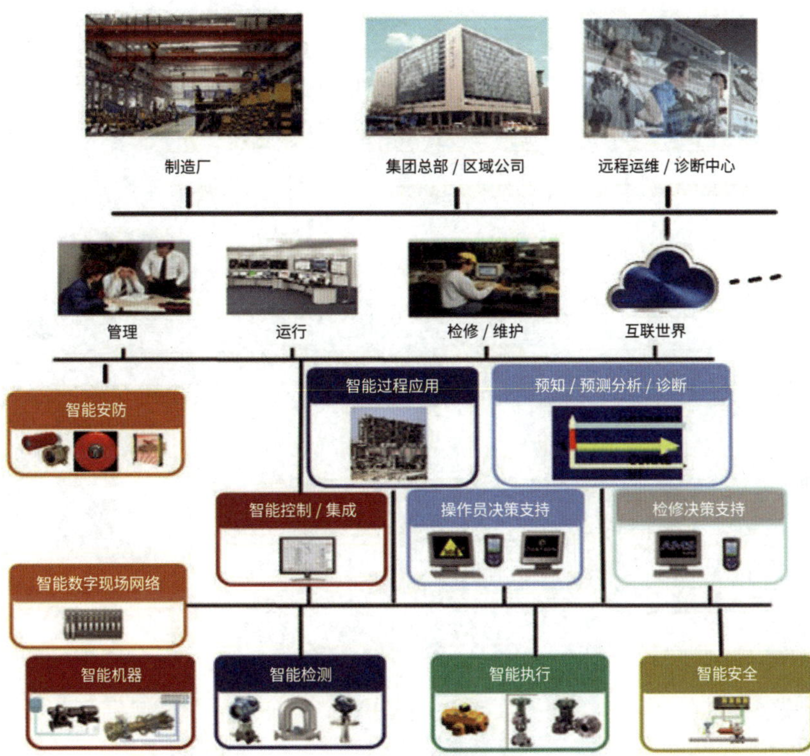

智能电厂功能拓扑示意图

七
电力经济

1　电源工程造价及分析

1.1　2018 年度电源工程参考造价

2018 年，电力工程建设投资完成 8094 亿元，其中电源工程建设投资完成 2721 亿元[1]，同比减少 6.2%。除水电工程外，火电、核电、风电 2018 年建设投资完成额比上年均有不用程度的减少。

根据 2018 年度典型工程初步设计及施工图资料，建筑安装工程与其他费用采用现行计价标准，设备材料价格采用 2018 年北京地区市场价格，测算得到各类电源工程参考造价指标。

各类电源工程 2018 年参考造价指标　　单位：元 / 千瓦

电源类型	类别	造价指标
燃煤发电工程	2×350 兆瓦	4038
	2×660 兆瓦	3499
	2×1000 兆瓦	3221
燃机发电工程	2×300 兆瓦等级（9F 纯凝）	2120
	2×300 兆瓦等级（9F 供热）	2250
	2×180 兆瓦等级（9E 级）	2781
核电工程	二代改进型	12000~13000
	三代	15000~16000
水电工程	常规水电工程	14399
	抽水蓄能电站	6552
风电工程	陆上风电	7100~7800
	海上风电	16000~18000
光伏发电工程	全国（除西藏）	5500~6200
光热发电工程		26000~29000

数据来源：《火电工程限额设计参考造价指标 2018》《中国电力技术经济发展研究报告（2018）》、相关核电工程、光热发电工程可行性研究报告

[1] 数据来源：2018 年全国电力工业统计快报。

1.2 未来三年造价水平预测

根据“十二五”期间及2016～2018年电源造价情况，结合技术进步因素、电力市场供需水平以及行业政策引导的影响，对未来三年造价趋势进行预测。

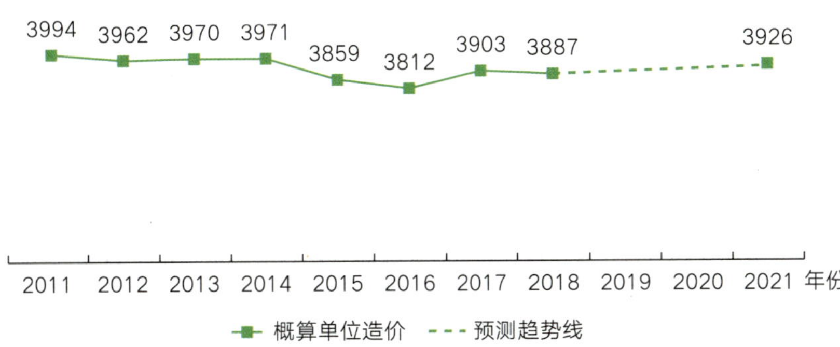

2019～2021年煤电概算单位造价水平变化趋势预测（元/千瓦）

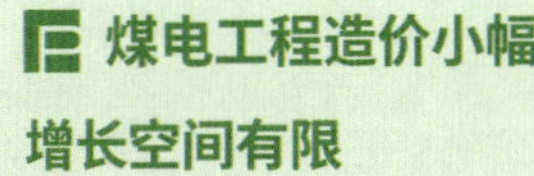

受到煤电市场建设需求持续不振的影响，2018年煤电基建项目继续减少，同时行业制造利润空间多年持续下降，行业潜力几近挖潜殆尽，概算单位造价较上年仅减少0.4%。综合考虑到降税影响、未来三年煤电停缓建项目概算调整及人工费用将有所上涨等因素，预测2019～2021年煤电工程造价水平增幅约为1%。

燃机发电工程造价呈持续下降趋势

2018年燃机主设备价格继续下降，概算单位造价下降1.4%。考虑到未来三年燃机市场变化与国产化起步，预测2019～2021年燃机发电工程造价水平降幅约为2%。

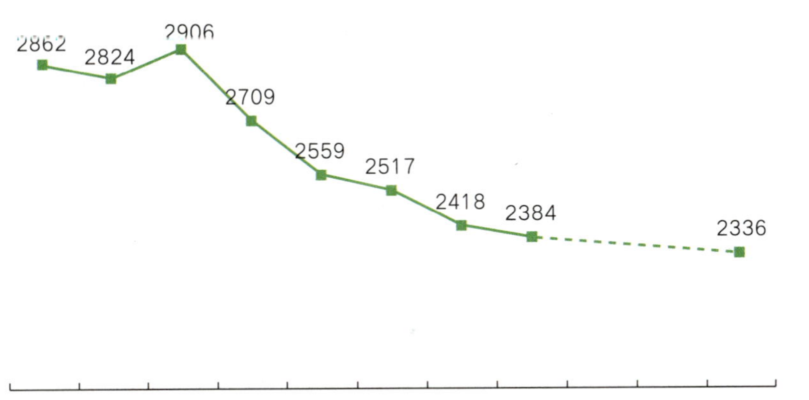

2019～2021年燃机发电工程概算单位造价水平变化趋势预测（元/千瓦）

水电工程造价呈持续上涨趋势

2017～2018 年受到开发成本上涨影响，概算单位造价较 2015～2016 增加 6.7%。考虑到未来三年新增水电项目开发难度增大、移民安置补偿费用不断增加，预测 2019～2021 年水电工程造价水平增幅约为 15%。

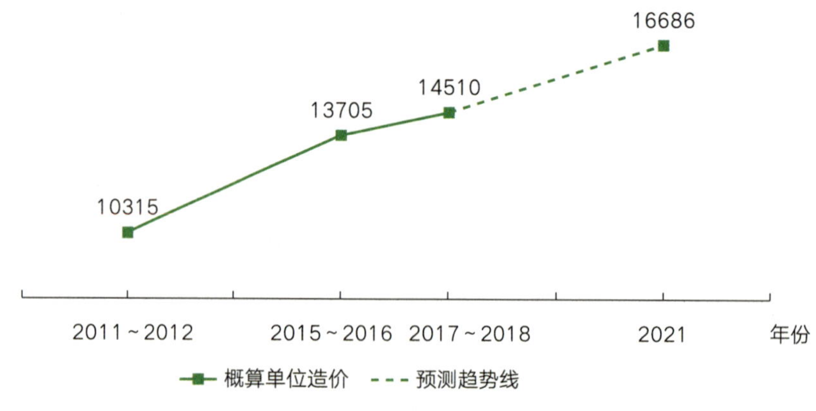

2019 ~ 2021年水电概算单位造价水平变化趋势预测（元/千瓦）

风电造价呈持续下降趋势

2018 年受到主要设备降价影响，概算单位造价下降 6.3%。考虑到风电平价上网政策影响，预测 2019～2021 年风电工程造价水平降幅约为 13%。

2019 ~ 2021年风电概算单位造价水平变化趋势预测（元/千瓦）

光伏造价呈持续下降趋势

2018 年受设备价格下降影响，概算单位造价下降 15%。考虑到光伏平价上网政策影响，预测 2019～2021 年光伏工程造价水平降幅约为 18%。

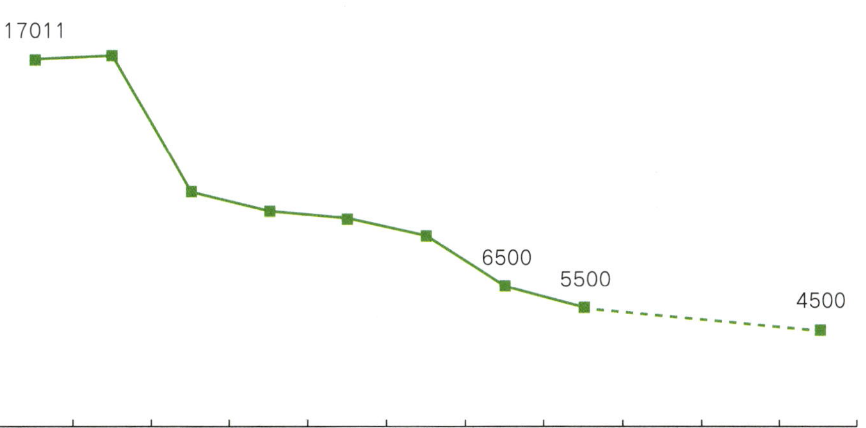

2019～2021年光伏概算单位造价水平变化趋势预测（元/千瓦）

鉴于核电行业的发展趋势，三代核电机组将取代二代改进型成为建设主流，核电造价水平也将由二代改进型 1.3 万元 / 千瓦左右，变化至三代核电 1.5～1.6 万元 / 千瓦。

三代核电工程造价水平与目前基本持平

随着三代核电示范项目相继投产，以及未来三年三代核电工程陆续核准，考虑技术进步与建设规模对市场供需变化的影响，预测 2019～2021 年三代核电工程造价水平将在目前水平上有所降低，大致在 1.5 万元 / 千瓦左右（此处三代核电主要为 AP1000、华龙一号）。

根据首批太阳能光热示范项目的建设和投产情况，及已开展前期工作的太阳能光热项目情况，当前太阳能光热项目单位造价约 2.6～2.9 万元 / 千瓦。

光热工程造价水平呈现下降趋势

随着太阳能光热示范项目相继投产，考虑技术进步与建设规模对市场供需变化的影响，预测 2019～2021 年光热工程造价水平降幅约为 15%。

2 电网工程造价及分析

2.1 2018 年度电网工程参考造价

2018 年，电网工程建设投资完成 5373 亿元，同比上年增加 34 亿元，增幅为 0.6 个百分点[1]。基于 2018 年价格水平，统计分析 2018 年输变电新建工程参考造价指标。

输电线路工程 2018 年单位造价参考指标　　单位：万元 / 千米

电压等级	回路数	导线规格	单位造价
1000 千伏	双回	8×JL/G1A−630/45	1152
±800 千伏	双极	6×JL/G3A−1000/45、6×JL/G2A−1000/80	409
750 千伏	双回	6×JL/G1A−500/45	556
	单回	6×JL/G1A−400/50	262
500 千伏	双回	4×JL/G1A−630/45	376
	单回	4×JL/G1A−630/45	202
330 千伏	双回	2×JL/G1A−300/40	176
	单回	2×JL/G1A−300/40	101
220 千伏	双回	2×JL/G1A−400/35	145
	单回	2×JL/G1A−400/35	84
110 千伏	双回	2×JL/G1A−300/40	116
	单回	2×JL/G1A−300/40	67

数据来源：《电网限额控制指标》，结合技术条件综合调整。

变电工程 2018 年单位造价参考指标　　单位：元 / 千伏安、元 / 千瓦

电压等级	建设规模	技术方案	单位造价
1000 千伏	2×3000 兆伏安	GIS	284
±800 千伏	8000 兆瓦	GIS	541

[1] 数据来源：2018 年全国电力工业统计快报。

续表

电压等级	建设规模	技术方案	单位造价
750 千伏	1×2100 兆伏安	罐式断路器	246
	1×2100 兆伏安	GIS	294
500 千伏	1×750 兆伏安	柱式断路器	219
	1×1000 兆伏安	罐式断路器	121
	2×1000 兆伏安	GIS	117
	2×1000 兆伏安	HGIS	122
±500 千伏	3000 兆瓦	柱式断路器	503
	3000 兆瓦	GIS	510
330 千伏	1×240 兆伏安	柱式断路器	422
	1×240 兆伏安	罐式断路器	456
	2×360 兆伏安	GIS	213
220 千伏	2×180 兆伏安	柱式断路器	246
	2×240 兆伏安	GIS	179
110 千伏	1×150 兆伏安	柱式断路器	321
	2×150 兆伏安	GIS	234

数据来源：《电网限额控制指标》，结合技术条件综合调整。

2.2 未来三年造价水平预测

根据“十二五”期间及 2016 年、2017 年电网造价情况，结合物价变化、政策引导与技术进步等因素对电网工程造价水平的影响，对 2019～2021 年造价水平进行预测。

2018 年由于导线、塔材以及地方性材料价格上涨，线路工程单位造价水平高于 2017 年。考虑到政策因素与市场供需状况，以及电力建设市场人工、机械等建设要素价格变化，预测 2019～2021 年线路工程单位造价水平将有所上升，各电压等级线路工程的上涨区间在 4%～7%。

线路工程造价水平呈现上涨趋势

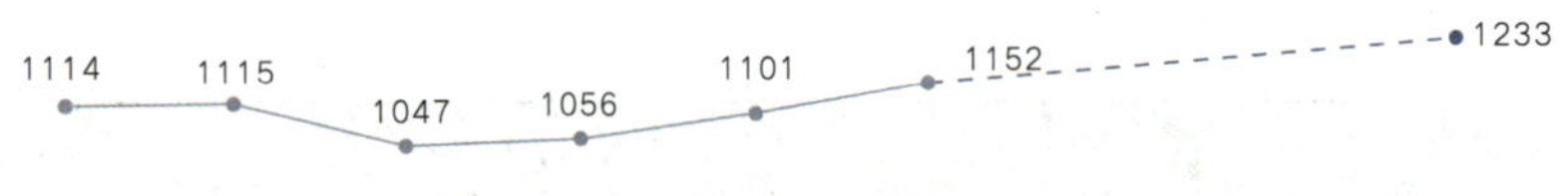

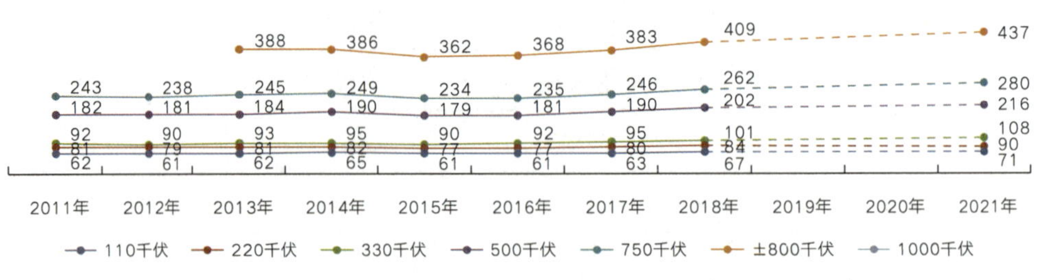

2019～2021 年线路工程单位造价变化趋势预测（万元 / 千米）

变电工程造价水平呈现上涨趋势

2018 年，由于主要设备价格有所上涨，变电工程单位造价水平比 2017 年略有增加。考虑物价波动与技术进步的影响，以及电力建设市场人工、机械等建设要素价格进一步上涨，预测 2019～2021 年变电工程单位造价整体将有所上涨，各电压等级变电工程的上涨区间在 4%～5%。

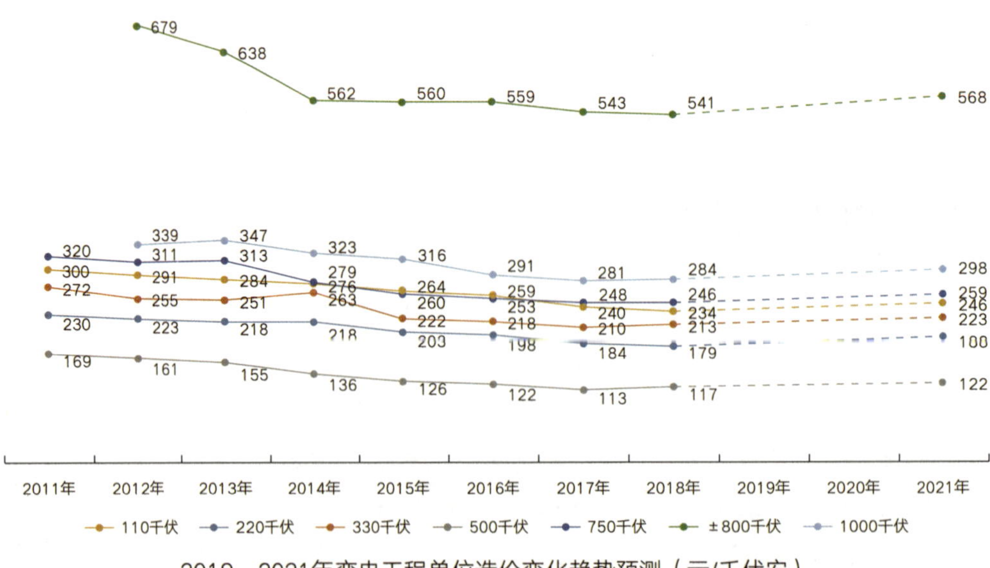

2019～2021年变电工程单位造价变化趋势预测（元/千伏安）

八 电力改革

1 改革进展

1.1 电力市场建设进展与成效

市场主体范围进一步扩大

10 千伏
及以上电压等级用户
全部放开

2018 年 7 月，国家发展和改革委员会、国家能源局联合印发了《关于积极推进电力市场化交易 进一步完善交易机制的通知》（发改运行〔2018〕1027 号），要求煤炭、钢铁、有色、建材等部分重点行业全面放开发用电计划，进一步扩大交易规模。各地要在落实清洁能源配额的前提下，积极推进 4 个重点行业电力用户参与市场化交易，全部放开 10 千伏及以上电压等级用户。同时鼓励工业园区、产业园区及经济开发区作为整体参与市场化交易。

市场主体培育成效显著

国网区域内注册的市场主体数量
↑ **40%**

南网区域内注册的市场主体数量
↑ **53%**

截至 2018 年底，国网区域内注册的市场主体数量达到 7.8 万家，较 2017 年增长了约 40%；南网区域内注册的市场主体数量达到了 2.3 万家，较 2017 年增长了约 53%。

中长期市场化规模持续增长

2018 年全国市场化交易电量占全社会用电量的
30.2%

2018 年，全国市场化交易电量为 20654 亿千瓦时，同比增长 26.5%，占全社会用电量的比例为 30.2%。其中，国家电网公司经营区域内市场化交易电量为 16187 亿千瓦时，南方电网公司经营区域内市场化交易电量为 3724 亿千瓦时；跨省跨区市场化交易电量约为 3800 亿千瓦时。

市场化交易电量前三位地区分别为江苏、山东和广东；市场化交易电量占全社会用电量比例前三位省区为内蒙古、云南、贵州。

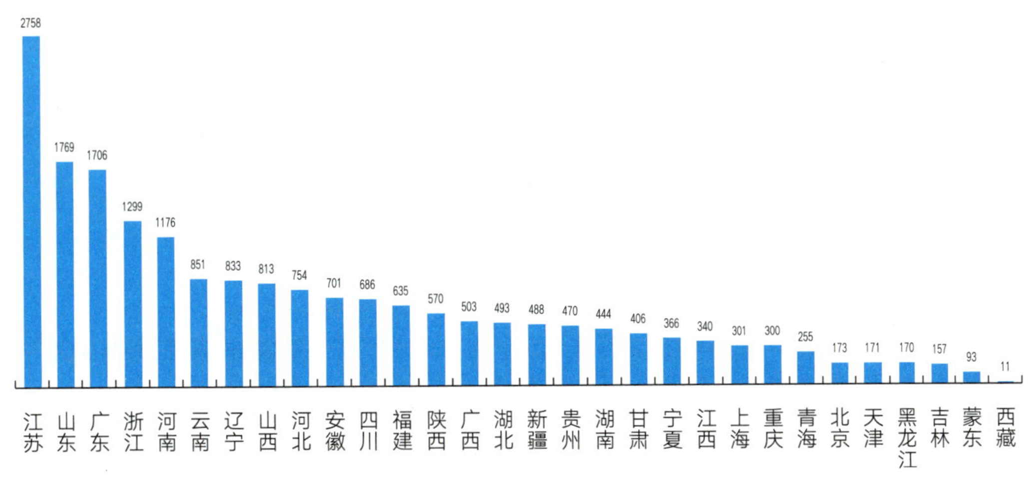

2018年典型省份市场化交易电量（亿千瓦时）

数据来源：相关交易中心

跨省跨区中长期交易规则出台，进一步消融省间交易壁垒

2018 年 8 月，北京电力交易中心公布了《北京电力交易中心跨区跨省电力中长期交易实施细则（暂行）》。同年 9 月，国家能源局批复了《南方区域跨区跨省电力中长期交易规则（暂行）》。两份文件涉及范围基本覆盖了国家电网公司及南方电网公司的所有区域，跨省跨区交易的规范化发展，将进一步消融省间交易壁垒。

电力现货市场进入试运行阶段

2018 年 8 月，南方（以广东起步）电力现货市场开始试运行；同年 12 月，甘肃、山西电力现货市场正式启动试运行。第一批电力现货市场试点中，山东、浙江、福建、四川、蒙西等 5 个试点省公司已编制完成现货市场建设方案。

3个
现货市场试点省份投入试运行

5个
试点省份基本完成了规则编制

典型省份现货市场规则特点

省份	规则主要特点
南方（以广东起步）	采用集中式现货市场架构 “部分机组计划调度＋部分机组全电量竞价”模式 发电侧单边报价模式 发电单侧节点电价机制，用户侧为节点加权平均电价 辅助服务（调频）与现货电能量市场分开出清
甘肃	基本采用集中式现货市场架构 现货市场由“日前存量现货市场”＋“日前增量现货市场”＋“日内平衡市场”组成 发电侧单边报价模式 划分阻塞分区，采用分区电价 辅助服务与现货电能量市场分开出清

数据来源：相关电力交易中心

1.2 电力交易机构改革进展与成效

电力交易中心股份制改造进入快车道

全国 **35** 个
电力交易中心

其中 **8** 个
已经进行了股份制改造

16 个
交易中心已上报股份制改造方案

2018 年 8 月，国家发展和改革委员会、国家能源局发布《关于推进电力交易机构规范化建设的通知》（发改经体〔2018〕1246 号），要求电力交易机构非电网企业资本股比应不低于 20%，鼓励按照非电网企业资本占股 50% 左右完善股权结构。

截至 2018 年底，全国 35 个电力交易中心（含北京、广州两个国家级电力交易中心）中，除广州电力交易中心和山西、湖北、重庆、广东、广西、云南、贵州、海南 8 省（区、市）电力交易中心已完成股份制改造外，有 16 个交易中心已将股份制改造方案上报至国家发展改革委。

部分电力交易中心股权占比

交易中心	入股企业	持股比例
浙江（已上报方案）	电网企业	70%
	发电企业	26%
	其他	4%
新疆（已上报方案）	电网企业	78%
	发电企业	3%
	其他	3%
	新疆生产建设兵团	16%
广州电力交易中心（国家级）	电网企业	66.7%
	发电企业	15.3%
	其他	18%
广东	电网企业	70%
	发电企业	25%
	其他	5%
广西	电网企业	66.7%
	发电企业	20%
	其他	13.3%
海南	电网企业	33%
	其他	67%
云南	电网企业	50%
	发电企业	34%
	其他	16%

续表

交易中心	入股企业	持股比例
贵州	电网企业	80%
	其他	20%
山西	电网企业	70%
	发电企业	25%
	其他	5%
湖北	电网企业	70%
	发电企业	30%
重庆	电网企业	70%
	发电企业	27%
	其他	3%

数据来源：相关电力交易中心

1.3 配售电改革进展与成效

2018 年 4 月和 6 月，国家发展改革委员会、国家能源局分两个批次确定了第三批共 125 个增量配电业务改革试点，主要集中在经济开发区、工业园区、产业园区、旅游经济区等。前三批试点基本实现了全国地级以上城市的全覆盖。

第三批增量配电网试点项目公布

第三批试点项目数量

125 个

甘肃省 11

- 白银刘川工业集中区增量配电业务试点
- 张掖循环经济示范园增量配电业务试点
- 张掖冶金产业园增量配电业务试点
- 武威工业园区增量配电业务试点
- 定西岷县梅茶新区增量配电业务试点
- 庆阳市长庆桥工业集中区工业 II 区增量配电业务试点
- 天水张家川县东部工业园区增量配电业务试点
- 嘉峪关市嘉北高端铝制品加工产业园增量配电业务试点
- 酒泉金塔县北河湾循环经济产业园增量配电业务试点
- 酒泉阿克塞县工业园区增量配电业务试点
- 酒泉经济技术开发区增量配电业务试点

省份	数量	试点名称
河南省	9	项城产业集聚区增量配电业务试点
		鹤壁市宝山循环经济产业集聚区增量配电业务试点
		平顶山化工产业集聚区增量配电业务试点
		焦作西部产业集聚区增量配电业务试点
		红旗渠经济技术开发区增量配电业务试点
		新蔡县产业集聚区增量配电业务试点
		济源市玉川产业集聚区增量配电业务试点
		信阳明港产业聚集区增量配电业务试点
		漯河市临港产业园区增量配电业务试点
江苏省	9	常州双创示范园增量配电业务试点
		无锡星洲工业园增量配电业务试点
		苏州张家港双山岛增量配电业务试点
		扬州仪征枣林湾“两园”增量配电业务试点
		泰州泰兴经济技术开发区（天星洲片区）增量配电业务试点
		徐州徐矿集团矿区增量配电业务试点
		徐州经济技术开发区增量配电业务试点
		盐城滨海新区新滩产业园增量配电业务试点
		淮安盱眙宁淮新兴产业科技园增量配电业务试点
河北省	8	沧东经济开发区增量配电业务改革试点
		高邑新三台鞋业小镇增量配电业务试点
		沙河通用航空产业园增量配电业务试点
		故城县营东新区增量配电业务试点
		邯郸国际陆港物流园区增量配电业务试点
		承德金山岭生态文化旅游经济区增量配电业务试点
		河北迁安经济开发区冷轧基地增量配电业务试点
		张家口洋河新区增量配电业务试点
广西壮族自治区	8	桂林市灌阳县工业集中区增量配电业务试点
		北海市北部湾（合浦）林产循环经济产业园区增量配电业务试点
		防城港高新技术产业开发区增量配电业务试点
		贵港市平南县大成工业园增量配电业务试点
		玉林（福绵）节能环保生态产业园增量配电业务试点
		柳州市鹿寨县江口工业园增量配电业务试点
		贺州市钟山工业园区增量配电业务试点
		贺州市姑婆山森林生态养生旅游产业区增量配电业务试点

省份	数量	试点项目
陕西省	8	咸阳高新区电子信息产业园增量配电业务试点
		西咸新区沣西新城南部丝路科创谷及现代综合商务区增量配电业务试点
		渭南澄合矿业公司增量配电业务试点
		渭南高新技术产业开发区东区增量配电业务试点
		延安市志丹县双河镇志丹工业园增量配电业务试点
		汉中三合循环经济产业园增量配电业务试点
		洋县桑溪矿业园增量配电业务试点
		神木市“飞地经济”示范园增量配电业务试点
安徽省	7	天长市金牛湖新区增量配电业务试点
		池州经开区东部园区增量配电业务试点
		马鞍山市当涂经济开发区增量配电业务试点
		合肥巢湖经济开发区增量配电业务试点
		淮南市高新区（山南新区）增量配电业务试点
		阜阳合肥产业园增量配电业务试点
		马鞍山慈湖高新技术产业开发区智慧小镇增量配电业务试点
山东省	7	东营胜利经济开发区增量配电业务试点
		烟台市烟台化学工业园增量配电业务试点
		济宁嘉祥经济开发区增量配电业务试点
		临沂市罗庄区陶瓷工业园增量配电业务试点
		山东阳谷祥光生态工业园区增量配电业务试点
		德州市运河经济开发区运河化工循环经济产业园增量配电业务试点
		日照经济技术开发区绿色智能制造产业园增量配电业务试点
福建省	6	厦门火炬高新区翔安产业园增量配电业务试点
		三明市宁化华侨经济开发区增量配电业务试点
		莆田市华林经济开发区樟林片区增量配电业务试点
		龙岩市新罗区岩山镇及周边区域增量配电业务试点
		宁德市福鼎店下沿海工业片区增量配电业务试点
		平潭水产品深加工园区增量配电业务试点
湖南省	6	冷水江经济开发区增量配电业务试点
		武冈经济开发区增量配电业务试点
		嘉禾经济开发区机械装备制造园增量配电业务试点
		望城经济技术开发区增量配电业务试点
		张家界增量配电业务试点
		湖南江华经济开发区增量配电业务试点

省份	数量	试点项目
新疆维吾尔自治区	6	三道岭工业园区增量配电业务试点
		三塘湖工业园区增量配电业务试点
		伊吾工业园区（扩区范围）增量配电业务试点
		吐鲁番市鄯善石材工业园区增量配电业务试点
		克拉玛依市乌尔禾区增量配电业务试点
		河北巴州生态园配电工程与园区增量配电业务试点
山西省	5	大同市能源革命科技创新产业园增量配电业务试点
		柳林县凌志售电有限公司增量配电业务试点
		阳泉经济技术开发区增量配电业务试点
		运城市绛县经济开发区和安峪工业园区增量配电业务试点
		山西科创城晋中片区增量配电业务试点
云南省	5	普洱工业园区增量配电业务试点
		云县新材料光伏产业园区增量配电业务试点
		西畴兴街出口贸易加工区增量配电业务试点
		玉溪大化产业园区化念片区增量配电业务试点
		富源县工业园区增量配电业务试点
浙江省	4	临海国际医药小镇增量配电业务试点
		建德湖塘工业区块增量配电业务试点
		遂昌金矿增量配电业务试点
		常山县球川镇工业功能区增量配电业务试点
广东省	4	中山市小榄镇供电所增量配电业务试点
		潮州市饶平县樟溪低碳工业区增量配电业务试点
		河源市灯塔盆地国家现代化农业示范区核心区增量配电业务试点
		揭阳市揭东五房生态旅游及绿色农业产业园增量配电业务试点
湖北省	3	黄石新港工业园区增量配电业务试点
		宜昌三峡移民生态工业园增量配电业务试点
		宜昌兴山兴发产业园区增量配电业务试点
内蒙古自治区	3	赤峰市巴林右旗工业园区增量配电业务试点
		阿拉善盟巴音敖包工业园区增量配电业务试点
		固阳金山工业园区增量配电业务试点
黑龙江省	2	哈尔滨综合保税区增量配电业务试点
		大庆经济技术开发区增量配电业务试点
吉林省	2	珲春矿区增量配电业务试点
		白山市抚松县增量配电业务试点

江西省	2	九江市鄱阳湖生态科技城增量配电业务试点
		上饶高新区电子信息产业园增量配电业务试点
重庆市	2	中梁山增量配电业务试点
		天府及天弘增量配电业务试点
四川省	2	泸州金融商业中心增量配电业务试点
		南部县工业集中区增量配电业务试点
宁夏回族自治区	2	石嘴山高新技术产业开发区增量配电业务试点
		中卫工业园区增量配电业务试点
新疆生产建设兵团	2	第四师可克达拉市增量配电业务试点
		第九师增量配电业务试点
辽宁省	1	葫芦岛八家子经济开发区矿产资源综合利用产业园区增量配电业务试点
青海省	1	海北州祁连县央隆乡特色旅游区增量配电业务试点

数据来源：国家发改委

截至 2019 年 1 月底，全国增量配电业务改革共批复了 320 个试点项目，共计 152 个确定项目业主，48 个取得电力业务许可证。第一批 85 个新建配电设施的试点项目中，20 个已开工建设，5 个已建成投产；第二、三批试点项目中，8 个已开工建设。320 个项目中，有 128 个试点项目已经与电网公司就供电范围达成了协议。

前三批试点项目中已确定业主项目

152 个

取得电力业务许可证项目

48 个

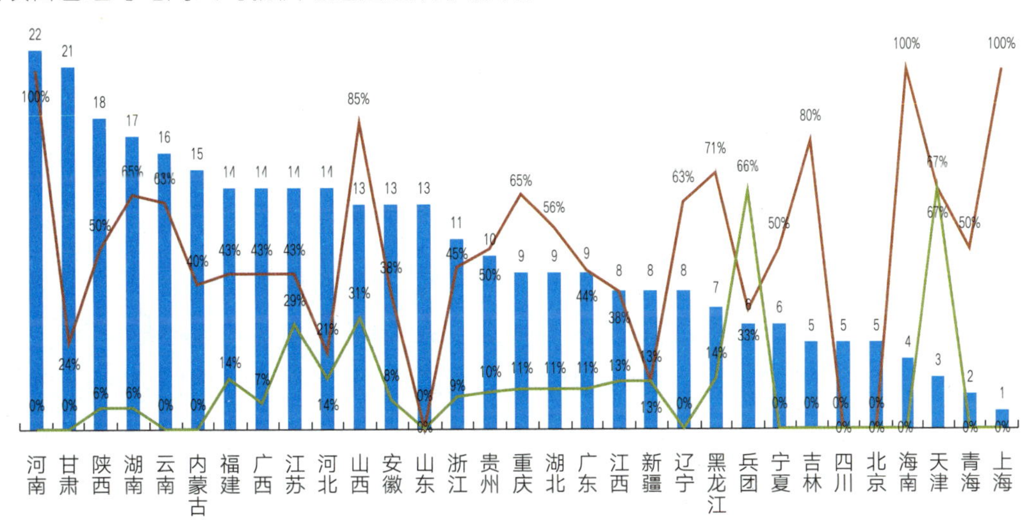

2018年典型省（区、市）增量配电业务试点工作推进情况

数据来源：国家发展改革委、相关交易中心

售电公司发展进入平稳期，行业发展进入了分化整合期

交易中心注册售电公司约
4000 家

数量较 2017 年
↑ 14%

截至 2018 年底，全国在电力交易中心注册公示的售电公司约 4000 家，增长较 2017 年已经明显放缓。进入 2018 年以来，一些省份陆续出现售电公司退市，行业竞争的技术和资源门槛不断提高，售电行业已经进入了分化整合期。

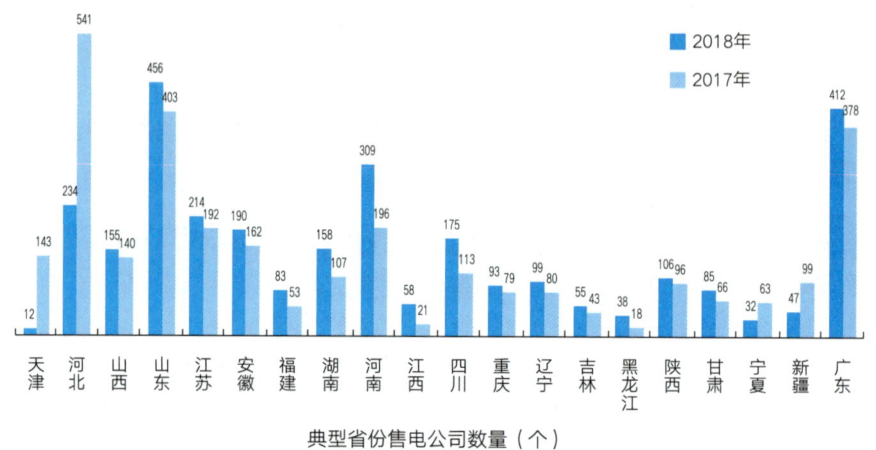

典型省份售电公司数量（个）

数据来源：相关交易中心

电力改革存在的问题与评价

跨省跨区交易壁垒仍然存在

北京和广州两个国家级交易中心已经出台的跨省跨区交易规则，虽给出了跨省跨区交易的基本框架，但是政府间协议电量、国家指令性计划与市场化交易电量如何协调仍没有明确规定。同时，省间市场和省内市场的融合进展相对缓慢，交易时序、交易品种和交易方式均缺乏相应的协调机制。

中长期市场交易公平性有待进一步提升

在各省已经开展的电力中长期交易中，部分交易产品和交易规则的设置没有满足市场公平性原则。部分省份出台针对本省扶持产业的电力专项交易，设置交易壁垒。部分省份没有执行《关于推进电力市场建设的实施意见》中关于市场准入用户全电量参与市场交易的要求，而是允许用户自行选择部分电量参与市场交易，存在影响市场公平与市场秩序的风险。

电力现货市场顶层设计仍需进一步明确

当前我国电力现货市场顶层设计仍不够明确，在外来（送）电如何参与市场竞争、调度机构和交易机构的职责划分、交易结算由谁组织等问题上矛盾比较突出，使得各省在现货市场规则设计上面临较多困难。考虑到跨省区市场与省级（区域）市场建设具有十分密切的关系，在我国电力市场改革中，应高度重视跨省区市场建设，将其作为进一步推动市场化改革的“牛鼻子”和关键抓手，设计科学合理的跨省区市场建设框架，从而为各省（区域）市场建设提供指导。

电力现货市场交易系统功能有待进一步完善

完善可靠的交易系统是保证现货市场正常高效运营的重要物理支撑。虽然机组组合和经济调度模型及相关技术已经在我国部分省份应用，但技术成熟度仍有待提高。当前大部分省份不具备现货市场出清功能，缺乏现货运营管理平台，应尽快开发建设满足现货交易的功能模块体系，加快交易、调度、财务、营销等信息系统相关标准的统一。

增量配电网规划合理性和规范性有待提升

增量配电网规划是增量配电业务改革项目开展的首要环节，是政府及潜在业主投资决策的前提条件，是配电区域划分和存量资产处置的主要参考，是增量配电网项目接入系统的重要依据。一些地方政府或项目业主在推进试点的过程中，存在“重股权争夺、重负荷争夺、轻电网规划”的现象，增量配电网规划内容深度不够，导致项目后续推进中，在存量资产处置、配电区域划分、系统接入等方面困难重重。

增量配电网规划设计、电网接入等技术标准亟待出台

社会资本投资增量配电网业务，在获取合理投资收益的同时，需要负责增量配电网的日常运行，履行安全可靠供电、保底供电和社会普遍服务的义务。当前缺少针对增量配电网规划设计、电网接入、运行维护等内容的技术标准。社会资本投资增量配电业务，对成本投入较为敏感，技术力量储备有限，亟需出台技术标准进行指导。

增量配电业务许可证需加快发放

前三批增量配电业务改革试点中，取得电力业务许可证的项目比例仍然较低，只占总计批复项目的 9% 左右，在一定程度上影响了相关试点项目的落地实施。当前，应进一步简化增量配电企业电力业务许可证的申领程序，尽快推动增量配电业务的开展。

售电公司缺乏相应的技术储备和市场风险规避手段

现阶段售电公司的分化整合趋势已经十分明显，当前售电公司经营发展过程中的主要问题有两方面：①缺乏相应的专业技术储备，尤其是在现货市场开始运行以后，需要有更专业的技术分析人员和工具；②在现有的市场机制中，交易品种的相对单一，使得售电公司缺乏市场交易的避险手段。

2 重点领域改革展望

2.1 电力市场建设展望

现货市场范围将进一步扩大

预计 2019 年，第一批现货市场试点将全部完成规则编制并投入试运行。同时，电力现货市场将在全国范围内铺开。根据实际情况，省级（区域）现货市场建设试点将分批分阶段地开展，在省级市场试点选择中坚持自愿和优先从负荷中心起步相结合的思路开展，相应的试点建设方案评审机制也将逐步完善。

随着电力现货市场在全国范围内的铺开，为保证市场正常运行、提高现货市场运行效率、增加整体社会福利、提高清洁能源消纳利用比例，需加快形成并完善电力现货市场运营评估机制和评估体系，对已经开展的电力现货市场整体运行情况、市场规则设计公平性和执行情况、技术支持系统运行情况等关键要素进行全面评估，推动现货市场以及整个电力市场的不断完善。

进一步细化电力市场信用体系建设相关内容并建立失信联合惩戒机制。明确市场主体信用管理的主要原则、流程和方式，信用评价的主要内容、标准和方法，明确信用管理相关执行原则。对企业和个人的违法失信行为予以公开，违法失信行为严重且影响电力安全的，实行严格的行业禁入措施，规范市场秩序。

交易信息披露和市场监管将进一步加强

修订完善电力市场信息披露办法，完善和规范信息披露，减少信息不对称，促进市场公平。针对市场主体关心的市场分析、偏差考核、结算管理及安全校核等问题，按照交易规则要求及时、准确、全面披露相关信息。

2.2 电力交易机构改革展望

电力交易机构股份制改造将进一步落实

预计 2019 年，全国所有的电力交易中心将公布股份制改革方案，并开始逐步进行股份制改造。应结合市场建设和交易情况，进一步理清调度机构与交易机构的职能划分，明确交易机构的交易结算功能，对所提出的股份制改革方案进行全面的评估，保证交易机构的公平性和独立性。

2.3 配售电改革展望

增量配电业务改革是持续、长期的过程

增量配电业务改革是电力行业落实“全面深化改革”的重要举措。增量配电业务改革通过引入比较性竞争促使电网企业提高生产效率，通过混合所有制改革盘活社会资本，预期是持续、长期的过程。应在总结前三批增量配电业务改革试点项目的经验教训的基础上，建立完善的项目评估产生机制，形成科学、合理的项目遴选和评估流程，保证增量配电网项目顺利落地实施。

第四批增量配电业务改革试点将在目前已基本实现地级以上城市全覆盖的基础上，向县域延伸。此次试点申报工作首次由国家发改委组织专业评估机构对各省报送试点项目进行评估，旨在形成更为科学合理的项目产生机制，推动试点项目的建设落地。

售电公司将陆续开展能源增值服务

现货市场的建设能够为售电公司创造更多的市场操作空间，给予其开展能源增值服务契机。能够为用户提供差异化、精细化的用电服务，甚至是一揽子的能源解决方案，是未来售电公司市场竞争力的重要体现。

九
政策解读

1 《关于积极推进风电、光伏发电无补贴平价上网有关工作的通知》解读

1.1 政策背景

近年来，我国风电、光伏发电等新能源开发利用规模持续扩大，技术水平快速进步，带动开发建设成本持续降低。在全国消纳整体情况持续好转的环境下，新能源项目的经济性稳步提升，为国家财政补贴退坡创造了有利条件。越来越多的资源条件优良、建设成本低、投资和市场条件好的地区，已经逐步具备了风电、光伏发电零补贴上网的技术条件。

从行业实际情况看，近年来已经开展的风电平价上网示范项目与光伏领跑者项目顺利实施。2018 年，国家发展改革委、国家能源局进一步要求，新增核准的集中式陆上风电、海上风电、普通光伏电站项目全部通过竞争方式配置和确定上网电价。上述已开展的各项工作，为进一步提升新能源发电的市场竞争力、探索平价上网路径积累了充分经验。

在此情况下，为促进我国新能源高质量发展，进一步提高市场竞争力，推动行业早日摆脱补贴依赖，探索全面平价上网后的政策措施经验，2019 年 1 月 7 日，国家发展改革委 国家能源局联合印发《关于积极推进风电、光伏发电无补贴平价上网有关工作的通知》（发改能源〔2019〕19 号）（以下简称《通知》），在前期试点示范工作的基础上，加快推进风电、光伏发电平价上网工作。

1.2 政策思路

开展平价上网项目和低价上网试点项目建设。各地区结合资源、消纳和新技术应用等条件，推进建设不需要国家补贴执行燃煤标杆上网电价的风电、光伏发电平价上网试点项目（简称平价上网项目）。在资源条件优良和市场消纳条件保障度高的地区，引导建设一批上网电价低于燃煤标杆上网电价的低价上网试点项目（简称低价上网项目）。

保障平价上网项目和低价上网项目的合理收益。优化投资环境，降低非技术成

本，鼓励地方自行出台补贴政策。保障优先发电和全额保障性收购。电网企业确保项目所发电量全额上网，限发电量可在全国范围内参加发电权交易。鼓励通过绿证交易获得合理收益补偿。电网企业做好配套电网建设，保证项目及时并网运行。鼓励开展分布式发电就近直接交易和中长期电力交易。降低就近直接交易的输配电价及政策性交叉补贴等收费。本地消纳项目由电网企业按项目核准时当地燃煤标杆上网电价签订长期固定电价购售电合同（不少于 20 年）。跨省跨区外送消纳项目，按受端地区燃煤标杆上网电价（或略低）扣除输电通道的输电价格确定送端的上网电价，与电网企业签订长期固定电价购售电合同（不少于 20 年）。创新金融支持方式，鼓励符合条件的项目通过发行企业债券进行融资。

规范平价上网项目和低价上网项目的管理。做好预警管理衔接，风电、光伏发电监测预警（评价）为红色的地区原则上不安排新的本地消纳的平价上网项目和低价上网项目；鼓励橙色地区选取资源条件较好的已核准（备案）项目开展平价上网和低价上网工作；绿色地区在落实消纳条件的基础上自行开展平价上网项目和低价上网项目建设。

1.3 政策要点

在具备条件的地区有序组织建设平价上网项目。目前，新能源领域技术快速进步，国家推动减轻土地、税收等非技术成本的力度不断加大，风电、光伏发电的成本以及对国家补贴的需求不断降低，局部条件较好地区逐步具备了零补贴上网的技术条件。《通知》提出的推动平价（低价）上网项目，并非立即取消全部风电、光伏发电新建项目的补贴。现阶段的无补贴项目主要考虑是在资源条件优越、消纳市场有保障的地区开展。暂时无法做到无补贴发展的地区，仍继续按照国家能源局发布的竞争性配置项目的政策和管理要求组织建设，同时也要通过竞争降低电价水平和度电补贴强度。此外，《通知》明确各级地方政府能源主管部门可会同其他相关部门出台一定时期内的补贴政策，仅享受地方补贴、不享受国家财政补贴的项目同样视为平价上网项目。

在符合规划、预警、消纳等前提下不限制建设规模。《通知》在当前国家新能源有关规划和规模管理政策的基础上，明确由省级政府能源主管部门组织实施本地区平价上网项目和低价上网项目，有关项目不受国家制定的年度建设规模限制。但是，《通知》出台并不意味着地方可以随意建设平价上网项目。各地在推进风电、光伏发电平价上网项目的过程中，需要符合与国家规划相衔接的省（区、市）新能源发展规划、国家关于新能源年度监测预警等有关管理要求，在落实配套电网工程建设、优先发电和全额保障性收购等接网和消纳条件的前提下开展建设。对于未落实国家相关规定，导致风电、光伏发电监测预警（评价）结果为红色的地区，当年原则上不安排新的本地消纳的平价上网项目和低价上网项目。此外，国家能源主管部门通过事中事后监管推动风电、光伏发电无补贴平价上网项目科学有序建设，将及时公布各地区优选的平价（低价）上网项目名单，协调和督促有关方面做好相关支持政策的落实工作，对各地区的实施情况进行监督检查，并根据新能源年度监测预警等情况适时对有关政策进行合理调整。

统筹兼顾保障性收购以及电力市场交易。电价和发电量是影响风电、光伏发电项目收益的重要因素。对于集中式平价（低价）项目，《通知》明确由电网企业保障电力消纳，原则上由电网企业的售电量来保障消纳。具体而言，省级电网企业承担收购平价上网项目和低价上网项目的电量收购责任，按项目核准时国家规定的当地燃煤标杆上网电价与风电、光伏发电项目单位签订长期固定电价购售电合同（不少于 20 年），同时不得要求此类项目参与电力市场化交易（就近直接交易试点和分布式市场交易除外）。同时，国家积极鼓励风电、光伏发电通过电力市场化交易实现无补贴发展。国家发展改革委、国家能源局会同有关单位组织开展分布式发电市场化交易试点工作。鼓励在国家组织实施的社会资本投资增量配电网等各项示范项目中建设无需国家补贴的风电、光伏发电项目，并以试点方式开展就近直接交易。鼓励用电负荷较大且持续稳定的工业企业、数据中心和配电网经营企业与风电、光伏发电企业开展中长期电力交易，实现有关项目无需国家补贴的市场化发展。此外，分布式就近直接交易属于一种特殊的电力交易，项目单位与用电单位直接达成电力交易，在严格核定符合分布式电源标准且在并网点所在配电网区域内就近消纳的条件下进行，但分布式风电和光伏发电平价（低价）项目的电力上网和消纳同样通过电网企业发挥电网公平平台作用的方式予以保障。

保障平价上网项目的长期稳定收益。与火电等常规电源项目相比，风电、光伏等新能源发电虽然具有零发电边际成本的优势，但受制于技术发展等因素，投资建设成本较高，需要长期可靠的收入来源以支付投资成本。新能源标杆上网电价作为目前主要的补贴机制，由国务院价格主管部门统筹考虑不同类型新能源发电的特点和不同地区的情况，按照有利于促进新能源开发利用和经济合理的原则制定，且期限原则上是 20 年。该政策通过在较长时间范围内保障新能源发电项目的合理收益，极大地激励了企业开发建设新能源项目的积极性，推动了新能源发电产业的快速发展。《通知》借鉴标杆上网电价机制的成功经验，明确要求省级电网企业承担收购平价上网项目和低价上网项目的电量收购责任，按项目核准时国家规定的当地燃煤标杆上网电价与风电、光伏发电项目单位签订长期固定电价购售电合同（不少于 20 年），不要求此类项目参与电力市场化交易（就近直接交易试点和分布式市场交易除外）。即通过长期（20 年以上）的购售电合同实现新能源发电项目所发电量的“保量保价”收购，同时明确要求不得强制平价、低价新能源发电项目参与电力市场化交易，避免个别地方出现“打折扣”“保量降价”等情况。《通知》还提出，如存在弃风弃光情况，将限发电量核定为可转让的优先发电计划，确保即使电网出现不可避免的限电情况，也能通过发电权交易获得一定补偿，充分保障平价、低价项目利益，稳定企业收益预期，坚定企业发展信心。此外，《通知》还要求通过优先发电和全额保障性收购，以及鼓励绿证交易等措施有效提升收益水平，最大限度保障平价、低价项目的长期稳定收益。

2020 年底前相关支持政策将保持稳定。《能源发展战略行动计划（2014—2020 年）》《可再生能源发展“十三五”规划》等均提出了风电、光伏发电平价上网的发展目标。新能源摆脱财政补贴依赖，实现市场化自主化可持续发展是必由之路。当前，随着风电、光伏发电等新能源开发利用规模持续扩大，技术水平不断提高，开发建设成本也在快速降低。随着技术不断进步，非技术成本有效压低，可再生能源配额制和新能源消纳监测预警等政策保障体系不断完善，预计“十四五”期间风电、光伏发电将具有全面实现平价上网的基本条件。《通知》正是考虑在 2020 年底前这段过渡时间给新能源行业一个去补贴自我发展的适应期，并给予平价和低价项目非直接补贴的其他相关政策支持，确保新能源行业平稳健康发展。对于按照要求在 2020 年底前核准（备案）并开工建设的风电、光伏发电平价上网项目和低价上网项目，在其项目经营期内有关支持政策保持不变，维持行业的平稳发展。后续，国家主管部门将及时研究总结各地区平价（低价）项目的试点经验，同时根据风电、光伏发电产业的实际发展状况，适时调整 2020 年后的平价上网政策。

2　2018 年风电、光伏发电相关管理办法政策解读

2.1　政策背景

风电和光伏发电已成为我国推动能源结构调整，构建清洁低碳、安全高效的能源体系的重要力量。但是在全国风电和光伏发电快速增长的同时，新能源消纳问题和财政补贴资金缺口问题也逐渐凸显。

为促进风电和光伏发电产业高质量发展，降低度电补贴强度，2018 年 5 月 31 日国家发展改革委、财政部和国家能源局联合印发了《关于 2018 年光伏发电有关事项的通知》（发改能源〔2018〕823 号）（以下简称《光伏通知》），2018 年 5 月 18 日国家能源局印发《国家能源局关于 2018 年度风电建设管理有关要求的通知》（国能发新能〔2018〕47 号）（以下简称《风电通知》），对全国 2018 年度风电和光伏发电的建设管理提出明确要求。

2.2　政策思路

风电方面，在严格落实规划和预警要求的基础上，通过落实电力送出和消纳条件，将消纳工作作为风电新增规模的首要条件，同时优化风电建设投资环境，积极推进就近全额消纳风电项目。光伏发电方面：①合理把握发展节奏，优化光伏发电新增建设规模；②加快光伏发电补贴退坡，降低补贴强度；③发挥市场配置资源决定性作用，进一步加大市场化配置项目力度。

2.3　政策要点

1. 严格落实风电规划和预警要求

《风电通知》中指出，各省（自治区、直辖市）能源主管部门要严格执行《国家能源局关于可再生能源发展“十三五”规划实施的指导意见》（国能发新能〔2017〕31 号）（以下简称《指导意见》）中各地区新增风电建设规模方案的分年度规模及相

关要求。预警为红色和橙色的地区应严格执行《国家能源局关于发布 2018 年度风电投资监测预警结果的通知》(国能发新能〔2018〕23 号)的有关要求，同时不得在“十三五”规划中期评估的过程中调增规划规模。预警为绿色的地区如需调整规划目标，可在落实风电项目配套电网建设并保障消纳的前提下，结合“十三五”规划中期评估，向国家能源局申请规划调整后组织实施。

2. 将消纳工作作为风电新增建设规模的首要条件

《风电通知》中提到，新列入年度建设方案的风电项目，必须以电网企业承诺投资建设电力送出工程并确保达到最低保障收购年利用小时数（或弃风率不超过 5%，以下同）为前提条件，在项目所在地市（县）级区域内具备就地消纳条件的优先纳入年度建设方案。通过跨省跨区输电通道外送消纳的风电基地项目，应在送受端省级政府间送受电协议及电网企业中长期购电合同中落实项目输电及消纳方案并约定价格调整机制，原则上受端省（自治区、直辖市）电网企业应出具接纳通道输送风电容量和电量的承诺。

《风电通知》中还指出，支持风能资源丰富地区结合当地大型工业企业和产业园区用电需求建设风电项目，在国家相关政策支持下力争实现不需要补贴发展。鼓励在具备较强电力需求的地级市区域，选择年发电利用小时数可达到 3000 小时左右的风能资源场址，在省级电网企业确保全额就近消纳的前提下，采取招标方式选择投资开发企业并确定上网电价，特别要鼓励不需要国家补贴的平价上网项目。

3. 优化风电建设投资环境

《风电通知》中提到，优先选择未利用土地建设风电工程，场址不得位于生态红线范围和国家规定的其他不允许建设的范围，并应避开征收城镇土地使用税的土地范围，如位于耕地占用税范围，征收面积和征收标准应当按照风电工程用地特点及对土地利用影响程度合理确定。有关地方政府部门在风电项目开发过程中不得以资源出让、企业援建和捐赠等名义变相向企业收费，不得强制要求项目直接出让股份或收益用于应由政府承担的各项事务。

4. 合理把握光伏新增建设规模发展节奏

《光伏通知》中指出，在国家未下发文件启动普通电站建设工作前，各地不得以任何形式安排需国家补贴的普通电站建设。2018 年 5 月 31 日（含）前并网的分布式光伏发电项目纳入国家认可的规模管理范围，未纳入国家认可规模管理范围的项目，由地方依法予以支持。落实精准扶贫、精准脱贫要求，扎实推进光伏扶贫工作，在各地落实实施条件、严格审核的前提下，及时下达“十三五”第二批光伏扶贫项目计划。有序推进光伏发电领跑基地建设。今年视光伏发电规模控制情况再行研究。鼓励各地根据各自实际出台政策支持光伏产业发展，根据接网消纳条件和相关要求自行安排各类不需要国家补贴的光伏发电项目。

5. 加快光伏发电补贴退坡，降低补贴强度

《光伏通知》中指出，自发文之日起，新投运的光伏电站标杆上网电价每千瓦时统一降低 0.05 元，Ⅰ类、Ⅱ类、Ⅲ类资源区标杆上网电价分别调整为每千瓦时 0.5 元、0.6 元、0.7 元（含税）；新投运的、采用“自发自用、余电上网”模式的分布式光伏发电项目，全电量度电补贴标准降低 0.05 元，即补贴标准调整为每千瓦时 0.32 元（含税）；符合国家政策的村级光伏扶贫电站（0.5 兆瓦及以下）标杆电价保持不变。

本次通知规定了 2018 年普通光伏电站标杆电价的降幅，但不涉及《国家发展改革委关于 2018 年光伏发电项目价格政策的通知》（发改价格〔2017〕2196 号）中提出的“630 政策”，即对于已经纳入 2017 年及以前建设规模补贴范围的项目在 2018 年 6 月 30 日前并网投运的，继续执行 2017 年标杆电价。

6. 风电和光伏发电实行竞争性方式配置资源

《风电通知》中提到，从 2019 年起，各省（自治区、直辖市）新增核准的集中式陆上风电项目和海上风电项目应全部通过竞争方式配置和确定上网电价。分散式风电项目可不参与竞争性配置，逐步纳入分布式发电市场化交易范围。

《光伏通知》中提到，所有普通光伏电站均须通过竞争性招标方式确定项目业主；招标确定的价格不得高于降价后的标杆上网电价；积极推进分布式光伏资源配置市场化，鼓励地方出台竞争性招标办法配置除户用光伏以外的分布式光伏发电项目，鼓励地方加大分布式发电市场化交易力度。

3 《清洁能源消纳行动计划（2018—2020 年）》解读

3.1 政策背景

近年来，我国清洁能源产业不断发展壮大，产业规模和技术装备水平连续跃上新台阶，为缓解能源资源约束和生态环境压力作出突出贡献。但同时，清洁能源发展不平衡不充分的矛盾也日益凸显，特别是清洁能源消纳问题突出，已严重制约电力行业健康可持续发展。

为尽快解决清洁能源消纳问题，加快建立促进清洁能源消纳的长效机制，确保 2020 年清洁能源消纳问题基本解决，2018 年 10 月 30 日，国家发展和改革委员会、国家能源局联合发布了《清洁能源消纳行动计划（2018—2020 年）》（发改能源〔2018〕1575 号）（以下简称《行动计划》），从电源、电网、负荷、市场、体制机制等方面对清洁能源消纳进行了全面部署。

3.2 政策思路

系统化设计，着力建立长效机制

为建立清洁能源消纳长效机制，确保实现消纳目标，《行动计划》从电源开发布局优化、市场改革调控、宏观政策引导、电网基础设施完善、电力系统调节能力提升、电力消费方式变革、考核与监管等 7 个方面，提出了 28 项具体措施。

明确责任义务，确保计划可实施

在兼顾系统性的前提下，《行动计划》逐条对国家和省级能源主管部门、电网企业、火电等传统电源企业和新能源企业等主体在清洁能源消纳中的责任和义务进行了明确，具有较强的可操作性。

量化消纳目标，确保逐年取得实效

为保证清洁能源消纳问题能在 2020 年基本解决，《行动计划》一方面将消纳目标细化分解为各清洁能源品种逐年的具体目标，另一方面针对我国清洁能源消纳问题集中在少数重点省份的特点，将目标分解至重点省份。

3.3 政策要点

消纳目标明确

工作总体目标：2018 年，清洁能源消纳取得显著成效；到 2020 年，基本解决清洁能源消纳问题。

分品种清洁能源消纳主要目标

利用率目标	风电	光伏发电	水电	核电
2018 年	88% 力争 90% 以上	95%	95%	大部分安全保障性消纳
2019 年	90% 力争 90% 左右	95%	95%	基本实现安全保障性消纳
2020 年	95%	95%	95%	全部实现安全保障性消纳

重点省区清洁能源消纳主要目标

	2018 年		2019 年		2020 年	
	利用率	弃电率	利用率	弃电率	利用率	弃电率
一、风电						
1. 新疆	75%	25%	80%	20%	85%	15%
2. 甘肃	77%	23%	80%	20%	85%	15%
3. 黑龙江	90%	10%	92%	8%	94%	6%
4. 内蒙古	88%	12%	90%	10%	92%	8%
5. 吉林	85%	15%	88%	12%	90%	10%
6. 河北	94%	6%	95%	5%	95%	5%
二、光伏						
1. 新疆	85%	15%	90%	10%	90%	10%
2. 甘肃	90%	10%	90%	10%	90%	10%
三、水电						
1. 四川	90%		92%		95%	
2. 云南	90%		92%		95%	
3. 广西	95%		95%		95%	

措施系统全面可操作

优化电源布局，合理控制电源开发节奏

一是通过科学调整清洁能源发展规划，优化清洁能源开发布局；二是通过严格执行风电、光伏发电投资监测预警等机制，有序安排清洁能源投产进度；三是发布实施年度风险预警，合理控制煤电规划建设时序，严控新增煤电产能规模，提升清洁能源消纳空间。

加快电力市场化改革，发挥市场调节功能

结合电力体制改革进程，一是通过扩大交易主体覆盖范围，拓展延伸交易周期完善中长期交易机制；二是推进跨省区发电权置换交易，打破省间交易壁垒；三是在建设电力现货市场的同时，充分考虑清洁能源具有的边际成本低、出力波动等特性，促进清洁能源发电参与现货市场；四是全面推进辅助服务补偿（市场）机制建设，充分调动火电、储能、用户可中断负荷等各类资源提供服务的积极性。

加强宏观政策引导，形成有利于清洁能源消纳的体制机制

一是通过修订可再生能源法、落实清洁能源优先发电制度在法律、制度层面保障清洁能源优先消纳；二是通过研究实施可再生能源电力配额制度，落实负荷侧电力配额义务；三是通过完善非水可再生能源电价政策，进一步降低新能源开发成本提升清洁能源市场竞争力。

深挖电源侧调峰潜力，全面提升电力系统调节能力

一是通过研究出台火电灵活性改造支持性措施、督促各省制定年度火电灵活性改造计划等措施加快实施火电灵活性改造；二是通过核定火电最小技术出力率和最小开机方式落实清洁能源消纳空间；三是通过市场和行政手段引导燃煤自备电厂调峰消纳清洁能源，进一步扩大清洁能源替代自备电厂负荷市场交易规模；四是督促可再生能源发电企业利用大数据、人工智能等先进技术提高风况、光照、来水的预测精度，提升可再生能源功率预测水平。

完善电网基础设施，充分发挥电网资源配置平台作用

一是加快推进水电、高比例可再生能源输电通道建设，加强可再生能源富集区域和省份内部网架建设，解决地区内部输电断面能力不足问题；二是通过充分发挥送受两端煤电机组的调频和调峰能力、充分利用可再生能源的短期和超短期功率预测结果等方式滚动修正送电曲线，提高存量跨省区输电通道可再生能源输送比例；三是研究试点火电和可再生能源联合优化运行及水风光等多种电源协调运行机制；四是实施城乡配电网建设和智能化升级，加强电力系统运行安全管理与风险管控，进一步提升电网智能化和安全运行水平。

促进源网荷储互动，积极推进电力消费方式变革

一是倡导绿色电力消费理念，推行优先利用清洁能源的绿色消费模式，引导终端用户优先选用清洁能源电力；二是选择可再生能源资源丰富的地区，建设可再生能源综合消纳示范区，推动可再生能源就近高效利用；三是优化储能技术发展方式，充分发挥储电、储热、储气、储冷在规模、效率和成本方面的各自优势，实现多类储能的有机结合。四是全面落实《北方地区冬季清洁取暖规划（2017—2021 年）》要求，加快提高清洁供暖比重；五是通过鼓励大工业负荷参加辅助服务市场、鼓励并引导电动汽车有序充电、加快出台需求响应激励机制等措施推动电力需求侧响应规模化发展。

落实责任主体，提高消纳考核及监管水平

一是科学测算清洁能源消纳年度总体目标和分区域目标，建立科学合理的清洁能源消纳利用目标，强化清洁能源消纳目标考核；二是建立清洁能源消纳信息公开和报送机制，加强清洁能源相关消纳数据报送、监测、评估；三是加强清洁能源消纳监管督查，采取各种措施全面梳理各地和电网企业对相关清洁能源消纳政策落实情况，并对实施方案和消纳目标完成情况按月监测、按季度评估、按年度考核。

4 《关于进一步推进增量配电业务改革的通知》解读

4.1 政策背景

2016 年 11 月以来，国家发改委、国家能源局先后启动了 3 批 320 个增量配电业务改革试点，各地投资积极性很高。但总体来看，增量配电业务试点进展相对缓慢，投产运行项目偏少，在工作推进过程中折射出一系列问题。

2019 年 1 月 17 日，在各地加快申报第四批增量配电业务改革试点项目之际，国家发改委和国家能源局联合下发了《关于进一步推进增量配电业务改革的通知》（发改经体〔2019〕27 号）（以下简称《通知》），各方反响强烈。《通知》包括四部分，共三十条具体措施，为深入推进增量配电业务改革工作指明了方向。

4.2 政策思路

实际上，通过多措并举“打补丁”，完善升级增量配电业务改革的顶层设计，推动改革落地是《通知》出台的初衷；围绕增量放开，着眼“进一步推进”，瞄准重难点问题，靶向施策是贯穿全篇的主线。

4.3 政策要点

1. 首次对试点项目业主构成亮明态度

《通知》第一部分重点对进一步规范项目业主确定提出要求，可以概括为“两个不建议，一个可维持”。

“两个不建议”即“不建议电网企业或当地地方政府投资平台控股试点项目”，为社会资本参与进一步预留空间。这也是政策层面第一次明确表达对增量配电试点项目业主构成的鲜明态度，对第二批、第三批乃至正在申报的第四批试点项目提出了明确的要求。“一个可维持”即“已确定业主的试点项目可维持项目各投资方股比不变”，这又为已确定业主项目的股权结构稳定吃了“定心丸”。

试点批复以来，社会各方对电网企业不得控股试点项目的呼声很高，认为电网企业控股或将导致增量配电网业务放开意义弱化、项目管理因袭传统电网体制、进展迟缓、社会资本积极性不高等情况。此次明确不建议电网企业控股试点项目，既是对电网企业的不对称监管，也是对社会资本的支持。

地方政府投资平台控股的试点项目在已确定业主的试点项目中屡见不鲜。从积极的角度说，地方政府投资平台控股的项目在与电网企业博弈、项目核准建设等方面易于获得地方政府的支持，促进项目的落地。但也要看到，地方投资平台参与易于造成国资控股主导、民资进入困难、投资冲动强、运营效率低、利用行政手段降低电价、片面追求招商引资效应等问题。

总之，从《通知》的要求可以看出，国家层面希望的试点项目业主，应将股权多元化与完善企业法人治理结构相结合，国资、民资相互监督制衡、取长补短，实现混合所有制改革和增量配电改革协调推进。

2. 进一步界定了增量和存量范畴

《通知》第二部分对哪些资产属于存量配电设施，哪些可纳入增量配电设施进行了明确。例如，《通知》提出，“尚未核准或备案的配电网项目属于增量配电业务范围”，这实际是在明确，电网公司内部规划的配电网项目，不属于电网公司存量资产。“已获核准或备案、但在相关文件有效期内未开工建设的配电网项目均属于增量配电业务范围”等要求，则是对电网公司建设进度的要求。长期以来，各地工业园区对电网企业的诟病主要存在于电网投资决策程序慢，建设进度无法满足园区用电需求。今后，拖延建设的配电网项目将从电网公司的手中拿出来，交给增量配电项目业主运作。《通知》中对违规建设的相关要求，则是对目前存在的电网企业在试点区域内抢建配电设施的现象的回应。

产权制度是社会主义市场经济的基石，保护产权是坚持社会主义基本经济制度的必然要求。《通知》第（七）条则是按照产权保护的要求，对由于历史原因，地方或用户无偿移交给电网企业运营的配电设施的产权进行了明确。据了解，部分电网企业曾认为，地方或用户无偿移交给电网企业的配电设施长期以来由电网公司运营，所以必然属于电网企业存量资产。因此，第（七）条的关键词是“资产权”和“依法”，运营权和使用权并不能作为资产划分的依据。

《有序放开配电网业务管理办法》曾明确：“配电网原则上指 110 千伏及以下电压等级电网和 220（330）千伏及以下电压等级工业园区（经济开发区）等局域电网。”但在实际工作中，各方对电压等级一直存在争议。部分电网企业认为，220（330）

千伏电压等级属于输电网，不应纳入增量配电业务改革试点。此次《通知》第（八）条不仅明确了仅具备配电功能的220（330）千伏电压等级可以纳入增量配电业务改革试点，还明确了“可不限于用户专用变电站和终端变电站”。这就为一些配电区域大、园区负荷高、用户电压等级需要达到220（330）千伏的试点项目指明了方向，使其可以在园区内建立仅具备配电功能的220千伏环网，满足园区多家高耗能企业的用电需求。

3. 进一步构建了规划体系

《通知》第三部分从规划职能、边界条件、信息获取、编制深度、评审要求、后续衔接等方面提出要求，对增量配电网规划体系的建设和运行明确了政策导向，是开展增量配电网规划工作的行动指南。

明确了规划工作责任主体是地方能源主管部门。大部分增量配电业务试点项目都有潜在业主在前期阶段做技术支持。增量配电业务改革推进的过程中，存在潜在业主代替政府部门委托第三方咨询机构开展规划工作的情况。

政府部门为电力规划的责任主体，电力企业提出规划建议，是《电力规划管理办法》（国能电力〔2016〕139号）的重要内容。为了便于条文制定，仅在文件中明确了省级及以上电力规划的责任部门。政府主导电力规划从制度上保障了规划以全社会视角来开展，确保了电力规划的公正、客观和科学性。

《通知》进一步明确了增量配电网规划工作的责任主体是地方能源主管部门，园区管委会或区县政府可以代为履行，避免增量配电网规划编制工作受委托主体的利益影响造成规划成果的偏差。同时，规划责任主体也要充分征求、吸纳相关方的合理化建议。

进一步明确了规划的边界条件。政策要求、规划范围、市政规划和相关电力系统现状及规划是增量配电网规划主要的边界条件。增量配电业务改革推进的过程中，存在依托常规机组建局域网等违反政策要求情况，存在规划范围过小或过大的情况，存在规划编制单位对相关电力系统现状及规划了解不足的情况。

依托常规机组建局域网，对于单个试点项目获取了低廉的电价，但从全社会角度来看削弱了电网互联带来的电力系统效率和可靠性的提升，同时与其他工业园区（经济技术开发区）形成了不公平竞争。规划范围过小，造成在规划阶段存量与增量总体情况摸不清，制约了规划的科学性；规划范围过大，不利于后续工作的开展。规划编制单位对相关电力系统了解不足，造成增量配电网与上级电网、周边电网不能有效衔接，造成试点项目无法有效落地。

《通知》进一步明确了政策不允许的增量配电网建设方式，不允许利用常规机组和自备机组搞不公平竞争，但允许符合政策且纳入规划的分布式电源就近接入，提高试点项目经济效益；进一步明确了园区类试点项目的规划范围原则上按土地利用规划和城乡建设规划等上位规划确定，以期规划范围有利于存量与增量的统筹；进一步明确了规划编制单位获取相关电力系统现况及规划的渠道，电网企业有义务在规定的时间内向电力规划责任主体提供资料，并由电力规划责任主体转给规划编制单位。

进一步提出了规划内容的深度要求。从全社会的视角来看，增量配电网和电网企业的公共电网均为满足电力需求的基础设施。增量配电业务改革推进过程中，存在增量配电网新建变电站与容量尚未有效利用的变电站距离较近甚至相邻而建的情况。上述情况很可能造成配电网无序发展和重复建设，易于造成公共资源浪费和全社会成本抬升。通过规划阶段的统筹谋划和科学安排，采取调整变电站选址和建设时序等规划手段，避免不利情况发生，是规划工作的题中应有之意。

《通知》提出增量配电网规划编制阶段要视实际需要设置重复辨识环节，并以专门章节的形式在规划方案中体现，是对传统配电网规划深度的调整和突破，适应现实需要，体现了增量配电网的特点。

进一步提出了规划评审阶段的组织要求。增量配电网规划评审工作是把控增量配电网规划质量，为后续工作打牢基础的重要环节。增量配电业务改革推进过程中，部分项目评审工作在组织形式和内容流程上存在不规范、流于形式的情况，甚至存在由规划编制单位、电网企业或其他潜在业主利益相关方直接担任评审专家的情况。上述情况下，就会滋生"屁股决定脑袋""打招呼"等现象，不仅妨害评审主体的中立性，还会导致评审结论科学性和有效性无法保障、评审流程的公正性受到妨害的情况。

《通知》进一步提出了增量配电网规划评审工作由省级能源主管部门组织，委托具有资质的第三方咨询机构开展，要求利益攸关方不得担任评审专家，同时认真听取政府部门、电网企业及其他潜业主的意见，从制度上避免了上述情况的发生。

进一步明确了规划衔接的后续工作要求。配电区域划分和增量配电网接入系统设计是与规划直接相关的后续工作。增量配电业务改革推进过程中，这两项具体工作相对用时较长。

增量配电业务改革试点项目推进有项目规划、业主确定、项目核准、项目建设、公网接入、价格核定、许可申请和配电运营多个步骤，具体的顺序和操作过程在实施上各地会有所差异。配电区域划分可以在项目规划阶段划分，也可以在业主确定后划分。增量配电网接入系统设计是在项目核准之前完成。这两项工作是后续工作的基础，是推动试点项目的重点和难点问题。

《通知》进一步明确了配电区域划分按照《增量配电业务配电区域划分实施办法（试行）》（发改能源规〔2018〕424号）确定；明确了地方能源主管部门是接入系统设计的责任主体，委托具有资质的第三方咨询机构组织评审论证，充分听取电网企业意见，协调确定接入系统意见。

4. 进一步规范了投资建设与运营

《通知》第四部分围绕解决增量配电业务建设和运营存在的问题，提出十三条政策措施，从三个层次展开。

立足解决共性问题。目前三批320个试点大部分处于规划编制、业主选择、许可证办理等阶段，投产运营项目偏少。相关部门在组织电力规划设计总院等咨询机构全面摸底调研发现，试点项目在建设、运营环节存在的问题相似，主要集中在资产处置、公网接入、电力业务许可证办理、公平竞争等方面。

《通知》第四部分针对这些共性问题，一是进一步重申了规划范围内存量资产处置方式，鼓励存量资产通过资产入股、出售、产权置换等方式参与增量配电网投资、建设和运营；二是进一步要求地方有关部门优化项目核准程序，提高审核效率，加快增量配电网建设核准，要求国家能源局资质中心、派出能源监管机构进一步简化增量配电业务电力业务许可证申领程序；三是明确和强调增量配电网与大电网是网对网关系，拥有与电网企业在互联互通、建设运营、参与电力市场、保底供电等方面同等的权利和义务，进一步破除增量配电网接入电网的体制藩篱；四是建立国家和地方政府有关部门的互动、联席工作机制，常态化开展对增量配电业务进展缓慢和问题突出地区进行通报、约谈，不断破解改革推进中的难点问题。

切实保障电力安全稳定供应。避免供电事故是增量配电改革的基本遵循，也是关系改革能否行稳致远的关键一环。《通知》第四部分，一是建立了增量配电网建设过渡期电力保障供应方案，允许由电网企业等先行建设运行配电设施，待增量配电项目具备供电能力后，可选择折价入股或转让等方式进行处置；二是建立增量配电业务试点项目和项目业主的退出机制，经地方能源主管部门会同派出能源监管机构评估认定不再具备试点条件的，报国家发改委、国家能源局同意后可取消项目试点资格。对于项目业主拖延建设、拒不履行建设承诺或运营水平达不到投标要求，造成无法满足区内用户用电需求的，应视情况依法依规取消项目业主资格，并重新招标确定项目业主。过渡期间可由电网企业接收并提供保底供电服务，不得因增量配电网业主更换影响电力安全、可靠供应。三是加强对增量配电项目业主履约行为管理，建立增量配电企业失信“黑名单”。

确保试点项目健康发展。随着试点项目陆续建成投运，可能出现试点项目盈利空间有限、运营水平不足等新的共性问题和难点，对项目长期平稳运行带来较大挑战。《通知》第四部分，一是要求增量配电网企业应设计合理的法人治理结构，独立作出投资决策；二是鼓励采用招标定价法、准许收入法、最高限价法、标尺竞争法等方法核定独立配电价格，鼓励增量配电网采取灵活的价格策略，探索新的经营模式，为用户提供优质、增值供电服务。

瞄准问题靶向施策，凝聚共识砥砺前行。《通知》的下发，为各方开展增量配电业务改革提供了规范指引，根本目的是加快推进试点落地生根，取得实效。《通知》的“二次点火”的作用和“转折点”的意义，值得共同期待。可以相信，随着政策体系的不断完善、第四批试点项目的申报批复、改革实践的深入推进、各方的共识逐步汇聚，增量配电业务改革的新局面一定会加快形成。

5 《电力市场运营系统现货交易和现货结算功能指南》解读

5.1 政策背景

为贯彻落实《中共中央 国务院关于进一步深化电力体制改革的若干意见》(中发〔2015〕9 号)精神，推动建设统一开放、竞争有序的电力市场体系，国家能源局印发了《电力市场运营系统现货交易和现货结算功能指南》(发改办能源〔2018〕1518 号)(以下简称《功能指南》)。

制定市场规则体系和开发技术支持系统是电力现货市场建设的两个核心内容。目前，我国尚未制定形成电力现货市场顶层发展路线和市场基本规则框架，先行出台功能指南，将为电力现货市场试点地区市场技术支持系统的开发建设提供基本指引和规范性要求，有利于加快试点落地运行，并为未来实现区域或全国市场融合和互联互通奠定基础。

5.2 政策思路

电力市场主要分为分散式和集中式两种模式。从业务功能上看，电力市场运营系统现货相关系统主要包括交易和结算两部分。考虑到不同电力市场模式下现货交易功能要求有显著差异，分别编制适用于分散式电力市场和适用于集中式电力市场的现货交易功能要求；考虑到不同电力市场模式下现货结算功能要求差异相对较小，不区分市场模式，统一编制现货结算功能要求。

一是适用于分散式和集中式电力市场运营系统现货交易功能要求主要内容，均包括适用范围、术语定义、总体要求、总体框架、相关子系统功能要求、与外部系统数据交互、性能指标和安全防护等。

二是电力市场运营系统现货结算功能要求主要内容，包括适用范围、术语定义、总体要求、总体框架、相关业务具体功能要求等。

5.3 政策要点

1. 关于《功能指南》的基本定位

功能指南是对现货市场相关技术支持系统（包括现货交易和现货结算）的功能提出的基本要求。功能指南的定位，一是为 8 个现货试点地区技术支持系统建设提供基本指引，试点地区可结合实际、参照实施，不作强制要求；二是条件较成熟的非现货试点地区，可结合实际，参照功能指南，研究推动相关工作；三是功能指南的出台为今后不同地区现货市场技术支持系统间的衔接奠定基础。

2. 关于市场运营规则与功能指南衔接

功能指南是对现货试点地区现货市场技术支持系统建设提出的基本要求，试点地区可参照功能指南，结合本地区市场模式和市场运营规则，制定具体的功能指南。功能指南中与市场运营规则相关的部分，参照典型国家的成熟现货市场运营经验，给出了引导性功能要求。

3. 关于现货市场与中长期市场系统平台衔接

一是为保证完整性，功能指南在现货系统特有功能外，也包括了对现货市场与中长期市场技术支持系统的共用功能，比如市场成员注册管理、市场信息发布等。二是试点地区可结合已有的中长期市场系统建设情况，本着避免重复建设的原则，自行确定共用功能的具体部署方式。

4. 关于省（区）现货市场与跨省跨区现货市场系统平台衔接

考虑到 8 个现货试点地区以省（区）现货市场为主，南方现货市场也以广东起步，现阶段功能指南主要面向省（区）现货市场。同时，在功能指南中增加了有关省（区）现货市场与跨省跨区现货市场技术支持系统衔接的表述。

6 《关于提升电力系统调节能力的指导意见》解读

6.1 政策背景

“十二五”以来，我国电力工业取得了瞩目的成绩和长足的进步，有力支撑了我国经济社会的发展。随着我国“三产”和居民用电比重不断提高，用电负荷峰谷差逐渐加大，加之新能源发电比例的快速增加，电力系统的结构和运行方式不断多变和复杂。而我国电力系统发电侧和需求侧调节灵活性欠缺、电网调度运行方式较为僵化等现实造成了现有系统难以完全适应新形势要求，大型机组难以发挥节能高效的优势，部分地区出现了较为严重的弃风、弃光和弃水问题，区域用电用热矛盾突出，造成资源浪费和污染物排放增加，也给保障供电和供热安全带来了较大的压力。

为实现我国提出的 2020 年、2030 年非化石能源消费比重分别达到 15%、20% 的目标，保障电力安全供应和民生用热需求，“十三五”规划纲要中明确提出将建设高效智能电力系统作为能源发展重大工程之一，提高电力系统的调节能力及运行效率。2017 年《政府工作报告》中也明确提出了“抓紧解决机制和技术问题，优先保障清洁能源发电上网，有效缓解弃水、弃风、弃光状况”的重点任务。为此，亟需制定出台相应文件，指导各地从负荷侧、电源侧、电网侧多措并举，着力增强系统灵活性、适应性，破解新能源消纳难题。

2018 年 2 月 28 日，国家发改委、国家能源局联合发布了《关于提升电力系统调节能力的指导意见》（发改能源〔2018〕364 号，以下简称《意见》），明确了从电力系统全环节调节能力的提升思路与相应目标。

6.2 政策思路

政策框架：

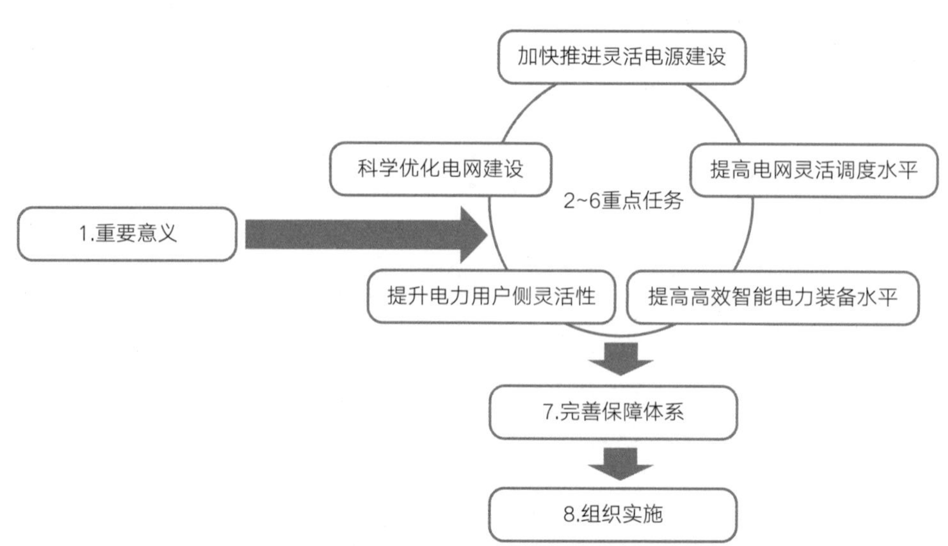

《意见》先介绍了自身制定的重要意义：一是推动落实党的十九大报告、2017 年中央经济工作会议提出的要求。二是推动提升电力系统调节能力及运行效率，以保障电力安全供应和民生用热需求，实现 2020 年、2030 年非化石能源消费比重分别达到 15%、20% 的目标，破解新能源消纳难题，推进绿色发展。随后，《意见》分五个层次，分别从电源建设、电网建设、用户侧灵活性建设、电网调度水平提升、智能电力装备水平提升五个层次介绍了《意见》为提升电力系统调节能力布置的主要任务。进而从体制机制层面对《意见》顺利执行所需的保障体系进行了明确。

发展目标：

根据电力系统调节能力提升工程专项工作研究成果，调节能力提升的目标是将各省弃风率均控制在 5% 以下，基本不弃光。为达到这一目标，在原有调节能力的基础上需进一步增加的调节能力，即是调节能力提升需求。按此测算，2020 年电力系统调节能力提升需求约 4600 万千瓦（“十三五”规划中期滚动调整对此目标进行了调整，但作为政策解读，此处仍然忠实政策原文）。考虑到电网侧和负荷侧措施实施规模和效果存在不确定性，而电源侧措施实施效果相对可控，因此，按照电源侧措施基本满足调节能力提升需求测算实施规模。同时，由于抽水蓄能电站建设周期长，新建机组“十三五”期间难发挥作用，储能电站目前造价成本较高，“十三五”期间重点关注存量火电机组调峰能力的挖潜，按各省弃风率均控制在 5% 以下，基本不弃光的目标测算，全国需实施火电灵活性改造（含燃料灵活性改造）2.2 亿千瓦。随着新能源装机快速发展，我们已考虑各省自行确定本地区的合理弃风、弃光率（可大于 5%），届时，系统需要的火电灵活性改造规模会相应降低。

此外，考虑到远期电力系统调节能力需求，“十三五”期间开工建设 6000 万千瓦抽水蓄能电站和金沙江中游龙头水库电站，新增调峰气电规模 500 万千瓦，太阳能热发电装机力争达到 500 万千瓦，建成一批新型储能设施试点示范项目，跨省跨区通道输电能力新增 1.3 亿千瓦以上。

6.3 政策要点

加快推进灵活性电源建设。科学制定各省火电灵活性提升工程实施方案。同时，推进抽水蓄能电站和龙头水电站、燃气调峰机组、太阳能热发电等各类灵活调节电源建设及各类新型储能技术发展及应用。“十三五”期间开工建设抽水蓄能电站 6000 万千瓦，2020 年全国抽水蓄能电站装机规模达到 4000 万千瓦 (其中“三北”地区 1140 万千瓦)。在“三北”地区部署 5 个百兆瓦级电化学储能电站示范工程。

科学优化电网建设。加强电源与电网协调发展，促进各电压等级电网协调发展，科学谋划跨省跨区外送和联络通道建设，进一步完善区域输电网主网架。开展配电网建设改造，推动智能电网建设，提升配电自动化覆盖率。发展微电网等可中断负荷，提升受端电网适应能力。“十三五”期间，跨省跨区通道新增 19 条，新增输电能力 1.3 亿千瓦，消纳新能源和可再生能源约 7000 万千瓦。

提升电力用户侧灵活性。推进售电侧改革，通过价格信号引导用户错峰用电。开展智能小区、智能园区等电力需求响应及用户互动工程示范。开展能效电厂试点。全面推进电能替代。重点发展各类灵活用电负荷。提高电动汽车充电基础设施的智能化水平和协同控制能力。到 2020 年，电能替代电量达到 4500 亿千瓦时，电能占终端能源消费的比重上升至 27%。

提高电网灵活调度水平。构建多层次智能电力系统调度控制平台，改善风电和太阳能发电功率预测水平，实施风光功率预测奖惩。探索电力热力联合调度及灵活热源接入后的智能调度机制。完善日内发电计划滚动调整机制，各区域电网内共享调峰和备用资源。优化在运跨省跨区输电通道运行方式，富余容量优先安排新能源外送。力争“十三五”期间，“三北地区”可再生能源跨区消纳 4000 万千瓦以上。

提高高效智能电力装备水平。推动关键技术装备和零部件的技术攻关、试验示范，推广批量化生产和产业化应用。引领能源装备制造业转型升级，形成一批具有自主知识产权和较强竞争力的装备制造企业集团以及自主创新的产业体系。建立多方参与的提升电力系统调节能力技术创新应用体系。加强火电灵活性改造技术的研发和应用，推进能源互联网、智能微电网、电动汽车、储能等技术的应用。

建立健全支撑体系。进一步完善和深化电力辅助服务补偿（市场）机制，作为我国发展电力现货市场的过渡阶段。支持社会资本参与火电灵活性改造，以及各类调峰电源和大型储能电站建设。支持地方开展抽蓄电站投资主体多元化和运行模式探索。逐步建立中长期市场和现货市场相结合的电力市场，通过弹性电价机制释放系统灵活性。开展有关电力系统调节能力提升的标准制订和修编工作。

7 电价政策

7.1 电价政策体系

2015 年 3 月《中共中央国务院关于进一步深化电力体制改革的若干意见》(中发〔2015〕9 号)出台,标志着全国电力市场从计划型向竞争型转变。在过渡阶段,一部分电量仍执行发电计划,通过政府定价上网,另一部分电量参与市场双边交易,电价形成方式也随之多元化,形成了具有阶段特色的双轨型电价体系。

此后,为不断扩大市场化交易规模,进一步释放改革红利,2017 年 3 月 29 日,国家发改委和国家能源局联合印发《关于有序放开发用电计划的通知》(以下简称《通知》)。通知下发后,我国市场化电量交易规模增长明显。2018 年,国家电网公司范围内市场交易电量占售电量的比重达到 38.2%,南方电网公司范围内市场交易电量比重达到 35.1%。

7.2 计划电量政策

1. 上网电价

我国当前上网电价主要实行政府定价模式(市场化交易电量电价由市场决定,价格水平随供需形势等实时变化),由国家发改委和省物价局按照价格管理权限分别制定。2018 年我国各类电源上网电价如下所示:

我国各类电源上网电价汇总表

电源类型	上网电价水平	价格制定方式	备注
燃煤电厂	0.2595 元 / 千瓦时 ~ 0.4505 元 / 千瓦时	国家发改委分省区制定燃煤电厂标杆电价,2017 年分省区调整了标杆电价,宁夏、上海等 9 省区未调整	含脱硫、脱硝及除尘电价
燃气电厂	0.543 元 / 千瓦时 ~ 1.2 元 / 千瓦时	各省物价局核定燃气电厂上网电价。不同省区政策存在差异,部分省区执行燃气标杆电价,部分省区采用"一厂一核"方式核定电价	上海、江苏、浙江执行两部制电价

续表

电源类型	上网电价水平	价格制定方式	备注
水电	0.2 元 / 千瓦时 ~ 0.4 元 / 千瓦时	大型水电站由国家发改委采用“一厂一核”方式核定电价水平；小型水电站由各省物价部门核定	—
核电	0.43 元 / 千瓦时	2013 年 1 月 1 日后投产的核电机组实行标杆上网电价政策，具体价格由国家发改委根据核电社会平均成本与电力市场供需状况核定。2013 年 1 月 1 日以前投产的核电机组，电价仍按原规定执行	全国核电标杆上网电价高于核电机组所在地燃煤机组标杆上网电价（含脱硫、脱硝加价，下同）的地区，新建核电机组投产后执行当地燃煤机组标杆上网电价
陆上风电	0.4 元 / 千瓦时 ~ 0.57 元 / 千瓦时	国家发改委根据风资源情况，分区核定风电标杆电价	全国分为四类风能能源区，分别为每千瓦时 0.40 元、0.45 元、0.49 元、0.57 元
海上风电	0.75 元 / 千瓦时 ~ 0.85 元 / 千瓦时	国家发改委根据风资源情况，分区核定风电标杆电价	近海风电项目标杆上网电价为每千瓦时 0.85 元，潮间带风电项目标杆上网电价为每千瓦时 0.75 元
光伏	0.55 元 / 千瓦时 ~ 0.75 元 / 千瓦时	国家发改委根据光资源情况核定，分区核定光伏标杆电价。2017 年国家发改委调整了各类资源区标杆电价	一类资源区 0.55 元；二类资源区 0.65元；三类资源区 0.75元，特殊地区如西藏为 1.05 元
光热	1.15 元 / 千瓦时	国家核定的全国统一太阳能热发电标杆上网电价	仅适用于首批示范项目

注　2019 年 1 月国家发改委、国家能源局发布《关于积极推进风电 光伏发电无补贴平价上网有关工作的通知》（发改能源〔2019〕19 号），鼓励风电、光伏发电实现平价上网，即与当地燃煤标杆上网电价平价。2019 年 4 月 30 日，国家发改委发布《国家发展改革委关于完善光伏发电上网电价机制有关问题的通知》（发改价格〔2019〕761 号），明确纳入国家财政补贴范围的Ⅰ～Ⅲ类资源区新增集中式光伏电站指导价分别调整为每千瓦时 0.40 元、0.45 元、0.55 元。

2. 销售电价

我国销售电价由各省物价局制定，报国家发改委审批后执行。目前销售电价可大致分为四类：居民电价、一般工商业电价、大工业电价及农业生产电价。每一类可进一步细化，从而形成电价目录表。我国销售电价的基本结构如右图所示。

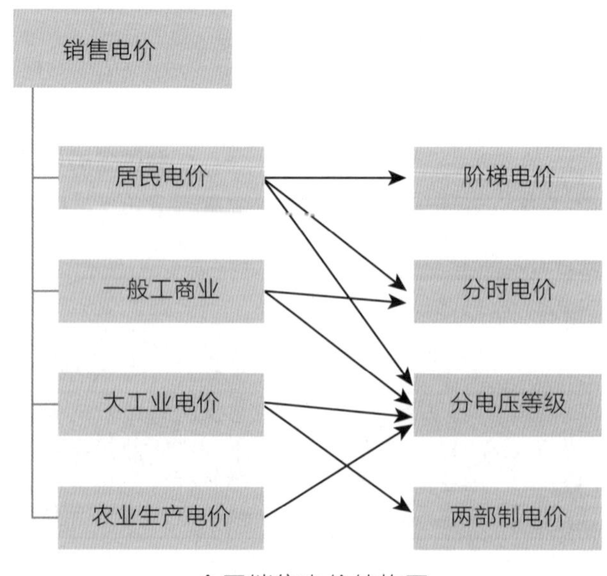

全国销售电价结构图

2018 年国家发展改革委相继出台《国家发展改革委关于降低一般工商业电价有关事项的通知》（发改价格〔2018〕500 号）、《国家发改委发布关于电力行业增值税税率调整相应降低一般工商业电价的通知》（发改价格〔2018〕732 号）、《国家发改委发布关于利用扩大跨省区电力交易规模等措施降低一般工商业电价有关事项的通知》（发改价格〔2018〕1053 号）和《国家发改委发布关于降低一般工商业目录电价有关事项的通知》（发改价格〔2018〕1191 号）等政策，实现了《2018 年政府工作报告》提出的“降低电网环节收费和输配电价格，一般工商业电价平均降低 10%”的目标。

调整后的全国销售电价水平区间统计如下：

全国销售电价统计表

用电分类	电度电价（元 / 千瓦时）	基本电价	
		最大需量（元 / 千瓦月）	变压器容量（元 / 千伏安月）
一、居民生活用电	0.3771~0.6170	—	—
二、农业生产用电	0.3088~0.7070	—	—
三、一般工商业用电	0.4744~0.8299	—	—
四、大工业用电	0.3316~0.7500	28~48	19~28

注　执行峰谷分时电价的省份其参考价格取平段价格；居民实行阶梯电价的省份其价格参照最低档水平取定。

7.3　市场交易电量政策

1. 中长期交易

2018年中长期交易现状

（1）国家电网公司范围内中长期交易情况。

国家电网公司范围内交易电量总规模持续增长，市场化交易电网增长迅速。2018 年，市场交易电量 16187 亿千瓦时，同比增长 32.5%，占售电量的比重达到 38.2%，同比增加 6.7%。

2018 年市场化交易价格较电厂上网标杆价平均下降 30 元 / 千千瓦时。市场化交易降价幅度逐年收窄，2018 年降价幅度为 2016 年的 1/2，一定程度上反映近年电煤价格高企，火电降价意愿明显下降，发用两侧市场博弈逐渐趋于稳定。

（2）南方电网公司范围内中长期交易情况。

南方电网公司范围内市场化交易电量规模增长迅速，由 2015 年的 741 亿千瓦时增至 2018 年的 3724 亿千瓦时，市场化交易电量份额由 2015 年的 9.5% 提升至

38.7%。

2018 年，市场化交易价格较电厂上网标杆价平均下降 84 元 / 千千瓦时，与 2017 年基本持平，略低于 2016 年降价幅度。在一定程度上反映出了南方区域市场价格水平的相对稳定。

中长期交易价格形成机制

在中长期交易层面，现阶段主要的交易方式包括年度双边交易、年度合同集中交易、月度集中竞争交易、月度发电合同转让。其中，双边交易价格形成由双方协商形成，集中交易的价格形成机制则在各省间存在一定差异。

从目前已开展中长期集中交易的省份实践来看，其电价形成机制从机制上包括两种方式：①价差竞争方式，即各类机组在同一平台上竞争时，考虑到不同电源类型成本差异，为公平开展竞争，采用价差竞争方式，出清结果为各电源电价较各自标杆电价的下降幅度，如广东、内蒙古、江苏等；②绝对值竞争方式，即各类机组在同一平台上竞争时，不考虑各电源成本差异，基于其经济竞争力开展竞价，竞价结果即为机组的结算价格，如黑龙江、吉林等省。

考虑到我国目前电力现货市场仍处于研究阶段，国内开展的电力交易多是不考虑交割曲线的中长期电量交易，不能体现不同电源的作用差异与实际价值。从电价理论上来说，同价是指同时同网同质同价，但目前的电量交易简单的以同网同价作为依据，显然有失公允。因此，在未建立电力现货市场前，建议谨慎采用绝对值竞争方式。

2. 现货交易

国家发展改革委、国家能源局于 2017 年 8 月发布《关于开展电力现货市场建设试点工作的通知》（发改办能源〔2017〕1453 号），提出在南方（以广东起步）、蒙西、浙江、山东、山西、福建、四川、甘肃等 8 个地区，加快组织推动电力现货市场建设工作。

2018 年，广东、甘肃、山西等试点省份已率先开展了相关工作。

其中，广东针对现货试点要求，编制完成 "1 规则 +8 细则 " 的市场规则体系征求意见稿，包括广东电力市场运营基本规则、广东电力市场中长期交易实施细则、广东现货电能量市场交易实施细则等制度。并于 2018 年 8 月 31 日启动南方（广东起步）现货市场试运行。

2018 年 12 月 27 日，甘肃、山西电力现货市场启动试运行工作。

3. 独立输配电价核定体系

省级电网输配电价

2018 年，省级电网输配电价核定仍然执行 2016 年 12 月 22 日，国家发展改革委印发关于《省级电网输配电价定价办法（试行）》（发改价格〔2016〕2711 号），省级电网输配电价执行第一监管周期各省的核定价格。

近日，国家发展改革委印发《关于开展第二监管周期电网输配电定价成本监审的通知》（发改价格〔2019〕165 号）。2019 年国家发展改革委将全面组织开展新一轮输配电成本监审，为新一轮省级电网及区域电网输配电价核定做准备。监审范围包括全国除西藏以外 30 个省份的省级电网和华北、华东、东北、西北、华中 5 个区域电网，监审期间为第一监审周期后一年度至 2018 年度。

区域电网输电价格

根据 2017 年 12 月 29 日国家发展改革委印发的关于《区域电网输电价格定价办法（试行）》（发改价格规〔2017〕2269 号），2018 年完成了第一轮区域电网输电价格核定工作。

2018 年 2 月 2 日，国家发改委印发《关于核定区域电网 2018—2019 年输电价格的通知》（发改价格〔2018〕224 号），公布了华北、华东、华中、东北、西北五个区域电网首个监管周期（2018 年 1 月 1 日～2019 年 12 月 31 日）两部制输电价格水平，如下表所示。其中，电量电价随区域电网实际交易结算电量收取，由购电方承担；容量电价作为上级电网分摊费用通过省级电网输配电价回收，不再单独向市场交易用户收取。实际运行中线损率超过下表中数值带来的风险由相关电网企业承担，低于该数值带来的收益由电网企业和电力用户各分享 50%。

区域电网 2018~2019 年输电价格表　　单位：元 / 千瓦时

区域	电量电价	线损率	容量电价	
			单位	水平
华北	0.01	2.72%	北京	0.0510
			天津	0.0231
			冀北	0.0030
			河北	0.0030
			山西	0
			山东	0.0071

续表

区域	电量电价	线损率	容量电价	
			单位	水平
华东	0.01	1.5%	上海	0.0113
			江苏	0.0068
			浙江	0.0096
			安徽	0.0045
			福建	0.0045
华中	0.01	2.52%	湖北	0.0048
			湖南	0.0028
			河南	0.0028
			江西	0.0028
			四川	0
			重庆	0.0028
东北	0.02	2.38%	辽宁	0.0088
			吉林	0.0048
			黑龙江	0.0048
			蒙东	0.0048
西北	0.02	2.03%	陕西	0.0071
			甘肃	0.0071
			青海	0.0071
			宁夏	0.0071
			新疆	0.0014

通过区域电网购电的电力交易用户，其购电价格 = 市场交易价格 + 送出省输电价格 + 区域电网电量电价及损耗 + 落地省省级电网输配电价 + 政府性基金及附加。

跨省跨区专项工程输电价格

2018 年，国家发改委陆续印发《关于调整宁东直流等专项工程 2018—2019 年输电价格的通知》（发改价格〔2018〕225 号）、《关于核定酒泉—湖南、宁东—绍兴 ±800 千伏特高压直流工程输电价格的通知》（发改价格〔2018〕684 号）、《关于核定部分跨省跨区专项工程输电价格有关问题的通知》（发改价格〔2018〕1227 号），公布了按照 2017 年 12 月 29 日国家发展改革委印发的关于《区域电网输电价格定价办法（试行）》（发改价格规〔2017〕2269 号）核定的灵宝直流等多个跨省跨区专项工程输电价格，如下表所示。对跨省跨区专项输电工程超过设计利用小时数的超收收入按照 2：1：2 的比例分别由送端、电网和受端分享。各项工程实际运行中输电线损率超过定价线损率带来的风险由电网企业承担，低于定价线损率带来的收益由电网企业和电力用户各分享 50%。

跨省跨区专项输电工程输配电价

专项工程	输电价格（含税）（分 / 千瓦时）	线损率（%）
灵宝直流	4.26	1.00
德宝直流	3.58	3.00
锦苏直流	5.50	7.00
高岭直流	2.50	1.70
龙政直流	7.40	7.50
葛南直流	6.00	7.50
林枫直流	4.71	7.50
宜华直流	7.40	7.50
江城直流	4.17	7.65
三峡送华中	4.83	0.70
中俄直流	3.71	1.30
青藏直流	6.00	13.70
呼辽直流	4.59	4.12
阳城送出	2.21	3.00
锦界送出	1.92	2.50
府谷送出	1.54	2.50
晋东南—南阳—荆门特高压交流	3.32	1.50
溪广线	5.32	6.50
向上直流	6.20	7.00
宾金直流	4.95	6.50
辛洹线	40 元 / 年 / 千瓦（按容量电价收取）	
宁东直流	5.35	7.00

续表

专项工程	输电价格（含税）（分 / 千瓦时）	线损率（%）
天中直流	6.58	7.20
祁韶直流	7.01	6.50
灵绍直流	7.144	6.50
云南送广东	8.02	6.57
贵州送广东	8.02	7.05
云南送广西	5.72	2.98
贵州送广西	5.72	3.47
天生桥送广东	6.32	5.63
天生桥送广西	4.02	2.00

通过跨省跨区专项工程参与电力市场交易的用户，其购电价格 = 市场交易价格 + 送出省输电价格 + 跨省跨区专项工程输电价格及损耗 + 落地省省级电网输配电价 + 政府性基金及附加。

行业热点

中长期我国用电特征探讨

作为国民经济发展的基础产业，电力工业需要主动顺应变革、重新校准坐标、加快转型步伐、实现更高质量发展。用电水平既是研判电力工业发展的基础指标，也是研究电源电网等重大工程布局的重要前提。本文立足于我国发展新的历史方位，紧扣党的十九大报告提出的发展方略，既充分借鉴相似国家发展路径、又突出体现中国实际特点，既确保中长期预测的现实可行性、又反映远景预测的适度前瞻性，对未来电力需求特点开展了系统分析。

一、新理念新思想为电力需求预测提供了根本遵循

党的十九大报告提出了实现我国经济社会发展“两步走”战略目标，描绘了2020 年全面建成小康社会，2035 年基本实现社会主义现代化，2050 年实现社会主义现代化强国的宏伟蓝图。值得注意的是，2020 年后的“两步走”战略目标下，不再强调国内生产总值的定量指标，转为更加关注结构调整、生态文明、民生水平等领域的提升改善。

上述转变表明，我国经济发展理念发生了重大变革：一是发展模式发生根本性变化，更加注重发展阶段的层次跃升，人均国民收入水平将由目前的追赶状态，逐步过渡到并跑、领跑阶段，并陆续赶超部分发达国家水平。二是发展方式发生根本性变化，更加注重提升经济发展质量和效益，全面落实五大发展理念，通过供给侧结构性改革优化产业结构，逐步实现制造业在全球产业价值链高端环节占据有利地位。三是发展布局发生根本性变化，更加注重解决发展的不平衡不充分问题，实施区域协调发展战略，加大向中、西、东北区域的倾斜力度，逐步缩小区域间差异。

为实现党的十九大绘就的宏伟蓝图，电力发展必须积极顺应经济发展理念变革，主动肩负起新时代赋予的历史使命，及时调整电力需求预测思路，用新理念新思想开展电力需求特征分析研判：一是电力为经济高质量发展提供重要引擎。供给侧结构性改革和高质量发展分别为用电结构、用电效率提出了更高要求，以重化工业为主的高耗电低产值用电方式将加快向现代制造业、三新产业等低耗电高产值的用电模式转变，即通过用电结构调整和效率提升实现经济的高质量发展。二是电力在能源体系中的中心地位更加突出。着力提高非化石能源消费比重是推进能源生产和消费革命的

关键举措，其核心在于通过电能替代提速扩围，深刻改变当前用能习惯和方式，引导社会终端用能向电力倾斜，促进需求侧电气化水平和电能消费稳步提高。三是电力在保障改善民生方面发挥积极推动作用。我国电网的快速发展、特别是农网升级改造为电力普遍服务提供了基础支撑，决定了电力在能源惠民生领域的先导地位。实施乡村振兴战略将明显改善乡村居民生活水平、不断缩小城乡收入差距，通过居民消费升级释放生活用电潜能。

二、中长期我国用电结构判断

党的十九大报告指出："我国经济已由高速增长阶段转向高质量发展阶段""以供给侧结构性改革为主线，推动经济发展质量变革、效率变革、动力变革""必须坚持以人民为中心的发展思想，坚持在发展中保障和改善民生，增进民生福祉是发展的根本目的"。尽管目前我国第三产业增加值占比达到 52%，但与发达国家 70%～80% 占比仍然存在较大差距。基于我国是人口大国、农产品基本自给自足的实际，先进制造业等战略性新兴产业仍将是国家发展重要支柱的判断，未来随着技术进步和集约化发展观念深入人心，远景年我国第三产业增加值占比将逐步提升，叠加居民生活水平明显改善的拉动作用，三产和居民生活用电量占比将显著增长。

分产业用电量及效率方面，基于三次产业发展趋势判断和用电效率提升，并结合各自特点开展预测：一是一产用电水平要充分考虑乡村振兴战略实施、平原地区机井通电改造、农村电气化水平增强等对农林牧渔业用电量的提升作用。二是二产用电水平要基于我国属于二产、特别是制造业大国的实际，充分考虑《中国制造 2025》致力于打造制造业强国的发展路径，四大高耗能行业在较长一段时期内仍将是电力需求增长的重要拉动，高端制造业等用电量将呈现稳步扩大态势，同时，二产产值单耗基数高，未来存在很大的下降空间，远景年有望较当前水平下降近 50%。三是三产用电水平要充分考虑供给侧结构性改革、产业结构调整等对服务业用电量的推动效果，未来三产产值单耗仍将持续追赶发达国家，远景年有望较当前水平下降约 15%。

居民生活用电方面，随着城乡收入差距的不断缩小、乡村居民生活水平明显改善，加之城乡基础设施互联互通进一步完善、新一轮农村电网加快升级改造，乡村居民消费升级将大幅带动生活用电量增长。2020 年前，随着经济社会发展和人民生活改善，我国人均生活用电量提升至约 770 千瓦时；2020 年后，居民生活用电增长的主要驱动力是城镇化进程和乡村居民生活水平的提高，2035 年我国人均生活用电量有望达到 1700 千瓦时左右，超出德国、英国当前水平。

用电结构方面，未来随着我国向发达经济阶段迈进，工业内部增长动力从依靠投资拉动的传统高载能行业，向高新技术产业和装备制造业转换，城镇化较快推进、居民生活水平稳步提高，三产和居民用电比重逐步上升。2020 年三产和居民用电比重将超过 30%，2035 年预计将达到 40% 左右。同时，随着三产和居民生活用电需求持续增长，电力负荷特性将发生变化，电力需求峰谷差进一步扩大，对电力系统的灵活调节能力提出更高要求。

三、中长期我国电力需求分布特征

党的十九大报告提出：“实施区域协调发展战略，强化举措推进西部大开发形成新格局，深化改革加快东北等老工业基地振兴，发挥优势推动中部地区崛起，创新引领率先实现东部地区优化发展”。从区域经济发展趋势来看，未来我国中西部地区将加快赶超东部地区步伐，经济发展增速快于全国平均和东部增速；东北地区增速总体上与全国平均增速保持一致。结合东部地区产业转移、西部地区工业化进程加快等区域发展特点，目前以东部地区独大的用电格局将逐步被打破，中西部地区用电占比将明显提升。

随着产业转移的不断推进，中西部地区加快赶超东部地区步伐，中西部地区用电增速明显快于同期东部增速，2035 年后东部地区用电增速低于 1%，率先进入用电量饱和区间。区域间用电需求差异将逐步减小，用电增长主要集中在中西部地区，预计 2020—2035 年中西部地区用电增量占全国的比重将达到 55%～60%。2035 年，东部地区用电占比较当前下降约 4 个百分点，中、西部地区用电占比较当前分别提升约 2 个百分点。

四、中长期我国电力需求总量预测

展望中长期，支撑我国电力需求增长的因素较多，涉及经济发展阶段、产业结构调整进程、城镇化率水平等诸多领域。特别是用电增长动能将由传统的四大高载能行业、粗放型制造业、传统第三产业转换为以高端制造业为代表的第二产业、以新模式新业态为代表的第三产业、新型城镇化驱动下的居民用电，未来很长一段时期内电力需求仍将延续增长态势。综合考虑电力弹性系数法、分行业用电量法、人均用电量法等预测，2020 年、2035 年我国全社会用电量预计分别为 7.6 万亿千瓦时、12.2 万亿千瓦时左右，人均用电量分别为 5400 千瓦时、8500 千瓦时左右。

中长期西电东送发展趋势分析

西电东送是我国西部大开发战略的重要组成部分，是我国资源分布与生产力布局的客观要求，也是变西部地区资源优势为经济优势，缓解东部地区的用电压力和环保压力，促进东西部地区经济共同发展的重要措施。资源禀赋和用能需求的逆向分布决定了我国能源电力总体呈现自西向东、自北向南的基本格局。

党的十九大报告提出经过两个“十五年”把我国建成富强民主文明和谐美丽的社会主义现代化强国，推进能源生产和消费革命，构建清洁低碳、安全高效的能源体系。随着我国经济进入高质量发展阶段，清洁低碳、安全高效能源战略的实施，我国能源电力格局将发生重要变化，对于西电东送战略格局也将产生重要影响。

一、西电东送格局现状

经过 20 多年的发展，目前我国西电东送输电能力已达 2.4 亿千瓦左右，形成了北、中、南三个通道的全国基本送电格局。北通道以华北区域内的晋、蒙送电京津冀鲁为主，同时山东接受部分西北、东北电力，输电能力约 7400 万千瓦；中通道以四川、三峡水电及内蒙古、宁夏、陕西、新疆电力送华东为主，辅以皖电东送、川电送渝及新疆和甘肃送电河南、湖南，输电能力约 1.2 亿千瓦；南通道以南方区域内的云南、贵州水火并举送电广东为主，输电能力约 4800 万千瓦。2018 年全国省间交易电量接近 1 万亿千瓦时，其中清洁能源省间交易电量占比达到 45.2%。“西电东送”输电通道较好发挥了资源配置平台作用，为社会经济协调发展提供了强劲支撑，实现了清洁能源的开发外送和利用，取得了巨大的经济社会效益。

二、西电东送存在的主要问题

1. 近年来部分新投产跨省跨区输电通道利用率不高

目前，我国各主要品种电源装机容量、电网规模等均居世界首位。从单一电源品种来看，主要效率指标已基本达到国际先进水平。总体上，近年来部分新投产跨省跨区输电通道送电规模未达预期，利用率有待提高。

2. 部分电力外送基地持续性不足

西南优质水电资源已基本开发殆尽，后续水电开发难度不断加大。预计四川、云南在 2025 年左右电力外送能力达到峰值，2030 年后电力外送能力将出现下降。预计藏东南水电将推迟至 2030 年以后开发，在此期间将没有大型水电投产，西南地区水电外送的可持续性问题较为突出。此外，贵州、安徽等传统电力外送基地自身煤炭资源开发程度较高，近年来电煤供应逐步趋紧，没有进一步扩大外送的潜力。受多方面因素影响，自身电源发展潜力有限，未来将逐渐出现季节性缺口，外送能力不足，外送可持续性问题值得关注，需超前谋划电力接续问题。

3. 市场化体制机制尚不完善

目前，一部分早期投产的如三峡外送、溪洛渡外送、向家坝外送等跨省跨区输电通道采取了国家计划送受电的模式，一部分如云电送粤、黔电送粤等输电通道采取了签订中长期协议的模式，另有一部分输电通道参与了年度临时交易，部分电量进入了市场化交易。总体来看，当前的跨省跨区输电通道交易模式较为混杂，不利于统一管理。一方面，国家能源结构调整战略意图无法保证；另一方面，输电通道运行经济性无法得到保障，也不利于送受两端安排电源规划布局，跨省跨区输电通道市场化体制机制亟待完善。

三、西电东送未来发展趋势

1. 跨省跨区电力资源配置规模仍需扩大

一方面，北方的蒙东（呼盟、赤峰）、蒙西（鄂尔多斯、阿拉善、包头）、陕北（延安）、陇东、新疆（哈密、准东）等综合能源基地，在满足本地用电的基础上，仍具备增加外送的能力。另一方面，随着我国电能占终端能源消费的比重的大幅提升，东部地区电力需求仍将保持增长。但受能源消费总量及环保制约，东部地区电源发展空间有限，特别是京津冀、长三角、珠三角等重点区域碳减排压力进一步加大，煤电、气电发展制约因素进一步加强。在此背景下，东部地区中长期的电力供应保障将更加依赖区外来电，西电东送发展的内生动力依然强劲，跨省跨区电力资源配置规模仍需进一步扩大。

2. 稳定西电东送，增加北电南送

华中东四省水电资源开发殆尽，同时电力需求快速增长，已由电力送出地区转变为电力受入地区。贵州、安徽、四川、云南等传统外送基地，随着自身用电负荷的增长及能源资源开发完毕，将依靠北方以及西南的区外来电接续，需统筹研究存量通道

的送电持续性和新增西电东送通道的布局。未来东部的山东、江苏、浙江、广东等省份仍将是受入外来电的主要地区。随着西南水电资源开发殆尽，其传统的辐射供能区域需寻找新的供能方向。北方煤电基地大多新能源资源丰富，未来跨省跨区输电通道布局除了要稳定西电东送外，还需增加北电南送，适应我国电力新格局。

3. 清洁能源外送占比将显著增加

未来，我国将优先考虑清洁能源基地和综合能源基地外送，不再考虑单纯依靠煤电外送的输电通道。西南地区优先开发龙头水电站，继续推动水电基地的外送。传统的北方煤电基地将依托当地丰富的煤风光打造综合能源基地，实现联合外送，提高清洁能源的占比。充分利用我国风能和太阳能资源富集地区优势，稳步推动能源结构调整和布局优化。

四、电力流向优化初步思路

1. 坚持统一规划，加强战略引领，体现国家能源转型的战略意图

跨省跨区电力资源配置要全国一盘棋，加强国家战略规划的主导作用，充分体现国家能源转型的战略意图。跨省跨区输电通道布局要落实顶层设计，在国家层面加强统一规划与统筹协调，以系统优化的思维，立足国情、科学严谨、实事求是地持续优化我国能源基地与通道布局，推动我国能源绿色、低碳转型。

2. 完善相关管理机制，保障电源基地与通道的协调有序建设

强化国家宏观指导，在五年电力规划框架下，建立跨省跨区电力资源配置优化平台，结合全国电力供需形势、重点能源项目进展、跨省跨区输电通道网源建设进度，每两年开展全国电力流向优化调整工作，科学论证技术方案，保障电力流向的科学、合理、高效、经济。

3. 推进跨省跨区电力交易市场化建设

根据国家能源发展规划和送受端电力供需特性，建立中长期交易和现货市场、辅助服务市场相结合的市场化交易机制，采用市场化加宏观调控的方式，尊重历史现实，区分存量和增量交易，分阶段、分类型地推进跨省跨区电力交易市场化机制改革，发挥市场决定资源配置的作用，实现区域及全国范围的资源互济和输电通道的高效利用。

4. 调整存量，优化增量

我国西部地区以新能源为主的综合能源基地和藏东南地区水电基地开发仍具潜力，同时，中东部地区受生态环保、能源“双控”等政策性因素影响，煤电发展空间

有限，电力供应仍将持续依赖区外来电。电力资源优化配置应稳定西电东送，增加北电南送。按照尊重历史和市场化原则，调整存量，优化增量，逐步优化调整三峡外送、黔电外送、皖电东送等存量外送，提前谋划四川、云南水电外送接续方案。统筹优化电力、煤炭、油气等各能源品种的流向和布局，防止出现能源流与电力流的错位，避免出现“煤电倒流”。统一规划、统筹布局电源与输电通道，科学论证输电通道技术方案，确保输电通道的高效利用。跨区输电以直流输电为主，优化直流输电通道规模，合理控制受电地区受电总规模。

我国海上风电发展前景展望

海上风电是我国东部沿海地区具备规模化发展潜力的可再生能源品种。我国海上风电靠近电力负荷中心，地理位置优越、资源优势明显。发展海上风电是沿海各省优化能源结构、实现能源转型升级的重要举措。近年来我国海上风电产业发展提速，但仍处于起步阶段，在技术水平、建设机制、经济性等方面还需进一步提升和完善，实现高质量发展。

一、海上风电发展情况

我国海上风能资源丰富，5～25 米水深、50 米高度海上风电开发潜力具备 2 亿千瓦的开发潜力，5～50 米水深、70 米高度具备 5 亿千瓦的开发潜力，另外近岸潮间带、深远海也具备较为丰富的风能资源。截至 2018 年底，江苏、广东、海南、浙江、福建等 9 个省（市）的海上风电规划已经获得批复，地方规划总规模超过 1.2 亿千瓦。国家能源局印发的《风电发展“十三五”规划》提出积极稳妥推进海上风电建设，到 2020 年，全国海上风电开工建设规模达到 1000 万千瓦。

近年来海上风电开发建设速度加快。截至 2018 年底，累计并网装机容量达 363 万千瓦，位居全球第三位，完成规划目标的 74%。目前建成并网的海上风电项目主要在江苏、上海，但近几年福建、广东、浙江等省的海上风电开发建设进度明显加快。海上风电核准规模快速增加，累计核准规模超过 5000 万千瓦。

海上风电技术实力大幅提升。大型海上风电机组已逐步国产化，从我国已并网海上风电使用的机组来看，单机容量 4 兆瓦以上风电机组占已并网容量的一半以上。6 兆瓦级以上机组已进入商业化运行阶段，7 兆瓦级风电机组已安装样机。同时风电机组基础设计能力、施工安装能力也在不断提升。

二、海上风电产业发展面临的主要问题

1．项目建设条件落实难且缺乏统筹

海上风电占用海域涉及军事、海洋、环保、航运等多个部门，项目开工建设前需办理获取海域使用权、路由铺设施工许可、军队支持性意见等 30 余项相关手续，协

调用海任务艰巨。目前，沿海各省份大量已核准项目在开工建设条件的相关手续落实方面欠缺较多，落实项目开工建设条件的时间周期较长、难度较大，建设进度难以保障。

2. 海上风电并网送出缺乏统一规划

目前的海上风电本体工程及海上送出线路都是各投资主体分散建设，考虑到沿海地区的海底走廊资源、登陆海岸及土地资源紧张，分散建设容易导致资源不合理安排。从促进资源集约利用的角度，应对海上风电输电通道及送出工程建设进行统一规划、统筹建设。

3. 海上风电经济竞争性有待提升

相比陆上风电，海上风电投资造价仍处于较高水平，单位千瓦投资约在14000～19000 元，运维成本也较高。海上风电标杆上网电价中 50% 以上来自可再生能源电价附加补贴资金，补贴资金需求量大。在目前国家可再生能源基金补贴缺口逐年增大，“十四五”初期陆上风电全面实现平价上网的条件下，海上风电开发面临补贴退坡压力较大。

4. 装备及施工运维技术水平有待提高

海上风电技术门槛高，建设难度大，与发达国家相比，我国海上风电设备制造能力和核心技术水平仍有待提高，大容量机组进入商业化运行时间较短，施工和运维方面经验不足，相关运维领域的技术标准空白。整体来看，海上风电产业从设备研发、制造到施工、并网、运维等各环节都需要更多的技术储备和经验积累。

三、海上风电开发及消纳利用前景

开发海上风电满足东部沿海地区的部分电力供应需求。我国东部沿海地区经济发达，是我国的电力负荷中心。2018 年我国东部沿海 11 个省份的用电量占全国的52%，同时伴随着经济结构调整效益显现，2018 年沿海省份用电量增速超“十三五”规划预期。沿海地区考虑煤炭消费总量控制，煤电建设受到一定限制。因此，沿海地区开发海上风电作为清洁电力补充，能够满足沿海地区部分新增的电力供应需求。

开发海上风电有助于沿海各省完成可再生能源电力消纳责任。为促进可再生能源开发利用，国家能源主管部门对各省级行政区域设定可再生能源电力消纳责任权重。目前，福建、浙江等沿海省份的非水可再生能源电力消纳比重较 2020 年国家下达的非水可再生能源电力消纳责任权重仍有较大差距。沿海地区土地资源紧张，陆上建设风电、光伏等新能源的土地面积受限。海上风电相比陆上风电年利用小时数平均高出 20% 以上，对于沿海省份完成可再生能源电力消纳责任权重的贡献较大。

海上风电的并网消纳问题需要更加重视。在海上风电发展的初期，主要考虑在沿海地市就地接入消纳，受沿海地区线路走廊紧张、变电设备负载率高、电网短路电流高等问题的制约，海上风电并网接入方式可能受到一定限制。中远期在海上风电规模化发展的过程中，可进一步外送至负荷中心消纳，受沿海地区外来电比例提升、负荷峰谷差加大、核电投产等因素的影响，海上风电也可能面临电网调峰消纳问题。海上风电发展需与沿海地区电网接入及市场消纳能力有效衔接，统筹开发与消纳，避免沿海地区出现类似“三北”地区的弃风限电问题，适度有序地推进产业开发建设。

海上风电并网需加强统筹规划和资源集约化利用，探索统一并网机制。海上风电开发受海底各类保护区、开发区、军事区及海岸线资源等限制，海底输电走廊路径和登陆点资源较为紧张。目前，海上风电项目由各开发企业各自开展前期工作，亟需加强统筹规划与管理，促进资源的集约化利用。目前海上风电开发建设集中在离岸较近的浅海区域，随着近海资源不断减少和风电技术不断进步，海上风电发展将逐步向远海深水区域延伸。对于后续开发的装机规模大、离岸距离远的海上风电项目，探索多个海上风电场通过大容量柔直通道统一外送并网机制，进一步促进海域资源集约化利用，提高汇集与外送整体效益。

四、相关建议

当前我国海上风电产业取得了一定成绩，但也面临较多问题，总体来看产业仍处于发展起步阶段，与国际上相比仍有较大发展空间。未来应坚持规划引导，稳妥有序推进产业开发建设，完善产业发展政策和管理机制，加强关键技术研发，推动技术进步和成本降低，促进产业健康高质量发展。

1. 坚持规划引导，推动产业有序发展

目前部分省份海上风电核准规模较大，远超实际建设目标，建议结合国家规划及各省规划目标，系统梳理省内已核准项目开工建设条件和并网消纳条件，统筹提出海上风电合理的开发建设方案，保障产业“十三五”发展目标顺利实施。加快推进“十四五”规划研究工作，形成未来五年的开发实施方案和发展目标，指导产业健康发展。同时推动海上风电开发及并网规划与国家及省级电力规划等相关规划有效衔接，实现网源协调发展。

2. 推行竞争性配置，保障产业可持续发展

2018 年国家能源主管部门印发《关于 2018 年度风电建设管理有关要求的通知》（国能发新能〔2018〕47 号），明确要求从 2019 年起各省新增核准的海上风电项目全部通过竞争方式配置和确定上网电价，充分发挥市场在资源配置中的决定性作用。建议加快完善各省海上风电的竞争性配置办法，建立健全公平公正的项目竞争性配置规则体系，有序适度确定年配置规模，通过充分竞争降低海上风电开发建设成本和实际上网电价，推动产业可持续发展。

3. 加快技术进步，促进产业高质量发展

技术进步将有效推动海上风电产业升级和成本优化。建议加强大容量风电机组和关键施工设备的研发工作，推进核心装备的技术升级和产业化发展。随着未来海上风电开发向深远海延伸，加快漂浮式基础、柔性直流等关键技术研发，推动深远海风电发展。加强海上风电运维技术研究，提升智慧化运维水平，降低运维成本。完善海上风电标准体系研究，推动工程规划、设计、装备制造、检测、施工、验收、运维等全产业链标准体系建设，保障海上风电产业高质量发展。

光热发电发展前景分析

太阳能热发电系统（也称光热发电系统）通过反射镜将太阳的直接辐射聚集在吸热器上，加热吸热器中的吸热介质，将光能转换成热能，再利用汽轮发电机组（或涡轮发电机组）发电。光热发电最主要的技术优势是通过配置储热系统，使机组的发电功率稳定可靠，不受光照强度变化的影响，可以实现连续24小时发电，并具有优良的调节性能。光热发电机组可以替代传统燃煤发电机组承担电网的基本负荷，也可以参与调峰和调频，是极具发展前景的可再生能源发电技术。

一、光热发电发展现状

截至2018年底，全球光热发电装机超过600万千瓦，主要分布于西班牙、美国、摩洛哥、南非、中国、印度和中东地区国家。

2016年，国家能源局印发了《国家能源局关于建设太阳能热发电示范项目的通知》(国能新能〔2016〕223号)，公布20个光热发电项目入选示范项目名单，合计装机容量135万千瓦。其中3个光热发电示范项目（合计20万千瓦）于2018年投运发电，预计在近1～2年内，还会有6～7个光热发电项目投运发电。还有约400万千瓦的光热发电项目开展了可行性研究等前期工作。

随着光热发电示范项目的开展，我国形成了完整的光热发电产业链，设备和材料的国产化率达到了90%以上，有效提高了国内光热发电行业的装备制造、设计集成和建设调试水平。国内光热发电行业设备制造、工程设计和施工企业已经开始参与国际竞争，已进入摩洛哥、阿联酋和希腊等国际光热发电市场。

二、光热发电优势

1. 出力稳定

光热发电机组通过配置储热系统，使机组的发电功率稳定可靠，当储热系统容量足够大时，光热发电机组可实现24小时连续稳定发电。因此，它可以承担电网的基本负荷。

2. 调峰性能优异

光热发电机组启动时间、负荷调节范围等性能要优于燃煤机组，它可以参与电网的调峰。由于光热发电机组具有优良的调峰性能，可增强电力系统消纳新能源电力的能力，减少弃风、弃光造成的损失。

3. 参与电力系统调频

光热发电可根据电网用电负荷的需要，快速地调节汽轮发电机组的出力，参与电力系统的一次调频和二次调频。光热发电机组可为电力系统提供转动惯量支撑，有利于维持系统频率稳定。

4. 可应对极端天气条件

在风电和太阳能发电比重较大的电网中，当连续的极端气象条件发生时，如果电力系统缺少发电功率，光热发电机组可以作为应急保障发电机组，利用天然气加热熔盐（或导热油），实现机组满负荷稳定发电。光热发电机组要具备这种发电模式，仅需具备天然气供给条件并配置备用的天然气熔盐（或导热油）加热炉。

三、光热发电发展前景分析

我国具有丰富的太阳能直接辐射资源，主要分布在内蒙古自治区西北部、甘肃省西部、青海省的柴达木盆地和新疆维吾尔自治区东部。同时，这些地区具有广袤的未利用土地资源，具备大规模开发光热发电基地的条件。新疆哈密地区（含新疆生产建设兵团十三师），甘肃省酒泉地区的玉门市、阿克塞县和敦煌市，青海省海西州，内蒙古阿拉善盟等地区，地方政府已完成了光热发电基地规划编制工作。

内蒙古自治区、甘肃省、青海省和新疆维吾尔自治区年直接辐射量超过 1750 千瓦时 / 平方米的地区，扣除城镇、乡村、耕地、水域、林地、草地、保护区、石山、雪山、冰川和坡度大于 5 度的土地等，主要为荒地、沙地、戈壁等未利用土地，地势开阔、平缓，可满足光热发电的用地需求。据统计，内蒙古自治区、甘肃省、青海省和新疆维吾尔自治区适宜建设规模化光热发电基地的国土面积合计约 78 万平方千米，如全部用于光热发电项目建设，可支撑光热发电装机约 78 亿千瓦。土地资源不是制约我国光热发电发展的主要限制因素。

根据对以上地区水资源和用水指标调研，水资源对内蒙、甘肃、青海、新疆哈密和新疆生产建设兵团十三师等地区光热发电基地支撑规模总结如下表所示。

水资源支撑光热发电基地规模统计一览表　　单位：万千瓦

水平年 地区	现状年份	2030 年	2035 年	2050 年
内蒙	10800	21600	36000	50500
甘肃	14800	29600	49400	69000
青海	8100	16200	26900	37800
新疆哈密	7200	14400	24000	33600
兵团十三师	900	1800	3000	4200
合计	41800	83600	139300	195100

说明：

1. 我国西北地区水资源短缺，汽轮机均采用空冷技术，国内空冷机组技术十分成熟。现状年份光热发电机组耗水指标 0.1 立方米 / 吉瓦秒（空冷机组），年利用小时数为 4000 小时。
2. 2030 年及以后，考虑采用超临界 CO_2 循环光热发电技术，耗水指标 0.05 立方米 / 吉瓦秒，年利用小时数为 4000 小时。

根据西部地区太阳能资源、土地资源和水资源情况，结合光热发电基地布局，对西电东送通道送端考虑光热发电基地的可行性进行研究，提出了内蒙古自治区、甘肃省、青海省和新疆维吾尔自治区（含新疆生产建设兵团）光热发电基地 2030、2035 和 2050 年的开发时序如下表所示。

光热发电基地规划开发时序　　单位：万千瓦

水平年 地区	2030 年	2035 年	2050 年
内蒙古	3500	7750	20500
甘肃	2500	3250	5500
青海	2500	3250	5500
新疆（含兵团）	3500	7750	20500
合计	12000	22000	52000

注　2019 年～ 2030 年，每年新增装机 1000 万千瓦；2030 ～ 2050 年，每年新增装机 2000 万千瓦。

四、光热发电项目上网电价趋势预测

1. 后续光热发电项目电价

国家发改委发布的《国家发展改革委关于太阳能热发电标杆上网电价政策的通知》（发改价格〔2016〕1881 号）文明确：2018 年 12 月 31 日以前投运的光热发电示范项目执行上网电价 1.15 元 / 千瓦时（含税）。通过示范项目建设，国内光热发电行业初步实现了设备材料的批量化生产和生产工艺流程的优化，通过系统配置的进一步优化，后续光热发电项目的初始投资成本相比光热发电示范项目有了进一步降低。

以在甘肃玉门地区开展前期工作的某 10 万千瓦熔盐塔式光热发电机组（配置 12 小时的熔盐储热系统）为例，设计发电量约 3.9 亿千瓦时，工程动态投资约 28.5 亿，按经营期 25 年，项目资本金财务内部收益率 10% 测算，项目经营期上网电价（含税）1.05 元 / 千瓦时，相比光热发电示范项目电价降低了 0.1 元 / 千瓦时。

2. 光热发电项目电价趋势预测

随着未来我国光热发电产业的进一步发展，产能的不断扩大和技术的不断提高，光热发电成本的下降空间很大。以 2018 年投运的光热发电项目上网电价 1.15 元 / 千瓦时（含税）为基数，对国内光热发电上网电价趋势进行了预测，结果如下图所示。

在达到一定装机规模的前提下，预计 2022 年中国的光热发电含税电价将会下降至 0.989 元 / 千瓦时，2025 年将会下降到 0.759 元 / 千瓦时，2030 年将会下降到 0.713 元 / 千瓦时。

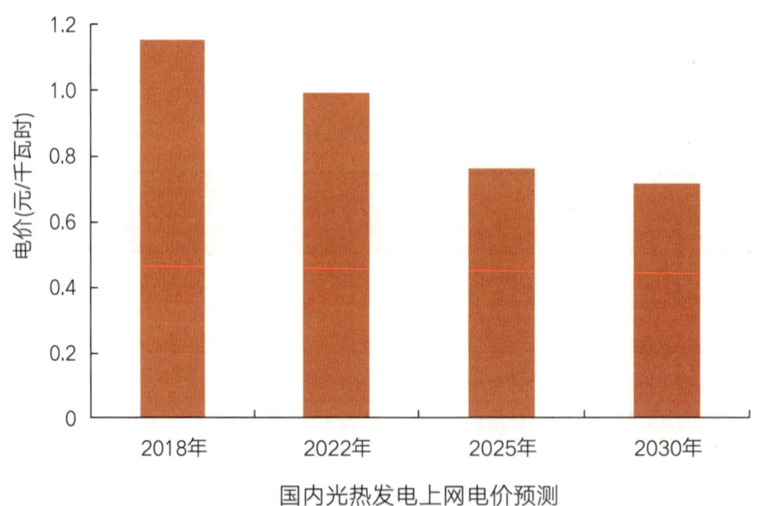

国内光热发电上网电价预测

五、相关建议

光热发电作为极具发展前景的可再生能源发电技术，有助于实现我国能源转型的战略目标。为了使光热发电在我国得到更好的发展，建议如下：

（1）2016 年公布的光热发电标杆上网电价 1.15 元 / 千瓦时（含税）仅适用于 2018 年 12 月 31 日以前投产的光热发电示范项目，对于延期投运的光热发电示范项目和多能互补示范项目中的光热发电项目，尽快明确上网电价政策。

（2）在内蒙古自治区西北部、甘肃省西部、青海省海西州和新疆维吾尔自治区东部等电力外送通道送出端，配置一定比例的光热发电机组替代煤电机组，有利于降低新能源电力外送对化石能源电力的依赖，提高新能源电力外送比重，减轻受端对输入新能源电力的调峰压力。

（3）加快开展上述地区光热发电项目的前期工作，为光热发电基地的开工建设奠定良好的基础。

智慧能源小镇发展分析及规划思路

一、智慧能源小镇概念

1. 智慧能源小镇与美丽乡村、特色小镇建设关系

美丽乡村、特色小镇与智慧能源小镇都是在新型城镇化建设的背景下提出来的建设模式。其中美丽乡村和特色小镇的建设分别由《农业部办公厅关于开展“美丽乡村”建设活动的意见》(农办科〔2013〕10 号)、《住房城乡建设部、国家发展改革委、财政部关于开展特色小镇培育工作的通知》(建村〔2016〕147 号)提出，且已经有成熟的建设模式。美丽乡村以农村为对象，加强其生态文明建设，特色小镇以城镇为对象，加快其产业发展，两者相辅相成，共同推动新型城镇化建设，随着两者的建设发展，其在建设内容和建设区域上也出现一定的交集。

智慧能源小镇是随着智慧能源技术在美丽乡村、特色小镇建设中的应用而兴起的建设模式，其建设模式仍处于探索阶段，其建设过程中更注重能源的清洁开发、灵活传输、高效利用，并贯穿美丽乡村、特色小镇的生产、生态、生活等方面，且具备美丽乡村、特色小镇所具有的特色产业。

2. 智慧能源小镇

智慧能源小镇是指在小镇、产业园建设中，广泛应用“云大物移智”等先进通信和信息化技术，结合智慧能源、柔性配电、智慧用能等先进的配电网技术，打造风、光、气、地热等多种能源融合互补的优化配置平台，提升综合能源利用效率，构建清洁、低碳、高效、可靠的智慧能源供应体系，促进特色产业的发展。

智慧能源小镇的主要特点体现在能源生产、传输、利用过程中，即充分挖掘可再生能源的开发利用形式，实现能源的清洁开发和绿色供应；融合电网、热网等多种能源网络，构建灵活、协同的能源传输网络，实现能源的耦合互补和高效传输；采用需求侧响应、能源梯级利用等技术，实现能源的节能利用和高效利用。同时，智慧能源小镇应以产业为核心，即提高综合能源利用效率，降低产业发展用能成本，建设安全供能网络，保障产业用能的可靠供应；以生态为底线，即增加绿色能源供应，降低传统能源消耗对环境的影响；以宜居为目标，即构建智慧、互动的能源消费形态，推动便捷、高效、智慧的城镇体系的建立。

二、智慧能源小镇典型场景应用及分析

目前，绝大多数小镇存在能源供给形式单一、能源利用效率低等问题，不符合未来能源清洁开发和高效利用的发展趋势，对于智慧能源小镇建设的探索可以总结为：基于小镇资源，结合其发展定位和发展目标，因地制宜的制定小镇能源开发、传输及利用方案。促进小镇特色产业发展，实现小镇能源绿色、高效的利用，是未来小镇能源发展的趋势。

1. 超高清洁能源供给占比的智慧能源小城镇

（1）典型案例。

苏州同里智慧能源示范工程。在供能方面，采用分布式太阳能光伏发电（12.16 万千瓦）、分布式风电（1.002 万千瓦）、水源热泵供热 / 冷（0.19 万千瓦）以及生物质能发电等技术；在输电方面，采用交直流混合配电网、微电网路由器等技术；在储能方面，采用压缩空气储能、高温相变储热、预制舱式储能系统等技术；在用能方面，采用“三合一”不停电智慧电子公路、智能充换电站、智能家居等技术；在能量管理方面，采用源 - 网 - 荷 - 储协调控制、综合能源服务平台等技术。

英国贝丁顿零碳社区。在供能方面，采用热电联产系统为社区供电和热水；在建筑方面，采用节能保温材料，减少建筑热损失，并摒弃传统供暖模式，利用太阳能采暖；在交通方面，构建便捷的公共交通网络，推进电动汽车的普及，且充电电力全部来自屋顶光伏；在水务方面，建设独立完善的污水处理系统和雨水收集系统。实现社区建筑空间供热需求降低 88%、每人每天用电降低 25%、热水消耗量降低 57%、居民用车量减少 65%、用水量降低 50%。

（2）规划理念分析。

该建设模式通过对覆盖能源开发、传输、存储和利用各环节的绿色低碳能源体系进行精细化设计，实现最大化利用本地可再生能源、最大限度提高能源利用效率、最大限度节能，主要包括绿色低碳能源体系、清洁取暖体系、高效绿色出行体系、节能环保居住体系等方面。

（3）应用场景分析。

该建设模式可用于自然资源条件较好、用电负荷较小的文旅类型小镇。

2. 基于细胞单元的智慧能源小镇

（1）典型案例。

瑞典哥德堡零能耗离网建筑。在供能方面，采用太阳能光伏发电和光热发电等技术，年发电量分别为 22 兆瓦时、6.5 兆瓦时；在储能方面，采用铅酸电池储能、电

制氢、氢燃料电池储能等技术，利用 15 兆瓦时电能制备氢气 3000 立方米；在用能方面，采用电动汽车、氢燃料汽车等技术，约 2200 立方米氢气用于冬季房屋供热和供电，约 800 立方米氢气用于氢燃料电池汽车；在能量管理方面，采用房屋智能能源控制系统。

（2）规划理念分析。

该建设模式以小镇中每个独立建筑为细胞单元，通过对每个细胞单元在设计阶段融入节能、分布式能源生产、能源存储、微能源管理系统等设计，确保每个细胞单元所占空间内资源转化为能源效率最高、能源利用效率最优、节能方案最佳。

（3）应用场景分析。

该建设模式可用于新建示范高科技小镇，如人工智能小镇、数字科技小镇等。

三、智慧能源小镇建设规划思路

1. 总体思路

基于小镇的资源和特色，结合小镇发展定位和战略，从规划布局、基础设施、运行管理等三个方面开展智慧能源小镇建设规划。在规划布局方面，通过多能源系统的一体化统筹布局、源网荷之间的一体化协调优化实现小镇智慧能源一体化规划。在基础设施方面，通过多能互补优化、能源梯次利用、可再生能源高比例消纳实现能源供给互补优化；通过以电网为基础的多种能源网络协同支撑多能协同综合网络建设；通过负荷侧节能技术应用、电动汽车新形态智能管理等智能用电技术实现智慧用能体系建设。在运行管理方面，通过源网荷协调优化、多能源系统协同优化、分层分区协调优化、灵活多样交易组织实现小镇智慧能源智能运行管理。

2. 总体架构

智慧能源小镇建设总体架构由基础设施层、运营支撑层、服务层三个部分构成。在基础设施层，对电能、热能、交通、建筑等不同领域的传感终端及数据采集设备进行一体化标准设计，构建跨领域的泛在物联网感知体系，实现感知设备统一接入、集中管理、远程调控；融合通信网、电力网、广播电视网，实现“三网合一”，将所有终端采集的数据根据需要，逐层向上汇集，实现数据共享全方位贯通。在运营支撑层，通过建设云计算、边缘计算、大数据等多元计算设施，实现海量数据分析、仿真模拟、趋势预测、机器学习、人工智能等功能；构建智慧能源管控平台和能源数据增值服务平台，实现能源的智慧调控管理，以及能源数据的深度挖掘；并以能源网络为基础，为交通、政务等其他行业提供数据支撑。在服务层，开展能效监测、节能服务、多能互补等智慧能源服务，并逐步在政务、交通、家居等方面开展智能服务。

3. 实施路径

综合能源负荷一体化预测。基于小镇发展定位、需求、产业结构布局、小镇发展规模等因素，采用综合能源负荷预测方法开展小镇负荷预测，综合确定小镇的电负荷、热负荷和冷负荷规模。

多种能源系统一体化规划。基于小镇各类负荷时空分布特性，合理规划小镇供能分区，明确分区内部能源需求规模和分区之间能量交换规模，根据小镇能源资源禀赋条件，综合考虑技术经济性、供能质量、能源利用效率和梯次利用效率、可再生能源消纳水平等关键指标，通过多目标优化确定小镇能源整体转化利用途径，明确各能源系统具体技术路线，形成小镇整体能流图，从而构建小镇基本的能源结构，并按照多能源系统一体化规划思想，实现小镇电力、热力、燃气等多种能源的优化设计。

各种能源系统“源网荷储”一体化设计。在电源侧，应用分布式光伏、小型风机、冷热电三联供、热泵、生物质气化等技术统筹规划电、热、气等能源供应；在电网侧，优化布局输配电网、供热（冷）管网、供气管网，实现能源高效传输和能流的精准控制；在负荷侧，针对不同的负荷需求和类型，应用节能建筑、需求侧响应、用能综合管理系统等技术，实现智能用能；在储能侧，配置储电、储热（冷）、储气等设备，实现能源在时间尺度内的转移平衡。

商业模式及综合评价。根据小镇智慧能源系统技术方案特点和需求，因地制宜地构建配套商业运营模式，据此开展小镇智慧能源系统规划设计方案综合评价，通过多维度指标系统评价小镇智慧能源方案的建设成效。

智能电厂的概念及体系架构探讨

一、智能电厂概念

按《现代汉语词典》释义，“智慧”是指对事物能认识、辨析、判断处理和发明创造的能力，“智能”是指智慧和才能。从两者语义和日常应用层面看，智慧主要是针对生物体而言，智能则有将才智、能力发挥出来之意；从学术角度看，对于嵌入人工智能、仿人智能等技术或具有其相应属性的具体对象，应称为“智能”更为合适。因此，工程界宜采用“智能电厂”而不宜采用“智慧电厂”的称谓。

国际电工委员会（IEC）定义“智能电网”为：利用信息交换和控制技术、分布式计算和相关的传感器和执行器的电力系统，用以实现以下目的：整合电网用户和其他利益相关者的行为和行动；有效地提供可持续、经济和安全的电力供应。德国工程师学会（VDI）定义“智能工厂”为：集成度已达到可使生产及与生产相关的全部业务流程实现自组织功能成为可能的工厂。中国工业和信息化部、财政部于 2016 年联合发布的《智能制造发展规划（2016—2020 年）》中，定义“智能制造”为：“智能制造是基于新一代信息通信技术与先进制造技术深度融合，贯穿于设计、生产、管理、服务等制造活动的各个环节，具有自感知、自学习、自决策、自执行、自适应等功能的新型生产方式”。

综合以上各类定义，可将“智能电厂”定义为：面向电厂全生命周期，利用新一代信息通信技术（ICT）、人工智能（AI）技术、检测 / 控制 / 工程 / 运行 / 维护 / 管理技术，以发电系统为载体，在其关键环节或过程，形成具有一定自主性的感知、学习、分析、决策、通信与协调控制能力，能动态地适应发电环境的变化，并与智能电网高度协调，从而实现全局（包括发电产出、效率、可利用率、可靠性、安全性、灵活性、预知维修、设备磨损 / 损耗等）或局部优化目标，实现安全、可靠、绿色、经济、灵活的电力可持续供给的电厂。简而言之，智能电厂是 AI、ICT、运行技术（OT）、工程技术（ET）、管理技术（MT）等多种技术融合应用的系统有机体。智能电厂建设的最终目标是构建具有自感知、自决策、自执行、自适应、自学习、自组织等高级智能功能，具有高度韧性、鲁棒性和安全性（包括功能安全和信息安全）的新型发电运营和管理模式。

二、智能电厂参考体系架构

智能电厂参考体系架构如下图所示，分为生命周期、系统层级和智能功能 3 个维度或轴系。

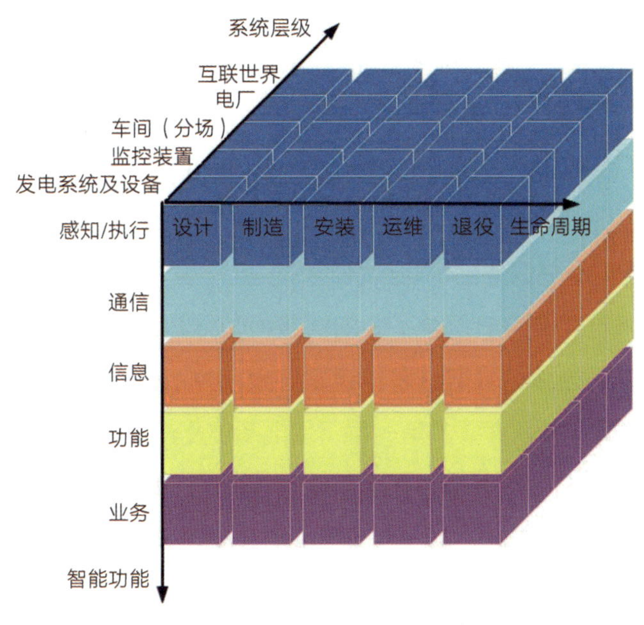

智能电厂参考体系架构

1. 生命周期

生命周期维度表示的是电厂资产从诞生到消亡的全生命周期阶段，包括设计、制造、安装、运维、退役等一系列相互联系的价值创造活动。其中，设计包括产品设计、流程设计、工程设计等活动过程；安装除包括传统意义上的设备、管道等工程安装外，还包括调试、试运行等活动过程；运维是指电厂正式投入商业运行后的全部运行、维护、检修等活动过程；退役是指电厂永久退出运行、拆除和场地复原等活动过程。

2. 系统层级

系统层级维度表示的是与电厂发电过程相关的结构层级划分。参考国际标准层次模型、工业 4.0 参考架构模型、普渡模型，结合国内电厂组织结构划分，将系统层级分为发电系统及设备层、监控装置层、车间（分场）层、电厂层、互联世界层等 5 层。各层介绍如下：

（1）发电系统及设备层：包括电厂发电机组、主系统、辅助系统、附属系统、管道、设备等与发电相关的系统、设备、材料等；实现测量 / 感知的传感器、图像 / 视频采集设备、仪器仪表等，以及实现执行和操作的驱动 / 执行元件（如执行器、断路器）等。

（2）监控装置层：指电厂中用于实现发电过程、系统及设备等的监视、控制和监督的计算机控制装置层级。

（3）车间（分场）层：指实现车间或分场的生产管理的层级。

（4）电厂层：指实现电厂厂级或企业级，面向电厂经营管理的层级。

（5）互联世界层：指电厂某一资产或资产组合体与另一个资产或资产组合体之间的关系，如电厂内设备之间、车间（分场）之间组成的电厂内部协同互联网络，电厂产业链上不同企业（如设计院、电科院、煤矿、天然气公司、供热公司、区域公司、发电集团等）与电厂组成的外部协同互联网络等。

系统层级是将电厂结构分配至不同的层级模型结构，其目的在于相对精确地描述电厂资产和资产组合体，其层级是纯逻辑层级，并不一一对应实际的物理电厂层级。例如，当采用智能机器时，其第一层（发电系统及设备层）和第二层（监控装置层）即合为一层。在将系统层级映射至特定种类的电厂时，水电、核电、煤电、气电、光热发电等系统相对复杂，每一系统层级均会有较多的映射对象；而风电、光伏发电等系统结构虽然相对简单，但常采用多场站、跨地域的远程区域集中监控，故具有所映射的设备种类较少，覆盖地域较广，且车间（分场）和电厂层级结构较为简单的特点。

3. 智能功能

智能功能是指基于新一代 ICT、AI、OT、ET、MT 等技术，使电厂的运营和管理具有自感知、自决策、自执行、自学习、自适应、自组织等任一或多个组合功能，具有高度韧性、灵活性、鲁棒性和安全性（包括功能安全和信息安全）的层级划分。参考信息 - 物理系统（Cyber-Physical System，CPS）体系架构和 RAMI4.0 层级划分，综合控制论典型特征和电厂特点，智能功能层级分为感知 / 执行、通信、信息、功能、业务等 5 层智能化要求。现今，国内大型电厂基本上实现了初步的计算机化和信息化，但智能功能建设的进程较慢，特别是需着力强化通信、信息和功能 3 个层级的研发和应用，用以进一步提升电厂的互联性（机器 – 人员 – 过程 – 物料的互联互通）、可视性（建立电厂数字映像，并保持实时动态更新）、透明性（解释数字映像中所发生事态的原因）、预测性（预知将来会发生何种事态）和适应性（实现高度自治响应和自我优化）。在层级应用中需注意 2 点：①体系架构模型中的智能功能层级是一种纯逻辑上的划分，不一定单一对应电厂实体对象，例如对于协作机器人群来说，一个机器人实体就涵盖了感知 / 执行、通信、信息、功能层级，而机器人间的协作交互则涉及通信、信息、功能层级；②智能功能层级不是智能水平分层，即从智能水平视角来讲，每一层均可有高智能水平或低智能水平。

（1）感知 / 执行层：指对物理世界进行测量、感知并输入至信息世界，将信息世界中的决策指令输出到物理世界以执行的层级。感知（测量）/ 执行的智能化是智能电厂的基石，精准实时的感知 / 执行对智能电厂构建来说至关重要。此外，对于智能电厂建设而言，还需特别注意其感知 / 执行与常规电厂惯例的不同：①感知对象的增加：智能电厂的感知对象不仅包括设备、系统、过程等常规感知对象，还包括人员、环境、材料、物料、状态等拓展对象；②感知量指数级的膨胀：对传统电厂而言测量点约为 10^4，而智能电厂测量点会达到 10^5 以上；③感知手段的扩充：智能电厂除采用常规的测量 / 感知手段外，还可能采用射频识别（RFID）、机器视觉（包括 VR 虚拟现实、AR 增强现实、MR 混合现实等）、地理信息系统（GIS）、二维码、条形码、虚拟测量、无线定位跟踪等；④智能仪表的大规模采用：因智能仪表除实现参数测量 / 执行控制外，还能提供设备状态、诊断、管理数据，具有自校准、自诊断、自适应，甚至自推演、自学习等智能功能，因而在智能电厂中会被广泛采用。

（2）通信层：指通过无线或有线通信媒介，实现电厂内机器 – 人员 – 过程 – 物料等资源之间全方位交互与集成，电厂产业链上不同企业之间通信互联的通信层级。依据麦特卡尔夫定律：网络的价值同网络用户数量的平方成正比，即 N 个联结创造出 $N \times N$ 的效益。因而，实现贯穿电厂发电系统及设备层、监控装置层、车间（分场）层、电厂厂级层、互联世界层等不同层面的纵向集成，横跨感知 / 执行、通信、信息、功能和业务等不同级别的横向集成，以及覆盖设计、制造、安装、运维、退役等的端到端集成，是实现智能电厂的关键。另外，通信设备的功能兼容性等级从低至高分为共存性、可互联性、互通性、可互操作性、可互换性，智能电厂厂内通信的功能兼容性等级宜不低于可互操作性等级。

（3）信息层：指用于表示其功能所需的资产信息的层级。DIKW 金字塔信息层级结构将数据、信息、知识、智慧纳入到一种金字塔形的信息层级体系中，每一层都对下一层的信息进行了精炼、增值和升华，提升了信息的智能层级，从而可实现从信息管理到知识管理的跨越。此处智能功能中的信息层大体对应 DIKW 中的信息层和知识层。从功能视角而言，信息层可利用工业大数据分析、数据挖掘、模式识别、专家系统等手段，采用描述性分析、规则性分析、预测性分析等方法，依据深度学习和增强学习等人工智能算法，为电厂设备和性能异常、性能衰退的早期预测、状态分析和故障诊断等功能奠定基础。此外，数字孪生和数字主线也可归入信息层管理的范畴。

（4）功能层：电厂资产的全部（逻辑）功能和服务均被分配至功能层。这些功能从信息层的数据中获取信息，并将功能层处理后所形成的决策执行信息返回至信息层，直至通过感知 / 执行层得以执行。通过各层的高度协同，从而使发电运营实现自感知、自决策、自执行、自学习、自适应、自组织等多个高级智能功能的组合成为可能。例如，欧洲知名发电商 E.ON 和美国 GE 公司联合开发了变负荷通道功能模块 OpFlex VLP（Variable Load Path），实现燃机负荷和排气工况与周期性电网深度调峰的高度匹配，和控制参数自调整模块 OpFlex AutoTune MX，实现燃机全负荷行程和 VLP 整个运行空间内燃机燃烧室控制参数调整整定的全自动。联合循环机组启动时间缩短了 40%、机组启动成本降低了 50%、电网调机次数及机组运行小时数增加了 60%。

（5）业务层：指相关的电厂业务流程及其框架性要求的层级。可包括法律法规要求，与资产特性相关的业务（如供应链、合同管理等），也可通过企业间价值链的整合，形成新型产业形态。应利用新一代 ICT、AI 等技术，进一步提升业务管理决策的敏捷性和智能化水平，将电厂打造成为敏捷型、知识型的组织。

三、结语

智能电厂是集成了技术创新、模式创新和组织方式创新的先进系统，也是新一代 ICT、AI 与 OT 等多技术深度融合，贯穿于电厂全生命周期中设计、制造、建设、运营、管理、服务等各个环节，具有自感知、自决策、自执行、自学习、自适应、自组织等智能功能的新型生产方式。

智能电厂的建设是一项复杂的系统工程，包含与智能电厂相关的标准和参考体系架构模型的构建、规划、设计（包括建模、产品设计、系统设计和工程设计等）和建设、基础设施（如网络或信息系统的横向、纵向、端到端集成等）搭建、信息安全和功能安全、运营规章建立、运营培训等多个方面。智能电厂的建设，对于推动中国发电企业的转型升级，打造发电行业竞争新优势，构建中国安全、绿色、低碳、经济和可持续的现代能源产业体系均具有重要的战略意义和现实意义。因此中国应借鉴德国政府的“工业 4.0”、美国政府的“制造美国”（Manufacturing USA）和工业互联网战略项目，做好中国智能电厂的战略规划和布局，扶持或建立相应的智能电厂研究组织或联盟，并确定相应的智能电厂示范工程项目，通过智能电厂产学研用等组织的多方推进，来促进中国工厂（包括发电装备制造厂、发电厂、仪器仪表厂等）智能化水平的提升或升级，从而大幅提升新一轮全球工业技术革命浪潮中中国工业的整体竞争力。

电储能在电力系统中的应用展望

电储能可向电力系统提供调峰、调频、备用、黑启动、需求响应等多种服务，有效提升系统灵活性、经济性和安全性，显著提高风电、光伏等可再生能源的消纳水平，是建设未来可再生能源高占比能源系统、推动我国能源电力工业绿色转型发展的重要装备基础和关键支撑技术。现分析我国电储能技术的发展应用情况及面临的问题，论证电力系统各环节发展电储能的必要性，探讨未来我国电储能发展前景并提出发展思路和建议。

一、我国电储能发展应用情况及存在的问题

1. 电储能技术发展应用情况

近年来，我国电储能行业呈现多元化、快速发展的良好态势。截至 2018 底，累计装机规模突破 3100 万千瓦，其中常规抽水蓄能装机规模达 2999 万千瓦，同比增长 4.5%，占总装机的 96.7%。电化学储能累计装机规模紧随其后，为 101.2 万千瓦，2018 年实现跨越式增长，新增装机 62.2 万千瓦，同比增加 414%；主要为锂离子电池、铅蓄电池、液流电池，分别占电化学储能装机的 68%、29%、2%。此外，压缩空气储能、飞轮储能、超级电容等电储能技术研发应用正不断提速。

2. 电储能发展面临的问题和挑战

当前制约我国电储能行业大规模发展的主要因素是缺乏健全完善的配套政策体系和有效疏导电储能成本的市场价格机制，主要体现在以下几个方面：

一是现有电价机制有待落实完善。各类电储能技术中，国家仅针对抽水蓄能出台了专项电价政策，明确在形成竞争性电力市场前实行两部制电价，但由于容量电价部分的核定缺乏实施细则的指导，两部制电价政策并未得到全面落实，实际执行困难。

二是现行盈利模式不具备长期可持续性。目前非抽蓄电储能项目主要通过开展用户侧峰谷价差套利等模式盈利，存在收益来源单一、地域局限性大、投资回报周期长、政策变动风险等方面问题。同时，固定时段峰谷电价套利模式无法充分发挥电储能的价值，加上充电放电过程存在损耗，在某些情况下反而造成系统的能效降低。

三是缺乏电储能价值的衡量标准和量化机制。电储能可提供辅助服务、容量支撑、延缓输配电投资等一系列效益，但目前缺乏准确量化其价值的有效手段，阻碍了

电储能获取合理水平收益以补偿服务成本，特别是尚无建立有效的市场机制以还原电储能服务商品属性、发现电储能真实价值。以辅助服务市场为例，各地试点工作出现了与电储能发展不相适应的情况，例如未明确电储能参与市场主体地位，或补偿水平设置过低等。

此外，电储能在技术装备研发、调度运行机制等方面，特别是电化学储能的低温性能退化、安全风险等问题，仍有待进一步改善提升。

二、电储能发展应用定位和必要性分析

电储能大规模广泛应用后，通过优化运行策略、准确灵活调控功率，可从时间和空间维度实现电力系统发、用电解耦，促进电力系统的结构形态、调度管理、运行控制等方面发生深刻变革。具体来看，根据配置位置的不同，电储能可在不同层面发挥重要效益。

1. 电源侧装设电储能效益分析

风电、光伏等新能源发电通过配套建设储能，可有效平滑出力的随机性、波动性、间歇性，赋予新能源如常规电源稳定、可控的特性，促进新能源电站根据电力需求特性、市场价格信号等优化生产运营，切实降低弃风、弃光，提升本地和就近消纳水平、减少外送需求，特别是对于集中开发新能源项目，可降低配套外送通道设计容量、提高输电通道的利用率。常规火电机组加装储能后，可实现快速响应、精确跟踪，显著提升调频质量，同时降低火电机组本身的设备磨损和运行风险，改善系统运行的经济性和稳定性。

2. 电网侧装设电储能效益分析

电网侧建设集中式储能电站，主要是从电网调度运行的角度发挥其削峰填谷、负荷跟踪、调频调压、热备用、电能质量提升等功能，改进电力调度方式，加强区域资源调剂优化，有利于新能源与电网的协调优化运行。电网侧储能设施更着重与保障电网供电安全，紧急故障状态下，电储能可通过快速吸收或释放功率支撑节点电压、平抑系统频率波动，提升电网抵御突发性事件和故障的能力，避免大范围连锁故障的发生，提高电网供电可靠性。

3. 用户侧装设电储能效益分析

安装在工业园区、商业建筑、居民用户侧的电储能设施与分布式发电、信息和智能控制技术相结合，形成分布式能源系统，推动形成局域电能服务的新模式、新业态，能够显著提高用户侧的供电可靠性，减少电网配套投资，提高系统的综合利用效

率。电储能与分布式光伏、分散式风电结合，可提高可再生能源的就地消纳比例，减少配电网的增容改造需求，对用户而言节省容量电费和电量电费，降低负荷对大电网供电的依赖性。电储能与信息和智能控制技术相结合，形成规模后发挥虚拟电厂效应，可有效增强负荷柔性，实现需求侧灵活响应，通过参与电力现货市场交易，配合风电、光伏等可再生能源出力特性开展负荷水平控制和负荷转移，提升整个大电网的安全运行水平和新能源消纳利用能力。

三、我国未来电储能发展前景

当前，常规抽水蓄能仍占据我国电储能装机市场的主要份额，但受建站选址要求高、建设周期长、机组响应速度相对较慢等因素制约，未来其大规模推广应用将受到较大程度限制。综合来看，电化学储能技术具有能量密度高、综合效率高、建设周期短、容量和功率规模适用范围广等优点，随着大容量集成技术的成熟以及综合造价的进一步降低，未来有望在电力系统削峰填谷、频率和电压调节、电能质量调节、系统备用以及可再生能源灵活接入等方面发挥重要的作用。

1. 电储能成本下降预测

受益于技术进步、产业升级、应用规模扩大等因素，未来电储能成本将持续快速下降，进一步激发市场投资活力。以四种典型电储能方式为例，预计到 2020 年，锂离子电池成本可从当前 1500 元 / 千瓦时下降到 1200 元 / 千瓦时以下，超临界压缩空气储能技术从 2000 元 / 千瓦时下降到 1500 元 / 千瓦时以下，全钒液流电池可从 3500 元 / 千瓦时下降到 2800 元 / 千瓦时以下，铅蓄电池可从 800 元 / 千瓦时下降至 500 元 / 千瓦时以下。除液流电池外，其他三类储能技术成本降幅均有望达 60% 以上。特别是锂离子电池，受益于近年来新能源汽车行业快速发展所引发的动力电池投资扩产热潮，不仅促进了电池性能快速提升，产能快速释放带动的规模效应，更进一步助推电池成本快速降低。有国外机构预测，2030 年用于大规模储能系统的锂离子电池成本有望较现阶段水平进一步下降 50% 以上。

2. 电储能发展规模预测

“十三五”前三年，囿于电价机制有待完善、投资主体单一、电站作用未充分发挥等问题，我国抽水蓄能电站建设进展较为缓慢，距离规划目标尚有一定差距，预计到 2020 年底累计并网的抽水蓄能电站不超过 3500 万千瓦。同时，伴随成本持续快速下降，“十三五”末电化学储能累计规模有望突破 178 万千瓦；压缩空气储能预计将达到 21 万千瓦。至 2020 年底，我国电储能总装机规模预计将达到 3700 万千瓦。

四、电储能发展思路和建议

1. 有序推动电源侧、电网侧、用户侧电储能发展

电源侧，为加快新能源补贴退坡，现阶段不宜强制捆绑新能源和储能建设，造成开发企业负担加重，建议主要通过市场化手段引导开展相关示范工作；在“十四五”中后期新能源实现平价甚至低价上网条件下，再酌情制定新能源配套储能的相关技术要求，提高新能源涉网友好性。同时，鼓励常规电源结合系统运行考核要求装设小规模储能设施，增强机组提供辅助服务能力。电网侧，在目前大部分省份常规电力装机容量仍有一定富裕的情况应根据系统需求合理论证电网侧储能新增规模，避免过高抬升电网输配电价。相关项目重在探索电储能在适应高比例可再生能源的电网调度运行方面的作用。用户侧可重点探讨储能与分布式发电相结合、建设分布式能源系统、实现可再生能源就地就近消纳利用的可行性；同时注重探索信息技术、人工智能等前沿科技与新能源、储能领域的跨界融合，有利于最大程度优化系统运行、降低损耗、提升系统能效，提高终端用能中可再生能源的比重。建议布局实施一批具有引领作用的电储能试点示范工程，重在技术创新、运营模式、发展业态和体制机制等方面深入探索。

2. 完善市场引导机制

电储能的价值主要体现在满足部分时段容量支撑和调峰等辅助服务资源的稀缺性，需要通过电力现货市场等机制形成分时的电价信号，引导电储能灵活运行。应注重加强我国电力体制改革与储能发展市场机制的协同对接，结合电力市场建设推动形成储能应用价格机制。电力现货市场建立前，随着辅助服务市场实施范围的持续铺开，应鼓励储能积极参与辅助服务市场获得补偿，按照“谁受益、谁承担”的原则，将常规电源、新能源等受益电源的增量效益，部分用于对储能的补偿，实现互利共赢；同时，探索建立适应储能发展的容量市场，充分发挥储能在系统容量支撑方面的作用，实现投资成本的回收，并保障市场的供电可靠性，降低电力供应短缺的风险。电力现货市场建立后，要充分发挥现货市场的价格引导作用，使储能在市场竞争中，通过提供稀缺性、高价值的电力资源获得经济收益，现货市场要逐步放开价格上限约束，允许电储能通过短时的高电价套利，通过创新商业模式，实现电储能对于扩大可再生能源消纳、促进电力系统安全高效运行的真实价值。

我国燃煤耦合生物质发电前景及政策分析

一、试点项目尘埃落定

2018 年 6 月 21 日，国家能源局、生态环境部联合下发了《关于燃煤耦合生物质发电技改试点项目建设的通知》(国能发电力〔2018〕53 号)，通知中明确了 89 个试点项目，包括 58 个农林生物质耦合项目、29 个污泥耦合项目和 2 个垃圾耦合项目，覆盖全国 23 个省份，涉及 28 个电力企业。

自国家能源局、原环保部 2017 年底启动燃煤耦合生物质发电试点工作以来，社会各界对这项工作抱有极大的热情和期待，从申报试点项目的积极性可见一斑。全国申报试点项目的总数量多达 168 个，除少数几个燃煤电厂较少或生物质资源较少的省份以外，有 24 个省份申报了试点项目；申报试点项目的企业当中，有五大发电集团、华润、国投等央企，也有河北建投、江苏国信、浙能、皖能、豫能、深能源、陕能、甘电投等一大批地方国资企业，还有众多的民营企业。引人注目的是，一些长期从事生物质纯烧发电的领军企业，也以 BOT 等方式积极参与了多个试点项目的投资，并积极寻求合作开发燃煤耦合发电技术。

申报时各方面表现出的极大热情，反映出全社会对发展燃煤耦合生物质发电重要意义的充分认识，也反映出市场对发展耦合发电的广泛认可。备受期待的燃煤耦合生物质发电试点项目，经过了半年多的等待终于尘埃落定，本应该是令人欣喜之事。可是，这种欣喜却没有到来。就在试点项目通知下发之前，6 月 11 日财政部、国家发展改革委、国家能源局联合下发的《关于公布可再生能源电价附加资金补助目录（第七批）的通知》取消了燃煤耦合生物质发电的上网电价补贴。毫无疑问，这对试点项目造成了很大的负面影响，相关方也产生了极大的困惑。

二、燃煤耦合生物质发电的优势

燃煤耦合生物质发电的主要方式是将秸秆等农林残余物 (或城市污泥、城市垃圾)，直接或间接的送入现有燃煤发电厂锅炉中进行焚烧、发电。与单纯燃用秸秆等生物质的电厂（生物质纯烧电厂）相比具显著优势：

1. 投资成本低

燃煤耦合生物质发电可以利用燃煤电厂现有的锅炉、汽轮机及辅助系统，初投资更低。与同等规模的生物质纯烧电厂相比，可以节省 30%～50% 的初投资。

2. 发电效率高

燃煤耦合生物质发电依托高效煤电机组，供电效率一般可以达到 40% 以上；生物质纯烧电厂供电效率一般不超过 30%。

3. 减少土地占用

燃煤耦合生物质发电项目通常在燃煤电厂厂内建设，利用电厂既有土地，一般不需要新增用地。

4. 燃料收购有保障

燃煤耦合生物质发电项目投资成本低、发电效率高、燃料适应性好，可利用的生物质燃料品种更加多样，燃料收购经济半径可以更大。另外，燃煤耦合生物质发电不完全依赖生物质燃料供应，在生物质燃料市场上具有更强的议价能力。

5. 经济性更好

采用燃煤耦合生物质发电方式，折算出的生物质发电成本明显低于生物质纯烧电厂。正是由于燃煤耦合生物质发电具有上述诸多优越性，得到了世界各国的广泛应用，一些国家的生物质发电量占比高达到 15%～20%。

三、燃煤耦合生物质发电在我国的困境

长期以来，我国利用农林生物质发电以生物质纯烧电厂为主，由于机组容量小、投资成本高、发电效率低等原因，其发展速度较慢。截至 2017 年底，农林生物质发电装机仅 701 万千瓦，2017 年发电量占比仅为 0.6%，远不能满足我国能源转型和对生物质资源的利用要求。

在国家能源局组织开展燃煤耦合生物质发电试点工作之前的十几年时间里，我国部分燃煤电厂就已经开展了耦合发电的尝试。2005 年，山东华电十里泉电厂建成我国首个燃煤耦合生物质发电项目，采用在燃煤锅炉增设生物质燃烧器的耦合发电方式，折合生物质发电容量 2×30 兆瓦；项目投产以来安全稳定运行十余年，但由于生物质发电上网电价补贴不足，生物质燃料价格较高时经常发生亏损。2010 年，陕西国电宝鸡二厂依托 300 兆瓦煤电机组建设的燃煤耦合生物质发电项目，采用农林生物质与燃煤直接耦合发电方式；由于没有获得生物质发电上网电价，生物质能电量实行燃煤标杆上网电价，运行期间亏损严重，目前已停止运行。2012 年，湖北国电荆门电厂依托 640 兆瓦煤电机组建设的燃煤耦合生物质发电项目，是我国首个采用

生物质气化技术的耦合发电项目，折合生物质发电容量 1×10.8 兆瓦；该项目获得了与生物质纯烧电厂同等的生物质发电上网电价，项目投产以来运营情况良好。

我国燃煤耦合生物质发电的困境，关键在于生物质能电量能否获得合理的上网电价。由于生物质原料价格和收储运成本远高于电厂燃煤成本，如果没有上网电价的政策支持，项目运营单位将产生严重亏损，燃煤耦合生物质发电不可能得到持续和扩大应用。本次试点工作之所以得到了广泛的响应，是因为各方寄希望于政府主管部门出台燃煤耦合生物质发电的上网电价政策，可以享受国家可再生能源发展基金的补贴。

四、对实施电价补贴政策争议的辨析

据了解，对燃煤耦合生物质发电实行电价补贴政策的主要争议是：燃煤发电和生物质能电量能否被准确区分？生物质能电量能否被有效监管？

对燃煤耦合生物质发电的电量计量和监管的顾虑，本质上是对套取补贴可能性的担忧。生物质纯烧电厂也存在掺烧煤炭套取补贴的可能性，同样需要监管。社会上各行各业骗取补贴的事情时有发生，不能不让人顾虑。但是，因为监管上的困难，就因噎废食，取消对燃煤耦合生物质发电的补贴政策支持，会对我国提高生物质发电比重、实施能源转型战略造成不利的影响。

事实上，通过对进入燃煤电厂锅炉的生物质重量（或气体流量）及其热值的监测计量，并通过燃煤机组的供电效率完全可以计算出生物质的上网电量。通过对计量数据的实时上传、视频监视、数据留存等一系列技术手段和监管措施，也完全可以实现生物质电量的有效监管。湖北荆门电厂燃煤耦合生物质发电项目自 2012 年投产以来运行情况良好，进入锅炉的生物质得到了准确的计量，并根据计量结果统计出生物质的发电量，从 2014 年起获得了上网电价的补贴。这个项目的实践，充分验证了生物质电量统计的可行性及监管部门监管工作的有效性。

五、相关的政策建议

燃煤耦合生物质发电是实现我国能源转型的重要途径之一，与单纯燃用生物质发电相比，具有显著的优势，其发展同样需要得到相关政策的支持，更需要营造公平、公正的竞争环境，促进其健康发展。燃煤耦合生物质发电中的生物质能电量与生物质纯烧发电享受同样的上网电价，不仅是社会公平使然，而且有利于投资方自行选择更具优势的生物质发电方式，降低生物质发电的成本，提高我国生物质发电的占比，让生物质发电在我国的能源转型中发挥更好的作用。

平价上网环境下可再生能源发电造价分析及预测

2019 年 1 月，国家发改委和国家能源局发布《关于积极推进风电、光伏发电无补贴平价上网有关工作的通知》（发改能源〔2019〕19 号），在有条件的地区积极推进建设不需要国家补贴执行燃煤标杆上网电价的风电、光伏发电平价上网试点项目。风电、光伏等可再生能源发电进入“后补贴时代”。基于各省份风电、光伏平均利用小时数及燃煤标杆上网电价等边界条件，对平价上网情景下风电、光伏的造价情况进行分析预测，为风电、光伏平价上网政策的实施提供参考建议。

一、可再生能源发电造价构成及预测

基于 2018 年价格水平，2018 年陆上风电工程造价指标为 7100～7800 元 / 千瓦，光伏发电工程造价指标为 5500～6200 元 / 千瓦，根据“十二五”期间及 2016、2017、2018 年电源造价情况，结合技术进步因素、电力市场供需水平以及行业政策引导的影响，2020 年风电造价预计为 6850 元 / 千瓦，光伏造价为 4800 元 / 千瓦。

以某 100 兆瓦风电项目和某 240 兆瓦光伏发电项目为例，对风电和光伏造价构成进行分析。从图中可以看出，风电和光伏发电项目造价中设备费分别占比 64.1% 和 59.7%，对风电和光伏发电项目的造价有较大影响。

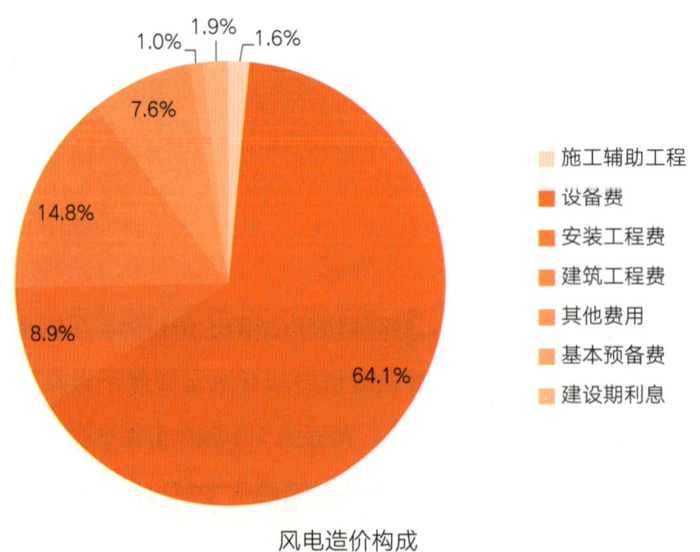

风电造价构成

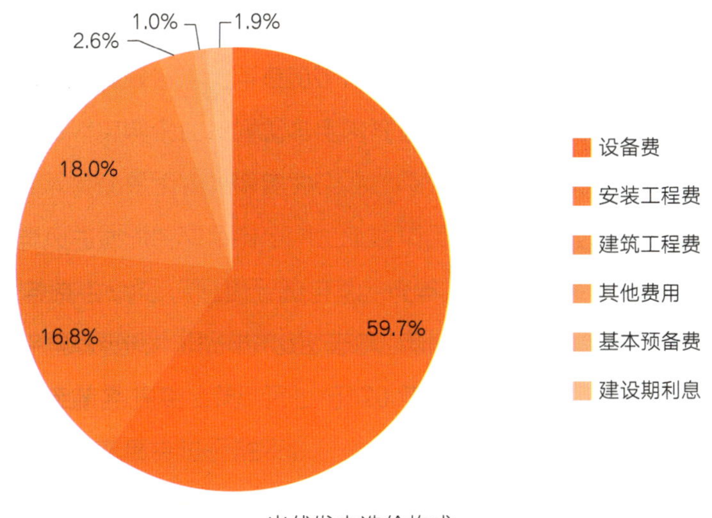

光伏发电造价构成

二、可再生能源发电电价分析

1. 风电电价现状

根据国家能源局发布的《2018 年风电并网运行情况》，结合《清洁能源行动计划（2018—2020）》中 2020 年各省风电弃风率目标值，对各省份 2018 年风电利用小时数进行修正后作为 2020 年各省风电利用小时数预测值。基于 2020 年风电预测造价 6850 元 / 千瓦，以资本金内部收益率 8% 对各省风电电价进行反算，并与当前风电执行电价进行对比，如下图所示[1]。

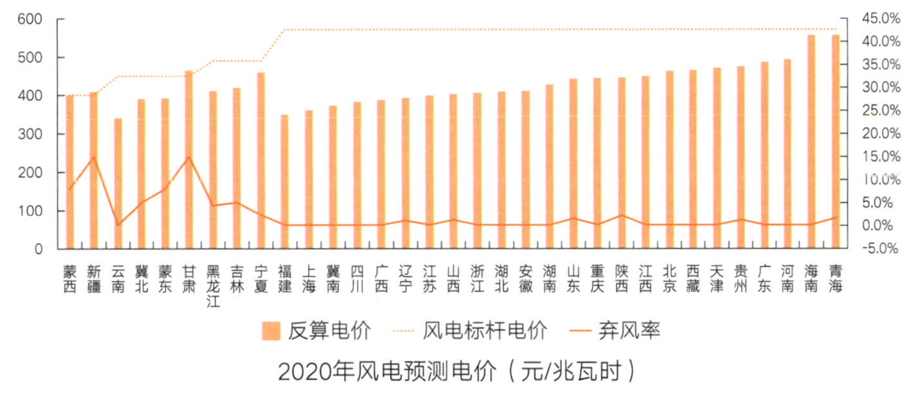

2020年风电预测电价（元/兆瓦时）

基于上述边界条件测算的各省或地区的风电电价（含税）在 340.76 元 / 兆瓦时～556.34 元 / 兆瓦时之间，该电价水平主要受各省或地区的风资源水平和风电利用

[1] 新疆、冀北、甘肃、黑龙江、吉林等省或地区采用其资源较丰富地区的较低风电标杆电价；冀北、冀南及蒙东、蒙西按照省平均风电利用小时数测算。

小时数影响，风资源越丰富且风电利用小时数越高的地区反算得电价越低。

通过与各省 2018 年风电标杆电价对比，2020 年大部分省或地区风电电价均存在一定的盈利空间。甘肃、新疆、蒙西等光资源丰富省份由于弃风率偏高，导致其反算电价未体现优势。

2. 光伏发电电价现状

根据国家能源局发布的《2018 年光伏发电统计信息》，对光伏发电平均利用小时数较高的地区进行光伏发电电价分析。基于 2020 年光伏发电预测造价 4800 元 / 千瓦，以资本金内部收益率 8% 对光伏发电电价进行反算，并与当前光伏发电执行电价进行对比，如下图所示[1]。

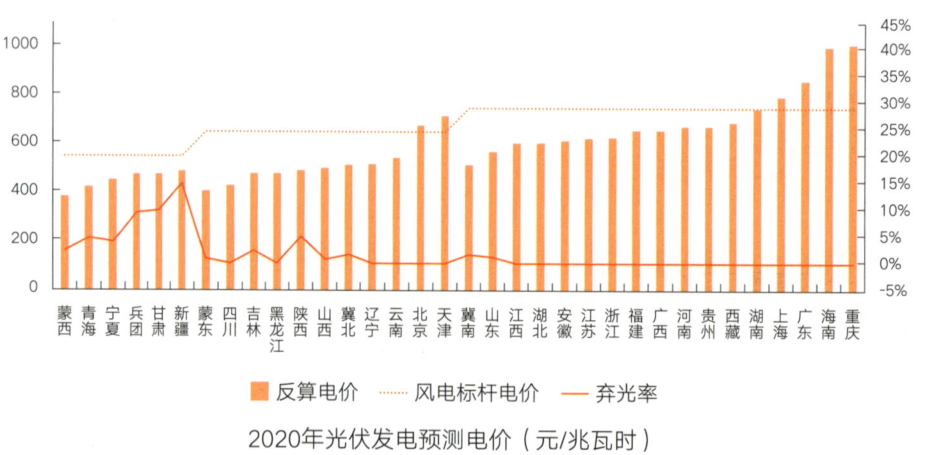

2020年光伏发电预测电价（元/兆瓦时）

基于上述边界条件测算的各省或地区的光伏发电电价在 384.23 元 / 兆瓦时～1011.89 元 / 兆瓦时之间，该电价水平主要受各省或地区的太阳能资源水平和光伏发电利用小时数影响，太阳能资源越丰富且光伏发电利用小时数越高的地区反算的电价越低。

通过与各省 2018 年光伏发电标杆电价对比，2020 年大部分省或地区光伏发电均存在一定的盈利空间。甘肃、新疆等太阳能资源丰富省份由于弃光率偏高，导致其反算电价未体现优势。

---

[1] 新疆、甘肃、青海、陕西、山西等省或地区采用其资源较丰富地区的较低光伏发电标杆电价；冀北、冀南及蒙东、蒙西按照全省平均光伏发电利用小时数测算。

三、可再生能源发电造价分析

1. 风电造价分析

基于各省燃煤标杆电价，以资本金内部收益率 6% 对各省平价上网情景下的风电造价进行反算，如下图所示。

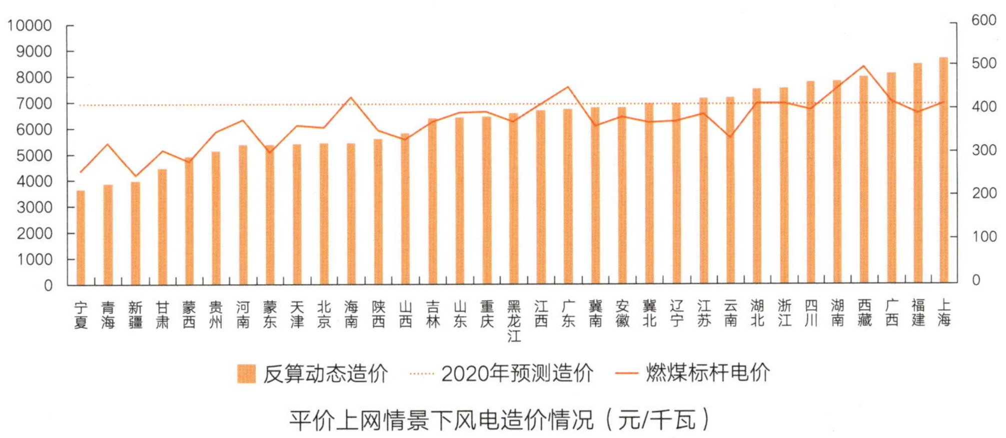

平价上网情景下风电造价情况（元/千瓦）

平价上网情景下测算的各省或地区的风电造价在 3569 元 / 千瓦～8589 元 / 千瓦之间，各省或地区的造价水平与其燃煤标杆电价变化趋势大体一致，燃煤标杆电价更高的省或地区反算的风电造价也相对较高。与 2020 年风电预测的造价水平 6850 元 / 千瓦相比，冀北、辽宁、江苏、湖北等燃煤标杆电价水平相对较高的省份，其反算的造价水平与风电预测造价持平或更高，基本具备平价上网的条件，上述省份风电累计并网容量占全国总容量的 31.37%。新疆、甘肃、蒙西等风资源丰富的地区，由于燃煤标杆电价较低且弃风率较高，导致其反算的造价较低，均为 5000 元 / 千瓦以下，风电平价上网存在一定难度。基于各省份风电累计并网容量和反算造价，加权平均所得的造价为 5766 元 / 千瓦，较 2020 年风电预测电价低 1084 元 / 千瓦。

通过对比分析，当前国内风资源条件较好、风电装机容量较高，但弃风率较高且燃煤标杆上网电价相对较低，风电在当地平价上网存在一定难度的省份主要为蒙西、蒙东、新疆、甘肃等省份和地区。为促进上述省份（或地区）实现风电平价上网，可通过特高压直流输电通道外送，降低弃风率的同时，按外送通道受端市场条件和通道输配电价确定送端上网电价，为风电平价上网创造条件。

根据当前特高压直接通道建设情况，蒙东地区风电外送区域有辽宁和山东，蒙西地区外送区域有山东和江苏，新疆外送区域有河南和安徽，甘肃外送区域为湖南。

假设上述地区在最大消纳情景下，按照外送区域燃煤标杆上网电价和通道输配电价确定送端上网电价，反算的风电造价情况如下图所示。

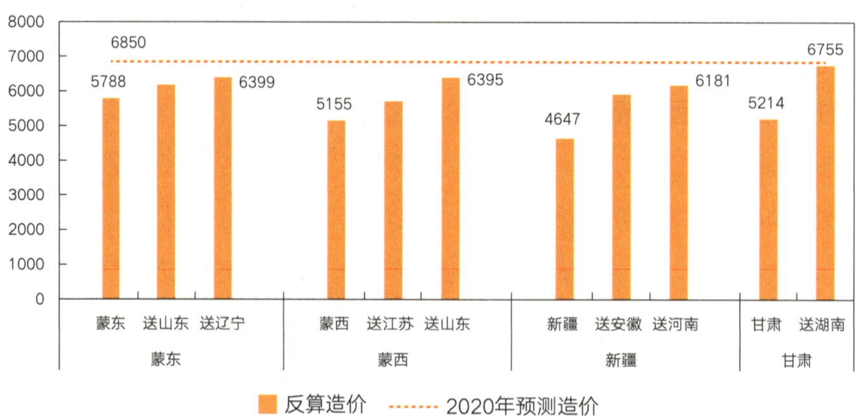

最大消纳情景下各省（区）不同外送区域的风电造价情况（元/千瓦）

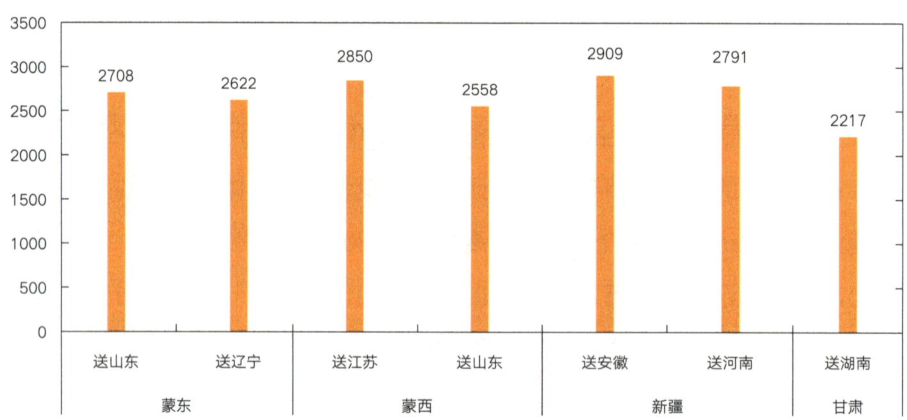

各省（区）不同外送区域平价上网条件下风电利用小时数情况（小时）

蒙西、蒙东、新疆、甘肃等按外送通道受端市场条件和通道输配电价确定送端上网电价，可实现弃风率下降和风电上网电价提高，在风电最大消纳情景下蒙东送辽宁、蒙西送山东、新疆送河南、甘肃送湖南反算的风电造价分别为 6399 元 / 千瓦、6395 元 / 千瓦、6181 元 / 千瓦、6755 元 / 千瓦，或者在上述地区选取风电利用小时数分别达到 2622 小时、2558 小时、2791 小时、2217 小时的地区，即可实现风电平价上网。建议通过风电设备价格下降、税费补贴、用地优惠政策来进一步降低风电造价之外，有条件的省份可研究通过新增火电对新增风电的造价补贴政策来实现风电平价上网，或者通过保障风电优先发电、消除输电阻塞、火电机组灵活性改造、发电侧或电网侧加装储能装置等措施，加大风电消纳、提高风电利用小时数。

2. 光伏发电造价分析

平价上网情况下，基于各省（区）燃煤标杆电价反算的光伏发电造价在 1695 元 / 千瓦～4858 元 / 千瓦之间。各省（区）反算造价同时受燃煤标杆电价和光伏发电利用小时数的影响，在新疆、宁夏、甘肃、蒙西、青海等光伏发电利用小时数较高的省（区），由于其燃煤标杆电价较低，导致反算的光伏发电造价较低。其余各省由于光伏发电利用小时数较低，反算的光伏发电造价受利用小时数影响更大，反算造价与利用小时数变动趋势基本一致，如下图所示。

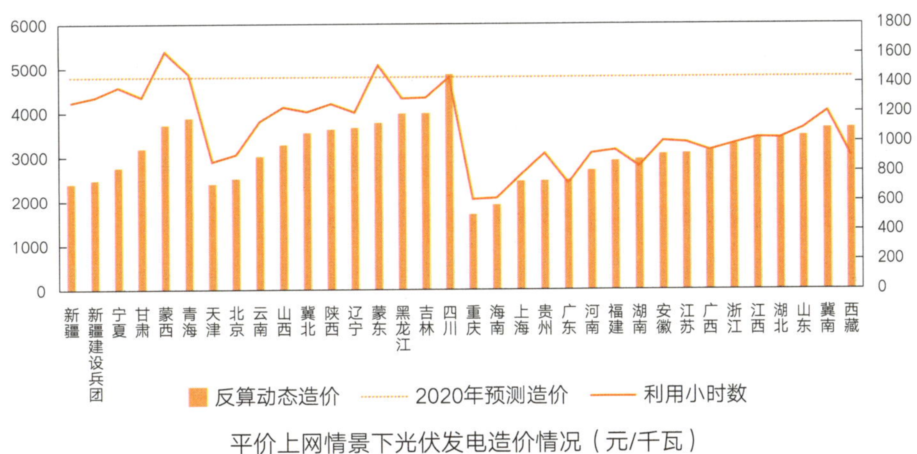

平价上网情景下光伏发电造价情况（元/千瓦）

与 2020 年光伏发电预测的造价水平 4800 元 / 千瓦相比，除四川外，各省（区）反算的光伏发电造价水平普遍低于预测造价，各省份光伏发电平价上网条件均存在一定难度。建议甘肃、新疆等省份保障光伏优先发电、消除输电阻塞、火电机组灵活性改造、发电侧或电网侧加装储能装置等措施，加大光伏发电消纳、提高利用小时数，降低弃光率。各省（区）除通过为光伏发电项目提供土地、贷款等优惠政策降低造价之外，新增光伏电站可采用精细化运维模式，提高光伏系统发电效率，采用转化率更高的组件或者衰减率更低的组件来提升发电利用小时数。

四、结论与建议

通过上述分析，可以得到如下主要结论：

（1）当前风电、光伏标杆电价基本可以满足大部分省份的盈利要求。

（2）达到《清洁能源行动计划》2020 年弃风率目标要求下，约 30% 的省份可达到平价上网条件。达到 2020 年弃光率目标要求下，除四川外，大部分省份不能满足平价上网条件，对光伏造价成本要求更严苛，风电平价上网条件比光伏发电更好。

（3）制约风电平价上网的主要因素为各省（区）的燃煤标杆上网电价，冀北、辽宁、江苏、云南等燃煤标杆电价水平相对较高的省份可达到风电平价上网条件。而光伏发电平价上网同时受各省（区）燃煤标杆上网电价和光伏利用小时数制约，光伏利用小时数和燃煤标杆电价均相对较高的省（区）实现平价上网的难度相对较小，如内蒙古、青海、黑龙江、吉林、四川等省（区）。

（4）三北地区弃风、弃光率较高，风电和光伏发电在当地省内平价上网难度较大，需慎重选择优势区域进行投资布点。

为保障风电和光伏发电平价上网政策的顺利实施，提出如下主要建议：

（1）进一步降低风电和光伏发电造价，其中设备费占比较高，是促使风电和光伏发电造价下降的关键因素。此外，鼓励各省（区）为新增风电和光伏发电提供税费补贴、土地、贷款等优惠政策，有条件的省份可研究通过新增火电对新增风电和光伏发电的造价补贴政策来协助风电和光伏发电实现平价上网。

（2）弃风、弃光率较高的地区，特别是西北地区，建议通过保障风电和光伏优先发电、消除输电阻塞、火电机组灵活性改造、发电侧或电网侧加装储能装置等措施，加大风电和光伏发电消纳、提高利用小时数，降低弃风、弃光率，为风电和光伏发电平价上网创造条件。

（3）对于风资源和光资源较好，但弃风、弃光率较高，燃煤标杆电价较低的三北地区，可通过两种路径实现其风电、光伏发电等可再生能源无补贴平价上网。一是可再生能源发电在当地省内实现平价上网，应聚焦风资源好、具有较好的可再生能源发电上网消纳通道、可再生能源发电利用小时数较高，且具有土地、贷款等优惠政策的优势区域投资布点风电项目。二是通过跨省跨区输电通道疏导风电和光伏发电实现无补贴平价上网，该路径下建议按照受端电力市场条件和输电通道电价确定送端上网电价，降低弃风、弃光率的同时，可以适度提高新能源发电的上网电价，为三北地区平价上网提供条件。

增量配电网改革背景下配电价格关键问题探析

新一轮电改中，输配电价改革和配电网业务放开是“管住中间”的重要手段。自2015年3月起，输配电价实现了从“零突破”到“全覆盖”的深化改革，第二轮输配电定价成本监审也已启动。与此同时，我国配电网业务也有序开展，自2016年以来国家发改委、国家能源局分多批次确定了320个增量配电网改革试点项目，改革“由点到面”逐步深化，有力地推进电改进程。

现阶段我国配电价格定价机制仍处于初步探索阶段，尚未建立独立的配电定价机制。随着配电网业务逐步放开，新增独立配电网日渐增多，只有单独核定配电价格才能适应电力市场改革的需求。我国先后发布了《有序放开配电网业务管理办法》《关于制定地方电网和增量配电网配电价格的指导意见》《关于进一步推进增量配电业务改革的通知》等政策，初步确定了过渡时期配电价格成本核算方法，提出了具体的配电价格定价原则、定价方法、价格调整机制和结算制度，是对配电价格改革的有效尝试。针对配电定价方法，国内已有一定的研究基础，但是由于增量配电网试点推进比较缓慢，对于配电价格定价和成本分摊模型的探索仍局限于理论层面，尚未应用于实际定价中，模型的实操性和合理性有待验证。

一、配电定价必然性分析

随着配电业务的逐渐放开和负荷类型的多样化，输配电价体系存在的不合理问题逐渐突显，主要体现在以下几个方面：

(1) 现有配电定价规则简单、粗放，定价脱离了配电网实际成本形态，存在配电成本无法收回的情况，影响社会资本投资积极性，不利于配网放开业务的发展。

(2) 配电资产存在增量、存量分割难的问题，实际配电成本核定困难。

(3) 诸多复杂因素（如地区经济、电网运营水平、地理位置、负荷增长等）的存在要求配电价格可以“分类核价”，体现价格的公平性和差异性，而现行配电定价规则尚未做到这一点。

(4) 配电网业务放开和输配电价改革未相互充分渗透，严重制约了配电业务放开进程。

(5) 分布式发电、季节性负荷（如清洁供暖）等对配电网电能指标、负荷特性和成本构架影响较大，在成本分摊上应予以特殊考虑，而当前配电定价尚未考虑上述因素的影响，未体现公平分摊原则。

输电网和配电网在运营主体、电气特性、节点数量和供电范围、投资触发条件、成本架构等方面存在较大差异，将配电电价与输电电价统一核算无法准确反映配电网成本构成。配电价格作为电力市场重要的经济调节手段，包含了丰富的经济信息，合理的配电价格定价机制可以为配电网科学规划、投资提供明确的位置信号和经济信号，推动可再生能源的发展，辅助电力市场改革相关政策的完善。因此，独立配电价格定价机制研究是电力市场改革的必然。

二、国外成熟配电价格定价经验

英国和美国是较早建立电力市场的国家，配电网定价模式较具有代表性。英、美配电定价对比如下图所示。

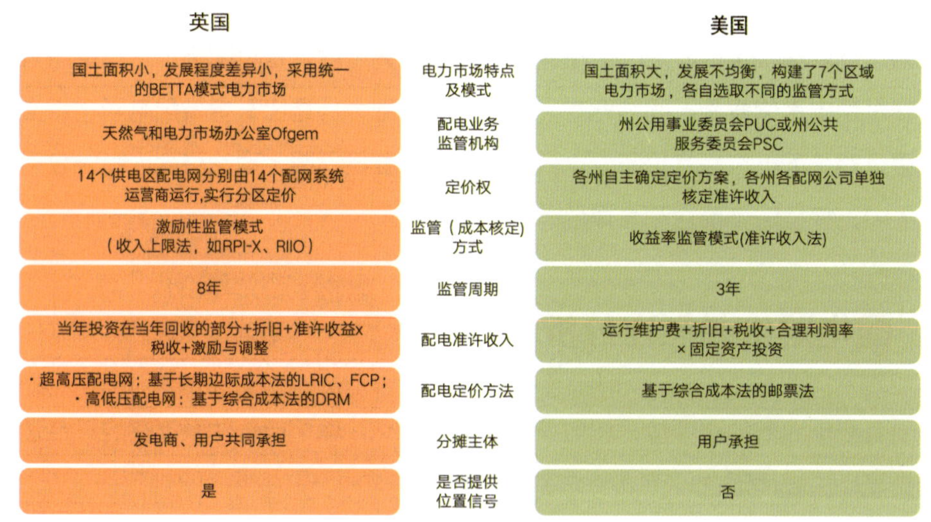

英国		美国
国土面积小，发展程度差异小，采用统一的BETTA模式电力市场	电力市场特点及模式	国土面积大，发展不均衡，构建了7个区域电力市场，各自选取不同的监管方式
天然气和电力市场办公室Ofgem	配电业务监管机构	州公用事业委员会PUC或州公共服务委员会PSC
14个供电区配电网分别由14个配网系统运营商运行,实行分区定价	定价权	各州自主确定定价方案，各州各配网公司单独核定准许收入
激励性监管模式（收入上限法，如RPI-X、RIIO）	监管（成本核定）方式	收益率监管模式(准许收入法)
8年	监管周期	3年
当年投资在当年回收的部分+折旧+准许收益x税收+激励与调整	配电准许收入	运行维护费+折旧+税收+合理利润率×固定资产投资
· 超高压配电网：基于长期边际成本法的LRIC、FCP；· 高低压配电网：基于综合成本法的DRM	配电定价方法	基于综合成本法的邮票法
发电商、用户共同承担	分摊主体	用户承担
是	是否提供位置信号	否

英、美配电定价对比

通过对比可以看出，受区域特性、配网构架等因素的影响，英、美配电定价体系存在较大差异。

（1）英国国土面积较小，建立了统一的电力市场，配电价格采取分区定价的模式，美国构建了 PJM、ERCOT、ISO-NE 等七个有组织的区域电力市场。

（2）英、美都成立独立的电价监管机构，具有独立的决策权，直接对国会或总统负责。英国设置了全国统一的监管机构，美国各州设置了州公用事业委员会 PUC 或州公共服务委员会 PSC，负责各州的配电价格制定和监督。

（3）价格监管模式方面，英国采用激励性监管模式，允许企业从成本降低中获益以激励配网企业降本增效，美国采用收益率监管模式，在准许收益率水平下自行定价。

（4）针对准许收入，英、美两国都考虑了运维成本、折旧、税金、准许收益或资本回报等，全面覆盖配电企业的配电成本。

（5）综合成本法实施简单，能够保证配电成本的完全收回，但是不能反映配电位置信号，而边际成本定价法可以确定投入因素变化引致的配电成本变动，具有较好的经济导向作用。英国低压配电网、美国配电网采用基于综合成本法的定价方法，英国超高压配电网采用两种基于边际成本的定价方法，即长期增量成本法（LRIC）和前向成本定价法（FCP），配电公司可选择其中一种定价方法。

三、关键问题分析及探讨

从我国配电价格研究现状、现存问题及国外定价经验总结来看，我国当前电改的中心任务之一是致力于将配电价格从输配电价定价体系中剥离，构建与中国经济环境和电力市场环境相契合的独立的配电价格定价体系。但配电改革不可能一蹴而就，要经历一个从上下求索到柳暗花明的过程。当前阶段我国配电定价亟需解决的关键问题有以下几点：

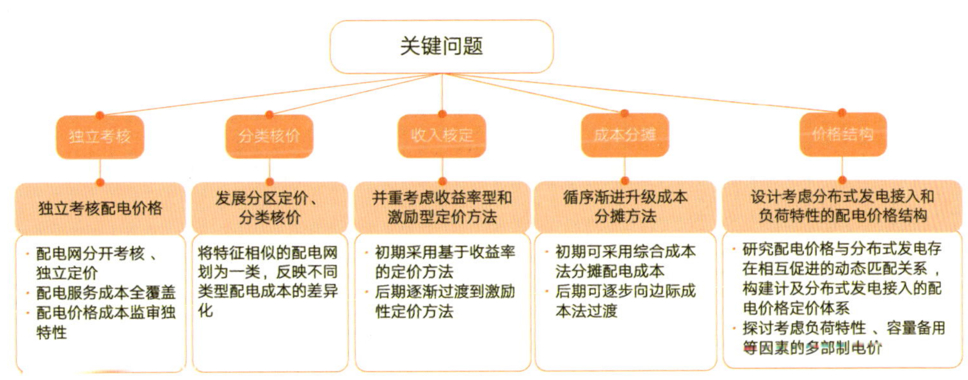

配电定价面临的问题

（1）尽快独立考核配电价格。

配电网节点较多，覆盖范围小，配电成本分摊应更注重简单易行、低执行成本，不可完全复制输电成本分摊方法。应明确输电和配电的功能区分，精确划分配网服务范围，尽快实现配电网分开考核、独立定价。在配网成本核算时，可借鉴英国的“接入费＋配网使用费”成本结构，分别测算配网公司向电力用户提供的配网接出工程投资及运维成本、配电共用网络投资及运维成本，保证配电服务成本全覆盖。配电价格成本监审时，可基于输电价格成本监审办法，重点关注配电网与输电网在资产形成和运营的差异，充分考虑配电网在检修检测、资产类别、临时用工需求、折旧年限等方面独特性。

（2）发展分区定价，分类核价。

我国国土辽阔，区域间差异较大，与美国相似。我国不同地区能源、负荷结构、地势差异较大，因此可借鉴美国价格监管经验，建立区域性电力市场，各省配电公司自主定价。核价时可将特征相似的配电网划为一类，引入标尺理论进行核价，以反映不同类型配电网的配电成本差异，保障配电价格的公平性。

（3）并重考虑收益率型和激励型定价方法。

收益率型定价方法对消费者而言可防止企业获得超额利润，保护消费者利益，对配电企业而言可保证成本的完全回收，有利于实现财务的可持续性，增强投资者信心。激励型定价方法具有较高的激励效率，但是效率因子和初始收入的确定需要大量精力投入。

我国配电价格研究刚刚起步，建议初期采用基于收益率的定价方法，调动社会资本投资配电网的积极性，且便于监管。在积累大量数据和经验后，后期逐渐过渡到激励性定价方法，刺激配电企业降本增效。

（4）循序渐进升级成本分摊方法。

我国配电价和输电价未完全分开，在配电定价体系建设初期可采用可操作性强的综合成本法分摊配电成本，暂不考虑成本外因素，以实现收支平衡，激活社会资本投资积极性。后期可逐步向边际成本法过渡，考虑配电距离、用户负荷特性、扩容等因素的影响，保证配电成本在新用户与老用户、远距离用户与近距离用户、清洁供暖用户与非清洁供暖用户等不同类型用户之间的公平合理分摊，为电力用户提供明确的位置信号，引导电力用户合理选址。

（5）设计考虑分布式发电接入和负荷特性的配电价格结构。

分布式发电在配网侧渗透率逐渐增大，给配电网电能质量和电网安全带来诸多复杂性和不确定性。应考虑分布式发电接入对配电网电力需求、潮流结构、电能质量、成本构架等方面的影响，研究配电价格与分布式发电存在相互促进的动态匹配关系，构建计及分布式发电接入的配电价格定价体系，实现可再生能源发展与配电网业务放开的互促共赢。同时，考虑配电网节点负荷类型的复杂多样性（如季节性清洁供暖负荷、随机性电动汽车充放电负荷等），从价格结构入手探讨考虑负荷特性、容量备用等因素的多部制电价，提高配电价格灵活性和弹性，辅助解决配电成本公平分摊和交叉补贴问题。